"点"明方向 "悟"课之理

修炼优秀物理教师的五门必修课

亓　凯/著

南开大学出版社　天津社会科学院出版社

图书在版编目（ＣＩＰ）数据

"点"明方向"悟"课之理：修炼优秀物理教师的
五门必修课 / 亓凯著. -- 天津：南开大学出版社：天
津社会科学院出版社，2022.12
　ISBN 978-7-310-06346-8

　Ⅰ．①点… Ⅱ．①亓… Ⅲ．①中学物理课—教学研究
—高中 Ⅳ．①G633.72

　中国版本图书馆CIP数据核字(2022)第226449号

"点"明方向"悟"课之理：修炼优秀物理教师的五门必修课
"DIAN"MING FANGXIANG "WU"KE ZHILI：
XIULIAN YOUXIU WULI JIAOSHI DE WUMEN BIXIUKE

南开大學出版社
天津社会科学院出版社　出版发行

出版人：陈　敬
地址：天津市南开区卫津路94号　邮政编码：300071
营销部电话：(022)23508339　营销部传真：(022)23508542
https://nkup.nankai.edu.cn

英格拉姆印刷(固安)有限公司印刷　全国各地新华书店经销
2022年12月第1版　2022年12月第1次印刷
787毫米×1092毫米　16开本　22印张　280千字
定价：79.00元

如遇图书印装质量问题，请与本社营销部联系调换，电话（022）23508339

序

亓凯是曲阜师范大学的优秀校友,也是我众多学生中的优秀代表。他让我为他的新书《"点"明方向 "悟"课之理:修炼优秀物理教师的五门必修课》作序,使我有幸成为该书的第一读者,倍感欣慰。阅读之后,我想结合亓凯的发展历程,从教师专业发展的途径与方法方面谈点感受。

我首先想说的是亓凯在物理教师专业发展的历程。我是在指导学生参加 2006 年山东省首届大学生物理教学技能大赛时认识亓凯的,当时他是一名大三的学生,分到我名下准备比赛。通过了解知道亓凯对教师行业非常感兴趣,大学期间既刻苦学习物理学专业内容与教师教育内容,也有意识地提升自己的综合素养,不仅成绩优秀,在院校学生会的工作也得到了大家的认可。他既重视教学理论的学习,也积极参加教学实践,在教育实习中表现突出,被指导教师推荐参加学院组织的教学实习比赛,在比赛中表现突出,被选拔为参加省里比赛的队员。在指导他准备比赛的过程中,我看出他对教师事业的热爱,看到了他为提高物理教学技能而认真准备、一丝不苟的过程。功夫不负有心人,在正式比赛时,他的讲课、说课、板书板画、课件制作、教学设计等技能获得了评委的高度认可,荣获全省一等奖。在求职过程中,他放弃了到待遇优厚的公司工作的机会,毅然选择了教师职业,并且被天津四十七中的领导与教师一眼看中,顺利应聘到教师岗位。后来,由于专业交流的需要,每年到天津师范大学时,我都了解亓凯工作与专业发展情况。知道他既钻研物理学专业内容、心理与教育理论,又善于在物理教学实践中反思与总结,积极参加各项教研活动;既重视理论素养的提升,也重视深入了解学生,知道学生所思、所想、所盼,使得他的的教学能够切合学生的实际,同时促进了他的班主任工作与德育工作,实现了双赢。他既重视理论探索,又重视实际案例的搜集整理与反思,同时得益于学校同行的互助与专家型学校领导的专业引领。这使亓凯在教师专业化发展中很快渡过适应期与成长期,实现了专业突破,继而成为学生口中的好物理老师和模范班主任,他仅仅用了十几年工作时间,已经做到了在业内小有名气,成为了一名学生欢迎、家长满意的优秀物理教师。我们说教师专业发展就是指教师作为专业人员,在专业思想、专业知识、专业能力等方面不断发展和完善的过程,即是从新手型教师到专家型教师的过程。亓凯的教师专业发展的心路历程就是一个典型教师专业发展案例。

我想说的第二个方面,是《“点”明方向 “悟”课之理:修炼优秀物理教师的五门必修课》体现了教师专业发展理论与实践的有机融合。我们常说,“终身学习是教师专业发展的前提保证、行动研究是教师专业发展的基本途径、教学反思是教师专业成长的必经之路、同伴互助是教师专业成长的有效方法、专业引领是教师专业成长的重要条件、课题研究是教师专业成长的有效载体”。

教师的专业发展,应当将重心放在教学方法和教学模式上,要坚持学习,不断提升自己的专业素养。而本书借鉴相声文化里的“说、学、逗、唱”四门功课,创立一名优秀物理教师“说、学、逗、唱、演”的五门必修课。从以下五个层次修炼优秀物理教师的必备技能和关键品格:

发声问道,沉淀打通教育教学“经脉”,一针一线装订教学艺术,用“精尖”实现“授众以经”,努力做到:碎片模型化,模式理念化,思想艺术化,实践“舞理”的多艺术卓雅,通过抛砖引玉,共享智慧传承,让物理打开脑“会人师”。

童声问答,合力收集教育教学“情报”,一字一句记录教学思考,用“笔尖”实现“授人以渔”,努力做到:知识系统化,教学信息化,评价数字化,实践“无理”的多色彩开发,通过投身物理,共游知识海洋,让物理张开嘴“会说话"。

回声问辩,真正解开教育教学"密码",一心一意传递教学智慧,用"足尖"实现"授人以渔",努力做到:思维多元化,合作智能化,机遇公开化,实践"悟理"的多智力爆炸,通过科学探索,共振物理兴趣,让物理迈开腿"会走路"。

高声问鼎,携手搭建教育教学"品质",一点一滴建设教育高地,用"顶尖"实现"授人以筌",努力做到:传播服务化,资源共享化,教育未来化,实践"物理"的多智慧开花,通过碰撞火花,共赢进步成长,让物理敞开量"会领跑"。

心声问候,充分敞开教育教学"情感",一言一行流淌教学情怀,用"心尖"实现"授人以爱",努力做到:对话真实化,交流情感化,教育情怀化,实践"务理"的多情感表达,通过教学帮扶,共情物理江湖,让物理敞开怀"会传情"。

应该说在新时代教育高质量发展的今天,本书的学习有助于物理教师打开科学思维,提升物理学科核心素养。

多年来,作者通过个人微信公众号"教育一点一滴"与同行们分享交流自己的所思与所想,值得大家学习和借鉴。也正是因为如此的思考和积累,使得本书成功问世,这其中凝聚着作者很多教育教学思考、智慧和思想,对中学物理教学一线的教师很具有借鉴意义和推广价值,也为物理教师教育专业的本科、课程与教学论(物理)专业的研究生、物理教学方向的教育硕士专业学位研究生提供了一本理论与实践结合的好书,值得细细品读。

李新乡

中国教育学会物理教学专业委员会原副理事长

曲阜师范大学教授

2022 年 7 月

目　录

序编　教学理念探索（演）

第一编　物理教学评课（说）

第二编　　物理技巧总结（学）

第三编　物理教学引领（逗）

第四编　非常阶段帮扶（唱）

附　录

序　编

教学理念探索（演）

　　发声问道，沉淀打通教育教学"经脉"，一针一线地装订教学艺术，用"精尖"实现"授众以经"，努力做到：碎片模型化、模式理念化、思想艺术化，实践"演"这门课程的艺术与卓雅，通过艺术传承，共享智慧表达，让物理教师打开脑"会人师"。

　　作为一名普通教师，就是要拥有自己的教育教学方法；作为一名优秀教师，就是要打造自己的教育教学模式；作为一名卓雅教师，就是要成就自己的教育教学理念。

市级骨干有声培训

首都求学比翼飞　京津搭线比肩慧

《京津追击》
京都传艺递小满，
津门骨干培训缘；
追风几度丰要义，
激流勇进赴前川。

2021年5月20—22日我有机会在北辰区教师发展中心组织下与大家一起赴京学习，由于我在高中教学，很多时候在高三年级带班，所以很少有机会能走出学校参加这样的培训，自然是非常荣幸来到这个大家庭。尽管是"屡战屡败"，但是依然"屡败屡战"。北辰区目前有近百所中小学（不包括幼儿园）。现在陆续还有新加入的学校和新建学校，队伍也在不断发展壮大。借助在培训结业式上发言的机会，我也隆重向各个学校举荐在座的各位都是学科内的优秀教师，大家可以相互邀请到各个学校进行分享和交流，从而形成强强联合之势，开启深度合作共赢，真正实现强势再成长。对于集合培训内容和自己从教以来的所感所悟，我有了一些自己的思考和见解，在此与大家进行简单的分享和交流。

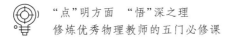
一、收获——品读来自众家的声音

本次培训我听到了：一线的声音，二线的呐喊，三线的助推。简单分享本次培训的几点收获如下：

(一)以文会友——赵新亮博士专业写作技巧

赵新亮博士教给了大家写作的具体的方法和技巧：聚焦问题、拟好题目、搭好框架、选好素材、锤炼语言。对于案例的写法程序相对单一，但是论文则需要包括摘要、关键字、论据、论点、结论等主要环节。案例的写作需要明确问题性、典型性、故事性、真实性、理念性，论文的写作则需要关注真问题，紧扣真热点，具备创新性。一个好的标题是文章具有吸引力的显著标志，它需要具备简洁、准确、新颖的特点。赵老师引导我们：做有心人，做思考者，做勤奋者。字里行间彰显了赵老师作为山东人的勤劳风格。

(二)以理服人——黄延林老师深度学习理论

黄延林老师的深度学习：教给我们通过内容载体理解课程，通过过程感悟教授学生，通过素养目标落实核心素养。动员一切资源和感官实现深度教学，必要时打散知识重新整合，实现高效单元。黄延林老师的课实在不花哨，实用不空洞，实际不虚伪。言谈举止体现出黄老师的务实品格。

(三)以证治教——李刚教授 PISA 专业解读

李刚老师的 PISA 解读：专业、系统、完整、高端。教学注重数据，因为没有数据，你只是一个有观点的人。教育依托证据，因为证据就是会说话的工具。点滴分享中体现李老师的专业理论研究高度，其实 PISA 测试距离我们并不遥远。

（四）以爱育人——刘克臣老师细节高效育人

刘克臣老师所提出的观察、分析、表达，实际上对应了我们北辰区一直提倡的，阅读、思考、表达。他重视由技而道，实现技术升级；由外而内，重视学生主体；由形至心，激发兴趣动力。个案分享中体现刘老师的大爱教育，让我们都受益匪浅。

二、感悟——倾听来自心底的呐喊

（一）品读高低——助力扬长补短

作为一线教师我们不缺乏实践，但是缺乏对实践的提炼，这就需要我们提升自己的理论高度，为此我们听取了很多专家的精彩讲座。

我们在深挖学科特点的同时，勇于把自己的学科特点变成特点学科。本次培训有很多策略的提出，我认为：方法就是点；策略是多点；而模式需要多点成线、一线贯穿；理念则是多线汇面；理论才能最终形成体系。这就需要我们寻找自己的长处，挖掘自己的短板，逐步实现点、线、面、体的升级。

（二）辩证厚薄——实现厚积薄发

作为教师就要敢于走上讲台，作为优秀教师就要敢于走上舞台，作为市级骨干教师更要敢于走上高端平台，为此我们要做到全面跟上，有侧重点发展。目前我们已经把集体备课发展为备课集体，不仅仅教师的备课集体和集体备课，还要有学生的备课集体和集体备课。我们不仅仅教研学生，也要启动学生教研。我一直努力打造学生开放课堂，升级翻转课堂为互为师生。打造更科学、更高效、多角度、多维度的"四维度十环节开放

式"教学模式。通过学生自学设问、设计教案、集体备课、交流展示、完善互补等环节实现学生由自我学习、大我合作到真我成长、无我传承的转变,让课程从全程指导、全员参与到全面自主、全能训练的转化,让师生从知识智商、交流情商到解惑逆商、综合人商的升级。课程中所有环节一抽到底,实现人人平等参与;一言九鼎展示,实现人人自信满满;一览无余创新,做到人人创新变式。逐渐实现三个转变:应试教育→核心素养,传统课堂→开放课堂,固定模式→没有模式。

新时期教师应该逐渐从知识型、智慧型向专家型转变,从而向"教练型"教师迈进。教学中我们不应拘泥于固定的套路和模式,我所讲的教学模式只是实践中成功模式之一。通过实践表明,该模式重视学生是如何学习的,随时掌握他们在互动学习中是怎么想的,是如何做的。遇到什么困难、需要什么样的帮助。有了什么新的发现,教师如何调整自己加强引领指导。面向全体要一视同仁,个性发展要精心呵护,学生讲解展示要高度发散。教学中师生应相互接纳、赞赏、分享和互助。这样不仅能调动学生的积极性,也实现了在不知不觉中让学生学习新知识,让不同层次的学生都能体验成功的喜悦,充分体现学生的主体作用。使学生在学习中不断获得成功,体验成功的喜悦,也就有继续学习的动力,也极大增强了组内团结协作意识,使班级学习氛围呈现良性发展。"四维度十环节"开放式教学模式不仅仅调动了学生的学习积极性,可以说在无痕中让学生学到了知识,充分体现了学生的主体作用,极大地增强了组内团结协作意识,使班级学习氛围呈现良性发展。该模式注重学生主体的同时,更注重先学后教,体现个性化而非个体化,体现自主化而非教授式,体现天然性而非表演性,全面落实新时代核心素养。本模式可以用于新授课,也可以用于复习课等,使用灵活,效果显著,真正使学生由"学会"变为"会学",建议大家教学中使用"四维十环"开放式教学模式,同时在教学中不断完善。就像黄延林老师所说,高度的抽象助力应用的广泛,梳理的整合促进学习的深度。

这就要求我们敢做、能做、会做、善做，敢说、能说、会说、善说，敢写、能写、会写、善写。

（三）增加碰撞——成就疯狂生长

北辰区教师发展中心培训部李永辉主任说过，

静下心来，集中学习——打破固化；

沉下心来，勇敢碰撞——疯狂研究；

潜下心来，认真思考——升级思维。

我们应该拓宽自己的思考宽度：将机械式的学习进行变通，将碎片化的学习进行梳理，将单一化的学习进行升级。要有能力沉淀于问题之中，游离于事物之外。就像开班仪式上第 19 幼儿园王霞老师所说的：春风，笑脸，暖童心；温情，善导，显师恩；学习，沉淀，品师德；提炼，交流，传承真。

北大校董吴先红校长曾经说过：想让我资助，你得在岗，这就要求我们明确岗位职责；想与我合作，你得在行，这就要求我们要足够优秀；想与我并肩，你得能抗。这就要求我们提高抗压能力，勇往直前，再上新高度。

最后衷心感谢教师发展中心培训部领导老师们的精心组织和服务，感谢中国教师研修网的大力支持。"树高千尺，营养在根部"，所以我们一起植根大地，一起品尝花开云端。本次培训活动应该说内容丰富且高端、重在使用接地气，唯一遗憾的就是时间稍短，大家都有意犹未尽之感。仔细想来，这里就是一个资源库，我们有幸在这五天的时间里实现资源共享，这是我们莫大的荣幸。当然本次培训只是我们培训班的同学们交流的开始，我们将以此次培训为开端，开启全面交流，携手深度合作，开创高速发展。

三、规划——携手来自未来的召唤

就像正高级教师、北辰区教师发展中心培训部吴作军副主任所说，骨干教师就是要业务引领、专业示范、行业导航。作为市级骨干教师,我们除了要达到一定的理论和实践高度,起到模范引领作用,还要懂得传播传承的意义。不仅要做到授人以鱼(提供物质和资金),还要升级授人以渔(教授方法和技能),从而实现授人以筌(分享资源和平台)。我将与我的青年教师徒弟们相互学习、一起研究、合作前行,我们将以新时代发展和建党百年为契机,把"十四五"开启之年作为新的出发点,乘风振翅起飞,奋勇破浪远航。希望在座的同学们加强交流,加强合作,当我们彼此以一条短信或者一个电话沟通时,彼此一定不是尽力而为,而是全力以赴。未来必将出现"我刚好需要,你恰好出现,而且还很专业"的情况。曲将终,最不散,情常在,愿我们"离开的都是风景,留下的都是人生"。

我的教学模式

"四维度十环节"开放式教学模式的探索与实践

一、"四维十环"开放式教学模式的背景思考

高中物理学科核心素养要求学生形成物理观念,学会运用科学思维进行合作探究,从而培养学生的科学态度与责任。结合新课改提倡的自主、探究、合作的学习理念,再加上目前学习环境的要求,笔者认为急需创设一种开放式有力度的课堂环境。这样才更有利于学生思维发展的拓展延伸,激发学生的创新思维。因此笔者结合物理学科核心素养将问题式学案嵌入教学活动中,打造"四维十环"开放式课堂教学模式。

二、"四维十环"开放式教学模式的科学内涵

"四维十环"开放式教学模式是一种更科学、更高效、多角度、多维度的教学模式。该模式以学生为主体,通过教师为学生创设从一维到四维共四个维度十个环节层层递进、环环相扣的学习阶段,帮助学生逐步完成知识构建,提高了学生解决问题能力和合作探究意识。开放性的教学环境有利于发挥学生的"主见性",实现由被动到主动的深度学习。在合作学习

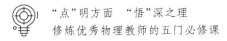
中由外在的合作探究内化为能力,升华为情感,科学有效地完成科学的构建过程。

三、"四维十环"开放式教学模式的理论依据

(一)建构主义理论

根据建构主义理论,学习不是被动接收信息刺激,而是主动地建构意义,是根据自己的经验背景,对外部信息进行主动的选择、加工和处理,主动构建知识,从而获得自己的意义。这里强调了学生的主体作用。

(二)"发现学习"理论

在美国心理学家布鲁纳的"发现学习"理论中,他认为在教学过程中学生应在教师的启发下,围绕一定的问题,通过积极的思维活动,亲自地探索和主动地研究,使自己成为一个"发现者"。这也是创新思维能力和科学研究方法的培养过程。

四、"四维十环"开放式教学模式的流程介绍

下面以主体性、递进性、创新性为原则设计以下"四维十环"开放式教学模式的流程图:

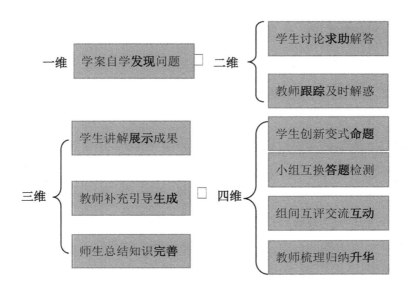

图1　"四维十环"开放式教学模式

知识层面(真实发现):自学——提前备课

方法层面(真实交流):互问+互答——集体备课

能力层面(真实探索):智讲+智生+智探——实践备课

情感层面(真实收获):趣测+趣判+趣助+趣通——完善备课

(一)一维教学——学生自学"发现"问题(15分钟)

一维教学设计是第一个环节,此环节注重对学生自主学习能力的培养。学生结合教材通过问题式学案的引导进行自学,让学生去"发现"问题。同时教师观察学生在自学过程中的状态与困惑,进一步完善授课计划,为下面环节中的答疑和指导做好充分准备。

(二)二维教学——学生讨论"求助"解答,教师跟踪及时解惑(5分钟)

二维教学设计包括两个环节,本过程注重对学生合作探究能力的培养。

第二个环节是学生讨论求助解答。将全班同学分成几组。充分发挥学生主体作用,将发现的问题与同组学生进行交流互助,生生互动总结本课的主要知识。

第三个环节是教师跟踪及时解惑。教师走访每组,耐心回答。师生互动引导学生对本课的内容进行总结,形成清晰的思维导图。这一环节教师助力学生充分讨论,将学生找出的问题指导到位、及时纠偏,以便在下一环节中把最完善的知识展示给全班同学。

(三)三维教学——学生讲解"展示"成果,教师补充引导生成,师生总结知识完善(10分钟)

三维教学设计包括三个环节,本过程注重对学生交流展示能力的培养。

第四个环节是学生讲解"展示"成果。根据学案引导,可以将内容分为六个部分或者六个问题(碰撞的特点研究,碰撞的分类分析,碰撞的应用举例,碰撞的概念延伸,碰撞的应用避免,碰撞的定量分析),这一环节中通过抽签的形式,各组上台对所抽部分知识进行依次讲解和投影展示。

第五个环节是教师补充引导生成。这一环节中教师更应该重视"引导者"的作用。在学生上台讲解之前教师应该主动"走访"、指导 、"把关"讲授内容,确保学生讲解的正确性。

第六个环节是师生总结知识完善。教师加以补充完善,师生"生成"新知识,请学生在学案上加以总结细化。

（四）四维教学——学生创新变式命题，小组互换答题检测，

组间互评交流互动，教师梳理归纳升华(15分钟)

四维教学设计包括四个环节，本过程注重对学生创新互动能力的培养。

第七个环节是学生创新变式命题。这个环节是巩固学生所学知识的一个重要环节，学生根据所学知识创新一道相关的变式题目。

第八个环节是小组互换答题检测。本环节本组内交换试题，互相讲解展示。

第九个环节是组间互评交流互动。本环节以小组推荐的方式选出本组一个变式题目，通过抽签进行组间互换答题，并完成组间互评交流。

第十个环节是教师梳理归纳升华。最后教师总结得失，完善教学。课后学生将未交流到的题目作为提升练习，完成本节课的课后巩固学习。做到学有所思，学有所用，学有后劲。

这一环节是升华的阶段，教师绝不能松懈，需要时刻关注学生的出题方向，此时教师扮演"协助者"的角色，防止过偏、过难的题目出现，但这也在教学中最容易出现精彩"生成"的阶段，把握好了就成为本节课的亮点，也会促使本节课的成功甚至出彩。

最后的总结完善是对教师提出的更高要求，学生的问题和困惑往往不能全部预测到，教师在做好充分备课的同时还要预设可能出现的各种学习状况和问题，读懂教材、读懂学生，准确把握教学的重难点，保障教师的总结升华起到画龙点睛的作用。开放式课堂会很精彩，也特别容易失败，这就要求教师应不断提高自己的专业能力和各项素质。

其实"四维十环"开放式教学模式中教师是整个"学习活动"的"主持人"，起到贯穿全局的作用。当然既然是"开放式"教学模式就不应该拘泥一格，教师也可以培养"学生导师"。"教育不是一个人的智慧"，课堂中可

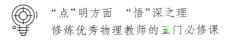

以发挥老师与学生的集体智慧,继续开拓探索教学模式,坚信只有在发展中创新,在创新中提升,才能推动教师的专业化发展进程。

物理观念:学生全面促共能。

科学思维:完全发散促共生。

科学探究:合作互助有共赢。

科学态度与责任:争先表现要共衡。

五、"四维十环"开放式教学模式的效果分析

(一)师生、生生得到有效互动,创设和谐学习环境

通过问题式学案的及时性、针对性、递进性、时效性的引导,学生进行组内和组间讨论交流互动、师生解惑互动、学生展示互动、组内和组间互评交流互动等完成知识的构建。教师引领学生在学习中不断获得成功,体验成功的喜悦,从而有效地增强学生学习动力,也极大增强了组内团结协作意识,创建了和谐融洽的师生、生生关系,为学生提供良好学习氛围,有利于学生积极主动地参与学习,在参与中获得发展。

(二)提高了教师教学领导力,促进学生有效学习

本模式教学中教师要把关学习过程的每个环节,提高了教师读懂教材的能力、创设问题式导学案的能力、灵活答疑解惑的能力、归纳总结提炼能力、掌控教学进度的能力、把控学生思考路径的能力、灵活驾驭课堂洞察细节的能力,这些能力的提高有利于分展现了教师的教是为学生的学服务的。

(三)促进学生全面发展,培养学生学科素养

模式运用中大胆开启:"一抽到底"实现多数人都能公平参与的展示

（组长抽签决定展示顺序，组内抽签确定展示人员）；"一言九鼎"实现语言艺术的诱惑和引导（一人主持集体备课，大家提出升级方案）；"一览无余"实现充分运用教材和课后习题，适时完善学生的"教案"和"学案"（师生互动形成学习合力，师生互换形成动态主体）。

　　在教师的牵手服务下使学生实现从知识到能力，再到情感的升华，培养了学生科学态度与责任，使学生深度参与学习，由"学会"变成"会学"。全面助力学生成长，形成和谐的"教""学"氛围。规避了重知识轻能力、重知识轻情感的现象。培养了学生合作探究、创新维和科学态度与责任，从而提高了教学质量。

"四维度十环节"开放式教学模式下的《动量及动量定理》教学设计

【教学目标】

物理观念

1. 明确动量、动量变化量、冲量等基本概念。

2. 学会基本规律并能灵活运用规律解决问题。

科学思维

1. 通过问题式学案导入教学。

2. 教师答疑解惑，引导学习。

3. 学生讲解，体现主体作用。

4. 学生创新出题巩固，充分体现能动作用；师生总结，完善教学。

科学探究

1. 通过对比开放式教学，引导学生进行合作探究。

2. 通过自学交流，锻炼学生团结协作能力、创新能力及想象能力。

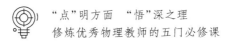
科学态度与责任

1. 在交互式学习中培养孩子们的情感互助。

2. 在获取知识过程中体验劳动的快乐以及赞美与被赞美的情感互通教学。

【教学重难点】

重难点:动量的概念,动量定理。一维动量变化,动量定理的应用以及学会如何运用知识解决生活中的相关问题。

教材分析:人教版高中物理选修3—5第16章第二节“动量和动量定理”。

学情分析:学生对动量定理的理解。

【教学流程】

1. 一维教学——学生自学“发现”问题

这一阶段中教师可以将授课计划进一步完善,观察学生在自学过程中的状态与困惑,为下面环节中的答疑和指导做好充分的准备。一维教学——学生自学,“发现”问题,学生结合教材通过问题式学案的引导进行自学(15分钟),这一环节培养学生自主学习意识和提升学生自学的能力。

2. 二维教学——学生讨论“求助”解答,教师跟踪及时解惑

这一教学过程分为两个环节。第二环节将全班同学分为四组。充分发挥学生能动作用,通过学案自学,将找出问题与同组同学交流,总结本节课主要知识。第三环节教师巡视各组,耐心答疑。教师引导学生对本节课内容进行概括,并结合本节课内容引导学生将动量和动能、冲量和做功、动量定理和动能定理进行对比,通过新旧知识对比减弱学生对新知识的陌生感。在下一环节中把最完善的知识传授给同学。二维教学——学生讨论“求助”解答,教师跟踪及时解惑(5分钟)。学生充分讨论,并与小组同学

进行互动交流,在教师的眼神交流下,学生主动进行求助,解决共性的疑难问题,以便让本组内完成一个整体的知识架构的学习。

这一阶段教师一定要引导学生充分讨论,将学生找出的问题指导到位,以便让学生对本节课内容形成清晰的思路,培养学生合作探究能力,在交流中增强语言表达能力和语言沟通能力。

3. 三维教学——学生讲解"展示"成果,教师补充引导生成,师生总结知识完善

本过程分为三个环节。

第四环节教师通过问题学案的引导,结合课堂练习题,在学案第三部分中设置四个问题:动量与动能有什么区别与联系;冲量与做功有什么区别与联系;动量定理与动能定理有什么区别与联系;动量定理与牛顿第二定律有什么关系。这一环节,通过抽签的形式,请四个组上台对所抽部分知识进行依次讲解和板书。

第五环节教师加以补充,注重生成。

第六环节学生在学案上总结细化。三维教学——学生讲解"展示"成果,教师补充引导生成,师生总结知识完善(10分钟)。

各组学生们以此上台展示,为大家详细讲解知识点,要求必须讲明白。学习金字塔中明确表明:只有把知识讲出来,并且还能够给别人讲明白,才能深层次理解知识,做到掌握知识的最高层次。

这一阶段教师更应该重视"引导者"的作用,在学生上台讲解之前应该把关讲授内容,确保学生讲解的正确性。

4. 四维教学——学生创新变式命题,小组互换答题检测,组间互评交流互动,教师梳理归纳升华这一阶段分为四个环节。

第七环节,学生出题。

第八环节以分组抽签的形式各组再推荐一名同学上讲台展示。

第九环节出题者上台评阅题目并加以讲解说明。

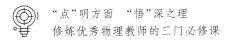
第十环节教师总结完善教学。

最后的总结完善对教师提出了更高的要求,学生的问题和困惑往往不能全部预测到,教师在做好充分备课的同时还需要全盘把关所有环节,才能准确把握本节课的重难点,所以教师的总结在本节课中起到了画龙点睛的作用。开放式课堂可以出彩,也特别容易失败,这就要求教师要不断提高自己的业务能力和各项素质。四维教学——学生创新变式命题,小组互换答题检测,组间互评交流互动,教师梳理归纳升华(15分钟)。

第七环节是学生根据总结的知识并结合所做的课后练习,自拟与本节课有关的题目。

这一阶段应该是升华的阶段,但教师绝不能松懈,需要时刻关注学生的出题方向,教师应做好"办助者"的角色,防止过偏、过难的习题出现,但这也是课堂最容易出现"生成"的阶段,把握好了可以成为本节课的亮点,非常出彩。

【教学效果】

1. 师生、生生得到有效互动,创设和谐学习环境

通过问题式学案及时性、针对性、递进性、时效性的引导,学生进行组内和组间讨论交流互动、师生解惑互动、学生展示互动、组内和组间互评交流互动等完成知识的构建。教师引领学生在学习中不断获得成功,体验成功的喜悦,从而有效的增强学生学习动力,也极大增强了组内团结协作意识,创建了和谐融洽的师生、生生关系,为学生提供良好学习氛围,有利于学生积极主动参与学习,在参与中获得发展。

2. 提高了教师教学领导力,促进学生有效学习

本模式教学中教师要把关学习过程的每个环节,提高教师读懂教材的能力、创设问题式导学案的能力、灵活答疑解惑的能力、归纳总结提炼能力、掌控教学进度的能力、把控学生思考路径的能力、灵活驾驭课堂洞察细

节的能力,这些能力的提高充分展现了教师的教是为学生的学而服务的特点。

3. 促进学生全面发展,培养学生学科素养

在教师的牵手服务下让学生从知识到能力,再到情感的升华,培养了学生的科学态度与责任,使学生深度参与学习,由"学会"变成"会学"。全面助力学生成长,形成和谐的"教""学"氛围。规避了重知识轻能力、重知识轻情感的现象。培养了学生合作探究、创新思维和科学态度与责任,从而提高了教学质量。

【教学特色】

"四维度十环节"教学模式是一种开放式教学模式,它打破了固有的教学思维与节奏,充分体现学生主体地位的同时最大限度增强了学生的主观能动性。教师是整个"学习活动"的"主持人",起到贯穿全局的作用,当然既然是"开放式"教学模式就不应该拘泥一格,教师也可以培养"学生导师"。"教育不是一个人的智慧",课堂中可以发挥老师与学生的集体智慧,继续开拓探索教学模式,坚信只有在发展中创新,在创新中提升,加强教师的专业化发展进程。

【教学反思】

"四维十环"开放式教学模式不仅调动了学生的学习积极性,可以说在无痕中让学生学到了知识,充分体现了学生的主体作用,极大地增强了组内团结协作意识,使班级学习氛围呈现良性发展。该模式可以用于新授课,也可以用于复习课,使用灵活、效果显著,建议大家在教学中使用"四维十环"开放式教学模式,同时在教学中不断得到完善。

开放式课堂精彩纷呈,但容易失败,这就要求教师不断提高自己的专业能力和各项素质。

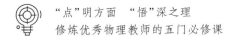
附录一 问题式学案

一、动量和冲量

1. 动量的定义是什么？冲量的定义是什么？

2. 动量是矢量吗？冲量是矢量吗？

3. 动量变化量如何计算？冲量的意义是什么？

二、动量定理

1. 动量定理的内容是什么？

2. 动量定理的表达式及各物理量的意义是什么？

三、联系

1. 动量与动能有什么区别与联系？

2. 冲量与做功有什么区别与联系？

3. 动量定理与动能定理有什么区别与联系？

4. 动量定理与牛顿第二定律有什么关系？

四、应用

如何运用动量定理解决实际问题？

附录二　创新变式表

创新变式题目	
考查知识点	
设计意图	
试题作答	
再创新意见	

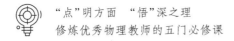

附录三 创新练习题

1.以下说法正确的是( )

A.物体动量变化,动能一定发生变化。

B.物体动能发生变化,动量一定发生变化。

C.物体运动状态变化,动能不一定发生变化。

D.物体运动状态变化,动量不一定发生变化。

2.请运用定量知识解释"落地屈膝"的道理。

3.将质量为 m 的物体水平抛出,经 t 落地,不计空气阻力,求该物体运动过程中的动量变化量。

4.利用高压水枪打过抢眼,水的密度为 p ,水速为 v,假设水碰墙后速度变为0,水柱横截面积为 s,求水柱对墙的平均撞击力是多大?

核心素养之物理开放课堂的升级思考

一、课堂背景

民主平等→社会参与(生生)

翻转课堂→互为师生(师生)

发散教学→时代要求(家国)

高中物理学科核心素养要求学生形成物理观念,学会运用科学思维进行合作探究,从而培养学生的科学态度与责任感。结合新课改所提倡的自主、探究、合作的学习理念,再加上目前学习环境的太过被动,为了让学生学会学习,达到乐学善学,养成勤于反思的习惯,笔者认为急需创设一种开放式有力度的课堂环境,提高"社会参与"的机会,充分调动学生们搜集信息的意识,这样才更有利于学生思维发展的拓展延伸,激发学生的创新思维。让学生由被动地学习,变为主动去探索,因此,笔者结合物理学科核心素养将问题式学案嵌入教学活动中打造开放课堂教学模式。让课堂不仅仅是课堂,而是培养学生成为全面发展的人的科学环境!

二、课堂依据

素质教育→核心素养

传统课堂→开放课堂

固定模式→没有模式

开放课堂是一种更科学、更高效、多角度、多维度的课堂模式。该模式以学生为主体,通过教师为学生导演课堂活动流程,形成层层递进,环环相扣的学习阶段,帮助学生逐步完成知识构建,提高了学生解决问题能力和

合作探究意识。开放性的教学环境有利于发挥学生的"主见性"形成由被动到主动的深度学习。在合作学习中由外在的合作探究内化为能力,升华为情感,科学有效的完成科学的构建过程。依据有以下三个方面:

(1)核心素养

学生发展核心素养主要是指学生应具备的能够适应终身发展和社会发展需要的必备品格和关键能力。中国学生发展核心素养的三个方面以科学性、时代性和民族性为基本准绳,以培养"全面发展的人"为核心,分为文化基础、自主发展、社会参与三个方面,以及六大素养和18个基本点。《中国学生发展核心素养》的落实途径:一是通过课程改革落实核心素养;二是通过教育实践落实核心素养;三是通过教育评价落实核心素养。

(2)学习金字塔

爱德加·戴尔提出,学习效果在30%以下的几种传统方式都是个人学习或被动学习;而学习效果在50%以上的,都是团队学习、主动学习和参与式学习。

(3)杜威的实用主义

实在、实用、实效。

三、课堂说明

下面以主体性、递进性、创新性为原则设计以下开放式教学课堂模式:

一维:自学(物理观念)—点对点(知识)

二维:互问—互答(科学思维)—点对线(方法)

三维:智讲—智生—智探(科学探究)—线对面或点对面(能力)

四维:趣测—趣判—趣助—趣通(科学态度与责任)—线对面或面对体(情感)

四、课堂应用

学习全面促全能——物理观念

完全发散处生成——科学思维

合作互助有共赢——科学探究

争先表现要权衡——科学态度与责任

开放的课堂教学模式不仅调动了学生的学习积极性,让学生学到了知识,充分体现了学生的主体作用,极大地增强了组内团结协作意识,是班级学习氛围呈现良性发展。该模式可以用于新授课,也可以用于复习课等,使用灵活,效果显著,真正使学生由"学会"变为"会学",当然理论升级的同时,实践还需要在教学中完善。

五、模式推进

(一)漫谈收获

1. 胸口碎石不危机

学生在动量定理一节课的学习中提出了与生活相关的胸口碎大石的杂技表演,用动量定理知识巧妙解决了杂技的奥秘。

2. 两臂随球减冲击

深入生活,寻找身边的物理,解决生活中最简单的物理问题,做到学以致用。

3. 推陈出新寻细节

一个动作的变化,一个眼神的改变,一个组合的生成,一个姿势的形成,一种感受的变化……都是学生们学习状态的转折点,所以我们寻找这些转折点就是落实教育成功的关键。

(二)深谈问题

1. 一抽到底

不能只有少数人进行展示,无论小组长还是组内成员,分工都要严格熟练运用抽签方式一抽到底,做到公平公正。

2. 一言九鼎

教师在活动前、活动中以及活动后的引导要做好准备,对于权威的权衡与分配要思考到位,提前规划。

3. 一览无余

充分运用教材和课后习题,适时整理学案,把握权衡开放的程度。教材是教师教学的依据,课后习题更是一种智慧的总结和方向的引领,充分运用教材和课后习题做到了方向的正确性,在这个基础上的发散思维必然是有效思维,必然达到好的教育教学效果。

(三)趣谈感悟

1. 全面发展

自学创新(思)—总结归纳(智)—组织领导(能)—合作探究(情)

2. 无形升级

学规律—有规律—创规律—无规律

自我—无我—大我—真我

全程—全员—全面—全能

智商—情商—逆商—人商

3. 变中求变

新时代有新要求——创新人才

新高考已经变化——创新方案

新思考正在进行——创新思维

新样本正在积累——创新数据

(四)巧谈思考

1. 谁最了解学生——学生

取之于民,用之于民。

2. 让谁成为"英雄"——学生

"个人崇拜"不是教育教学的最高境界。真正的高手是将自己真正融入学生当中,成为学生的一员,所以翻转课堂应该向互为师生转化。

3. 谁来甘当幕后——教师

教学工作中教师面对的更多的是常态课,而常态课的特点与其他课堂是不一样的,简单总结如下:

内容实用为好,高效开展最好,事半功倍为妙;

手段恰当就好,资源借鉴有效,素养落实才好;

发散思维更好,开放思维为好,全面发展生效;

分工明确高效,合作探究奥妙,情感升华落脚。

开放课堂是在教师的牵手服务下让学生从知识到能力再到情感的升华,培养了学生科学态度与责任,全面助力学生成长,形成和谐的"教""学"动态氛围。

其实开放课堂中教师是整个"活动"的主持人,起到贯穿全局的作用,当然既然是"开放式"教学课堂就不应拘泥一格,教师也可以培养"学生教师",让学生成为老师,代替教师的角色展开教学。"教育不是一个人的智慧",我们可以发挥老师们或者学生集体的智慧,继续开拓探索,相信只有在发展中创新,才能在创新中发展壮大。

我的教学理念简介

"极典教学"理念的实践与研究
——以"寻找初、高中'易错点'微课题"为例

在新高考改革的大背景下,初、高中物理教材顺序进行了重组,内容也进行了微调,在一定程度上打破了以往的学习和研究节奏,如何更好地适应新高考改革节奏,紧跟新高考步伐,需要我们通过感受、感知、感悟,采用"四开放":空间开放、思维开放、形式开放、人员开放的方式;借助"艺友制"师徒团队打造系列课题研究,完善"极典教学"理念:极端易错、极限临界、极致规律、极品方法、极智问答等。本课题是系列研究的开端之作,后面还会有极限临界、极致规律、极品方法、极智问答等系列课题研究。本课题组重新梳理初中和高中阶段的易错问题,进行科学合理的归纳总结。为初、高中广大师生能更好地学习物理、研究物理、运用物理,提供一个有效工具和参考样本。

一、选题在意义中产生——精、细、严、实

"易错点"是学生学习物理的主要障碍,亦是教师教学过程中容易忽视且不易突破的教学难点。对易错点的分析,不仅在于"高、大、上、巧",

更应侧重"精、细、严、实"。能够促使教师更加深入挖掘教材,准确分析学情,提高教学效率,实现高效课堂。同时对易错点的分析和梳理,是新手教师迅速把握"教—学—用"的第一手资料,也是唤醒老教师深入思考知识关键点的有效工具,同时也是全体教师把握中、高考方向的有效途径。

联结主义理论的基本观点是"尝试—错误说"。美国心理学家桑代克认为,人和动物的学习时常是依靠尝试错误来实现的,将错误的动作逐渐淘汰,将正确的动作固定而保留。教师通过建立易错点来评价学生的学习行为,确定或改进教学方式以及分析、纠正学生的行为,强化学生对易错点的认识与思考。辩证唯物主义认为:事物既是联系的,又是发展的,需要我们寻找出其中的关联与矛盾,才能和谐统一,从而解决问题。

二、素养在内容中展示——学、比、见、品

物理学科核心素养,是以培养"全面发展的人"为核心,使学生具备能够适应终身发展和社会发展需要的必备品格、关键能力和价值观念。通过易错点分析核心概念,形成物理观念;在归纳总结中培养科学素养;在合作探索中学会科学探究;在综合运用中练就科学态度与责任,从而实现知识能力与核心素养的有效对接。"易错点"是学生在解题过程中容易出错或反复出错的知识点。本课题的易错点是初二、初三和高中阶段学习过程中最易出错的知识点,也是教师教学过程中,不容易与学生产生共情,或者教与学不能稳定同步的知识点,我们可以将其称为"极端易错"。

我们通过制作、发放、分析调查问卷的方式收集初高中学生物理学习中的易错点;采用经验总结,结合师生日常教学活动中遇到的易错点进行分类、整理和汇总;借助文献资料,课题组成员分工合作,进行对初、高中物理教学易错点分析、对比和品鉴;做到真实有效,针对性强。

三、成果在研究中生成——观、思、探、赏

课题组通过师师组合、师生组合、生生组合,充分利用图书馆、档案馆、资料室、网络的图书目录、学术专著、报纸、期刊、学术会议论文、报告以及国家有关政策、法规等搜集相关有价值的资料并认真学习。对经典易错点进行分工整理,相互独立又相互合作(观念),相互思考又相互推理(思维),相互谏言又相互借鉴(探究),相互赞美又相互批评(责任)。

课题组成员汇总易错点(包括教师教学中整理的易错点和学生学习中总结的易错点);分析时按照核心素养的四个方面进行分析(按照样本先尝试,交流会中一起研讨):

(物理观念)问题→知识→试题→题型(小问题→大话题);

(科学思维)毛病→误区→模型→习惯(小毛病→大逻辑);

(科学探究)过程→实验→体验→经验(小过程→大分析);

(态度责任)故事→审美→担当→情怀(小故事→大情感)。

课题的研究必须要认真研究分析过去的教学成果,对以前的文献书籍要系统地研究,承上启下,对传统优秀的知识要保留下来,不断地改革创新,力争有所突破。逐渐整理出初中物理 16 个易错点和高中物理 32 个易错点(极点易错连同极智规律、极端临界、极品方法的总结本书后面都有介绍)。

通过对初高中物理教学易错点的研究,指导实践,解决实际问题,培养学生学以致用的能力,养成"学、思、践"的良好习惯,塑造物理学科核心素养。下面简单举两例(高中和初中各一例)如下。

(一)牛二定律是根本,殊途同归见真知(高中)

如下图所示:e 为过圆直径的一光滑竖直面,另有斜面 a、b、c,与水平

面夹角 θ 分别为 30°、45°、60°,今有三相同小球同时从三斜面顶端由静止释放,求谁先到达斜面底端?

物理观念:比较同一物体或相同物体在不同的物理情景下的运动时间问题,是物理学习中经常碰到的一类题型。此类问题往往题目新颖,容易引起学生兴趣。但想要解决此类问题需要全面掌握概念和知识点并灵活运用。故而很多同学见到此类问题会感到"力不从心",不知从何处下手,由此而成为易错点。

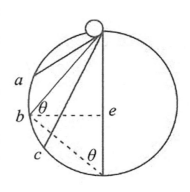

图 1

科学思维:该题目学生容易想当然地认为位移最小即时间最短。而忽略了当位移最小时,由于斜面倾角较小,因而加速度也较小;或有同学认为倾角越大,加速度越大,即时间最短。错误的原因在于:学生们还停留在初中物理匀速直线运动:路程与时间的正比关系的观念里。只抓住位移最小或加速度越大一方面,而没有运用控制变量思维,全面地考虑对于匀变速直线运动位移、加速度、时间的关系。在教学中,我们要引导学生明确初中物理与高中物理的区别与联系;熟练匀变速直线运动的规律;掌握对斜面上物体的受力分析并正确运用牛顿第二定律求解加速度。培养学生画受力分析图的习惯和对几何三角形的运用能力。让学生打破思维定势,学会用物理知识与规律求解生活中的实际问题。

科学探究:为了更好地掌握这一题型,教师可以引导学生小组思考探究:

第一,小球在光滑斜面上由静止释放后做什么运动?第二,对于初速度为 0 的匀加速直线运动如何求解运动时间?第三,对斜面上的小球进行受力分析,用牛顿第二定律求出小球下滑的加速度;第四,利用几何三角形求出小球下滑的位移即:三个斜面的长度。进而分析总结此类题型的解题步骤:第一,对斜面上的小球进行受力分析,画出受力分析图;第二,用牛顿第二定律求出小球下滑的加速度;第三,利用几何三角形求出小球下滑的位移;第四,正确选择运动学公式 $x = \frac{1}{2}at^2$ 求解下滑时间。让学生明确求解此类问题的解题步骤和方法,切实解决"谁先到达"问题。加深对牛顿第二定律的应用和掌握。

科学态度与责任:通过小组合作探究,培养学生分工合作的意识和共同担当的责任感,让学生在思维的交流碰撞中发散思维。

正解如下图所示:

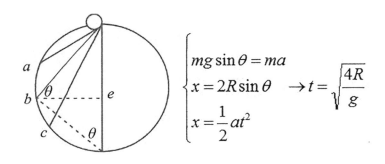

$$\begin{cases} mg\sin\theta = ma \\ x = 2R\sin\theta \\ x = \frac{1}{2}at^2 \end{cases} \rightarrow t = \sqrt{\frac{4R}{g}}$$

图 2

(二)合理建模巧解题,受力分析出新意(初中)

如右图所示,三根长度均为 L 的轻绳,分别连接于 C、D 两点,A、B 两端挂于水平天花板上,相距为 $2L$。现在 C 点悬挂一个重为 G 的重物,为使绳 CD 保持水平,在 D 点至少应施加多大的作用力。

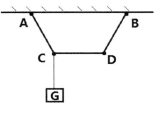

图 3

物理观念:研究物理问题有两条重要途

径:一是实验,二是理论。再作理论分析时,往往要从造模型着手。物理学中所总结出来的反应物质运动变化的客观规律,实际上都是物理模型的运动变化规律。在初中物理的教学中,我们同样是从实验和理论分析这两种途径研究一些简单的物理现象。每一个具体的物理问题的研究过程中,我们都自然而然地应用了各类物理模型。归纳和建立各种模型的思维过程,对任何事物的学习都有借鉴意义和指导作用。

科学思维:本题看似是一道必须应用到高中物理知识:"共点力的合成与分解"才能解决的习题。然而对于初中学段而言,我们可以这样分析:首先题目中涉及的研究对象模型是"三段轻绳",其次根据已知条件,确定研究对象所处的状态:"使 CD 保持水平"的一个静态平衡状态;再次分析研究对象轻绳 CD,如果在 D 点施加大致方向向下的力均可能使得绳 CD 水平静止,但力的方向不同,大小也不同,在改变施加在 D 点力的方向时,头脑中就会闪过三段绳子绕着 A 点和 B 点转动的形象。这样我们完全可以将绳 AC 和 DB 绳抽象成一个绕着 A 点和 B 点转动的杠杆(如下图所示)去分析,最后按照杠杆的平衡条件,即转化为数学模型,解决施加最小的力只需要力臂最长来解决问题。

科学探究:科学实验是动手操作的探究,思维实验更是一种探究方式。

科学态度与责任:培养学生建立模型的能力,是初中物理与高中物理衔接必备的能力之一。

正解:根据杠杆平衡条件可知:

对于杠杆 AC:$F_1L_1 = F_2L_2$。因为 $F_1 = G$,$L_1 = \frac{1}{2}L$,$L_2 = \frac{\sqrt{3}}{2}L$,

所以 $F_2 = \frac{\sqrt{3}}{3}G$。对于杠杆 DB:$F_2'L_2' = F_3L_3$。

因为 $F_2' = F_2 = \frac{\sqrt{3}}{3}G$,$L_3 = L$,以 $L_2' = \frac{\sqrt{3}}{2}L$,

所以施加在 D 点的最小力 $F_3 = \dfrac{1}{2}G$。

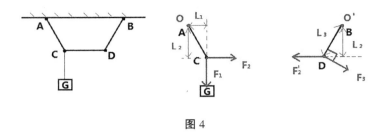

图 4

四、长效在系列中凸显——点、线、面、体

课题相关论文和总结,不仅明确思维来源,更要落实研究去向。对于"极典教学"系列理念思考是本课题命题的来源。我主张:横向"一系列",纵向"一连串",横纵交织成片,分合立体多面,多维合作完善。易错点的收集是一个长期的过程,后期在有限的时间内,我们课题组将继续开展多种形式的易错点收集和整理工作,争取做到有更广泛的推广价值。初、高中学生学习的易错点和教师教学的易错点之间是否有一定的关联,这个问题值得我们深入研究;高中物理成绩优异,能够科学处理易错点的学生,是否在初中就已经具备合理避开易错点的能力,易错点成因的深入研究;以及易错点研究对初高中物理学习的衔接中具有怎样的指导意义,将纳入我们课题组下一阶段的常态研究。

由于实际工作中教学易错点需要细嚼慢咽,而非一日之功,所以收集和整理易错点的数量必然有限,本课题是一个长期的过程,课题活动的结束并不代表这一研究的结束,而是一个全新的开始。

名师之名在于明名

有人问：“何为名师？”我说：“名师之名在于明德，在于明理，在于明事，在于明智，在于明术，在于明名”。其实这是一个没有标准答案的问题，“仁者见仁智者见智。”严耕望曾经总结出身体力行的八字要诀，“勤”“恒”“毅”“勇”“谨”“和”“缓”“定”。下面我结合自己的各项学习、教育实践和点滴思考，与大家简单分享如下，欢迎大家交流指正！

一、教师怎么变——重视五级培育

在新时代教育高质量发展的今天，我们把教师的发展进行各种层次的划分，可谓仁者见仁智者见智。但是作为一名优秀的教师首先应该满足“四有好教师”的标准：有理想信念，有道德情操，有仁爱之心，有扎实学识。按照我区“三层五级”人才培养模式，将教师的发展分为五个阶段：“教学新秀，校级骨干，区级骨干，区级名师或者市级骨干，特级或者正高级。”大家都知道骨干教师属于教学工作的中坚力量，也是家庭生活的中流砥柱，又是专业发展的瓶颈阶段，把握不好便会出现自我满足、自我良好、职业倦怠甚至负向倒退。尤其警惕八种“无”形压力，明确八种急“需”“指”法：

职业无路，道路受阻——需要指明科研无助；缺乏指导——需要指导升职无望；空间有限——需要指点技术无能；缺乏思维——需要指路精力无济；琐事缠身——需要指示教学无绩；缺乏创新——需要指南学习无力；

动力不足——需要指挥传承无趣;缺乏团队——需要指引。

很多教师就是在瓶颈阶段停滞不前,出现了徒有称号但缺乏核心思想,鲜有著作更缺乏逻辑体系,微有虚名但没有教学风格。在这个阶段很多教师选择了"躺平",走过了"佛系",甚至出现了"摆烂",更有甚者当起了"大腕",耍起了"大牌"(殊不知"耍大牌"是会上瘾的)。我总说:"一名教师无论工作了多少年,当了多少年班主任,评价是否优秀的关键之一就是看你留下了什么成果,传递了多少价值,或者跟别人比较你有哪些明显的优势,或者具备什么别人不具备的优点。"这些做法不仅荒废了自己建立起来的影响力、美誉度、知名气和专业技能,更是难有提升和发展的动力。优秀的教师成长之路不应是失败走向成功,而是成功走向成功,这就需要我们勇往直前、毫不退缩,因为"最慢的步伐不是跬步,而是徘徊;最快的脚步不是冲刺,而是坚持"。优秀教师还应该懂得"变"。以"变"应"万变",毕竟"变"才是永远不变的真理,主动走进新时代、超前适应新变化、全面迎接新挑战、最终实现新跨越。

二、名师怎么练——做到五层提升

名师作为专业成长的重要阶段,应该明确五层提升(当然这个思考应该是仁者见仁智者见智):方法(观点)→策略(线段)→模式(直线)→主张(直线)→理念(成面)→思想(体系),前三种侧重具象,后三种侧重内涵。这里的"主张"就是模式,它外显为教育模式,内显为教学风格,而理念是对教育教学模式的提炼和升华,思想的形成更是理论体系的建设。

"教育"内含"教"与"育"两个方面。"教"的对象是知识,侧重在学校;"育"的对象是价值,侧重在家庭。

教育思想是指人们对人类特有的教育活动现象的一种理解和认识,这种理解和认识常常以某种具体方式(教育主张或者教学模式)加以组织并表达出来,其主旨是对教育实践产生影响。教育思想具有历史性、社会性、前瞻性、继承性等特征。有助于人们认清教育工作中的成绩和弊端,使教育工作更有起色。如孔子的儒家思想,墨翟的墨家思想,道家的道家思想,法家的法家思想,陶行知先生的"生活教育"思想,聂圣哲先生的"养活教育"思想。

教育理念应该是教育思想的初期阶段,或者是还没有与实践融会贯通的教育方法、策略、模式的整合提炼和内化升级,实际上教育理念与教育思想是没有严格界限的。不过教育理念还停留在主观领域,而教育思想已经被客观广泛认可。

教育主张在狭义上应该是一种模式,也就是教育思想的具象化。但是在广义上又掺杂了一些具有可操作性或者俗称比较"有道理"的教育观点或者教学观点。能否被认定为有价值的教育主张很多时候还得看环境(同样的内容有的环境下可以被称为真理,而在有些环境中可以认为是废话),有些时候还要看提出者的身份(专家效应或者官僚主义发挥着重要作用,同样一句话不同人来说,就具有了不同的效力),有些情况也要看听众的种类(年龄层次,素质水平,地域文化等)。

作为名师就应该做到"五追+五认":追求国家认可,追击政府认定,追赶学生认领,追寻家长认为,追到同行认同。主张的形成必然经过 5 大过程 15 个基本点:

实践、反思、积累——有内容

概括、抽象、阐述——有思考

提炼、浓缩、加工——有凝练

程序、践行、升级——有提升

标志、升华、传播——有传承

风格的形成也会经过"模仿、独立、创造、个性、风格"等五个阶段来塑造。同时打通"优势培育、兼容并举、模仿移植、选点突破、行为分析、弱点

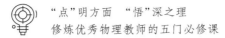
逆转"六个通道。主张与风格都不是一蹴而就的,都需要经过长期的积累和沉淀,必然具备以下六个特征:

有根据、有源头——一本正经

看得见、摸得着——一览无余

易接受、能操作——一以贯之

符号化、可复制——一叶知秋

产权化,原创性——一言九鼎

精神化、可传播——一劳永逸

作为名师应该做到——跳出教育谈教育,跳出工作室办工作室。但是我们也要警惕"过于出名",一个人名气太大也不利于名师的高质量修炼(这就好比:一个人正能量有市场,太过正能量或许会受到排挤),当然没有名气也不利于名师的入门,这就要求我们把"名气"控制在合理区间,才能更好地实现深度修炼和高度发展。

三、专家怎么看—完善五种能力

作为专家型教师必然拥有不一样的能力素养,我将其总结为六种能力:

思想家的深远影响力——思维

科学家的博学智慧力——广学

企业家的市场敏感力——速度

军事家的组织协调力——能力

政治家的敏感洞察力——权术

艺术家的审美鉴赏力——艺术

当然很多的名师成长为专家必然有其智慧的主张和独特的风格。比如:明朝思想家王守仁的"知中有行,行中有知",窦桂梅老师的"教语文→

教人学语文→用语文教人",李庾南老师的"自学、议论、引导",于永正老师的"重情趣、重感悟、重积累、重迁移、重习惯"五重教学,孙双金老师的"小脸通红、小手常举、小口常开、小眼放光"的情智语文,陶行知老师的"教育即生活,教学做合一",杜郎口中学的"三三六模式",赵丰平老师的"271"理论,魏书生老师的"民主与科学"与"六步教学法",李吉林老师的"情境教育",邱学华老师的"尝试教学",刘京海校长的"成功教育",冯恩洪校长的"合格 特色",仇恩海校长的"全面发展,人文见长",周文磷老师的"为智慧而教"的文化教学观,胡百良老师的"分层次教学,促进学生个性发展",上海某校的"后茶馆"教学,华应龙老师的"差错→容错→融错→荣错",周益民老师的"诗化语文",张世成老师的"证据物理",杨德发老师"提问学",汤金波老师的"有趣有味说物理,抄起家伙做实验",束炳如老师的"启发式教学",孔子的"有教无类"和"因材施教",杜威的"教育即生活",钱梦龙老师提出"三主"的主张——以教师为主导,以学生为主体,以训练为主线。王笑梅的"生命语文",张兴华的"心理机制与学习动力"……实际上拥有自己的教育教学主张才是名师的起步,这就需要我们发挥主观能动性,在这个重要的起点上学会再冲刺。正如王金战老师所说,"人生最可怕的事情,不是你更多地看到了自己的不足,而是没有看到自身所具有的巨大潜能"。实际上我们身边也有很多老师拥有自己的教育主张,比如张帆老师的"五象"教学模式,亓凯的"四纬度十环节"教学模式,亓凯的"修炼名师五门必修课"和"修炼名班主任的五门必修课",王宁宁老师的"六析到"教学模式和线上教学"诊断治疗康"模式,天津市第四十七中学心理中心的"七七心育"模式思维,认知心理学的"感觉、知觉、记忆、表征",行为主义理论的"输入、练习、内化、输出",礼记中庸的"学、问、思、辨、行",建构主义的"情景、协作、会话、意义构建",等等。

四、我们怎么办——修炼五门功课

其实教育主张并不只是专家们的专利,作为深入教育教学实践的教育工作者,我们都可以总结自己的教育教学智慧,梳理自己的教育教学主张,提炼自己的教育教学理念,完善自己的教育教学理论。当然这要经过一个积累、过滤、筛选和加工的研究过程。我们都知道,相声讲究"说、学、逗、唱"四门功课,我认为作为优秀教师(或者名师)应该修炼"说、学、逗、唱、演"五门功课(我所撰写的关于"如何修炼名班主任的五门功课"的文章已经获得天津市一等奖)。作为教师我们要明白"讲什么可以尊重教材,怎么讲要自己创造",教育就是要着眼于"明天",但是要立足于"当下",落实于"今天"。

所谓"说、学、逗、唱、演"五门功课就是要修炼教师的五项技能,即:

"说":敢于走上讲台(作为教师要实现讲台、舞台、平台的升级转换),做到"竹篮三宝":授人以鱼(物质资金),授人以渔(方法技能),授人以筌(平台资源)。

"学":善于深度学习(作为优秀教师要实现会学、乐学、善学的升级递进),打开多向学习渠道,于通多层学习纬度,打通多元学习空间。努力做到:看山是山看水是水(读书本身),看山不是山看水不是水(把书读厚了),看山还是山看水还是水(把书读薄了)。

"逗":勇于交流碰撞(作为骨干教师要实现敢讲、敢评、敢比的升级切磋),首先自己得行,还得有人说你行,说你行的人也得行。

"唱":精于宣传梳理(作为名师要落实会积累、善梳理、巧成果),重视积累效应,培养梳理习惯,对立成果意识。

"演":乐于传承帮扶(作为专家型教师要做到能分享、乐引领、真传承)。坚决不当教育过客,要雁过留声;勇于走出教育骚客,要掷地有声;

武装成为教育的剑客，要人过留名。

修炼好这五门功课，我们也将步入教育家行列。新时代教育家，我认为应该满足以下六个条件：

对待教育有无限热爱—永不降温终生从事着一线工作—永站讲台眼界长远的教育追求—永在路上百科全书的学识素养—永远学习富有创见的教育思想—永在探索共享传承的博大胸怀—永不止步。

"一个团队里，分为五种人：人渣、人员、人手、人才、人物。人渣：就是牢骚抱怨、无事生非、挑起事端、吃里扒外的破坏分子或者负能量极高并具有一定的煽动性；人员：就是只领工资不爱做事，安排什么工作都不愿干或者干不好，属庸人之列；人手：就是安排什么做什么，不安排绝对不做，等着下命令的人；人才：就是每天发自内心做事，做事有责任、有思路、有条理，知道学校的事做好了，受益的是自己，同时真心为学校操心的人；人物：就是全身心投入，用灵魂去思考、做事，决心要做一番事业的人。""人渣"距离我们很遥远，希望大家都能越过"人员"和"人手"，直接成为"人才"，并努力争取成为"人物"。

相信只要我们携手努力，必然收获教育累累硕果，更为国家教育高质量发展做出更大贡献。

学校课程体系建设

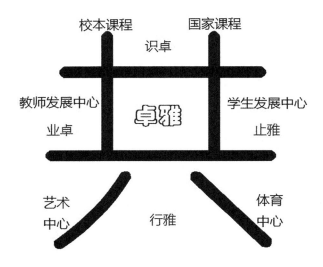

图1 课程体系

学校努力打造"共生""共省""共声""共胜""共升"课程体系。形成:"共德"同声树人,"共智"书声慧人,"共体"喊声力人,"共美"歌声艺人,"共劳"掌声丰人等卓雅"五声共育"。

(共德)童声,心声,回声,发声,名声——声声入心

(共智)读书声,学习声,教书声,问答声,对话声——声声入脑

(共体)呐喊声,欢呼声,奔跑声,比赛声,超越声——声声入体

(共美)歌声,相声,笑声,掌声,美声——声声入耳

(共劳)体验声,实践声,采摘声,拉手声,赞美声——声声入田

图2

下面主要从文化课程建设方面介绍课程体系：

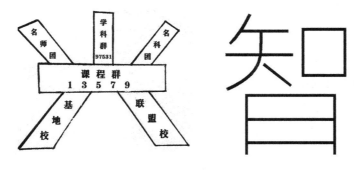

图3　文化课程建设

一、打造"13579"课程群

第一，学校组建1大联盟团队，完善协同育人（"6+"协同育人）。我校建立了特色家庭教育工作思路，建设了特色协同育人体系，努力体现"以学生为本，以学生的发展为本"的现代教育理念。形成了"6+"的协同育人家庭教育模式，"6"是指：小课堂、大讲堂、家长学校、主题活动、升旗仪式、团辅活动等六位一体的全面综合协同育人。具体表现在四个特色模式："6+4"（全员育人：政府，社会，家庭，学校）、"6+9999"（全程育人：3年9个节点27个阶段）、"6+515+"（全面育人：全面携手全区乃至全市各委局、各镇街、各社区、各企事业单位，真正打造法治辅助管理系统，致力打造"515+"携手工程，逐步完善"5名法治副校长""15名法治辅导员""多名法治教师"团队工程建设）、"6+345"（全方位育人：三级工作规则，四部执行流程,五环携手教育)。通过互相走进,联合培养,携手共育等方式做到高度协同育人。并逐步实现对薄弱校、偏远校、偏远地区等开展"帮扶行动",助力教育均衡发展,携手教育共同发展。这四个特色模式结合家校联合,内外合力,通过家委会、家舍合作的方式,完善家长学校建设,促进家庭教育发展,实现卓越教育目标。

第二,学校建立3大阶段联盟,大中小"思政""劳动""德育"一体化联盟。

第三,学校成立大5中心,落实五育并举(课程研发中心,学生发展中心,心理健康中心,体育课程中心,艺术修养中心)。

第四,学校开辟7走廊,落实文化传承(卓雅班主任文化走廊(治班方略、卓雅师生文化走廊(卓雅故事)、校园课间文化走廊(自主管理),打造楼道小溪图书角(图书盛宴)、楼层体验休闲区(文艺环绕)、校园一角林荫路(四季花开)、英雄足迹攀登墙(登高精神)。

第五,学校营造9阶段,全面生涯教育(9999开放式生涯体系,九大门类课程)和九大活动室(物化生实验室,创新实验室,通用技术室,心理咨询室,图书阅览室,学生工作室,名师工作室,小溪广播室,党员活动室)。

二、落实"97531"学科群

第一,完善9大学科门类:形成"语数外""物化生""史地政"三大课程群,统筹必修,选择性必修,选修等三类教材。

第二,重视7大核心素养:德(品德→道德→公德)、智(知识→智力→智慧)、体(体力→体质→体育)、美(美丽→美化→审美)、劳(劳动→付出→奉献)、情(感情→情商→共情)、神(眼神→心神→精神)。

第三,加强5大技术艺术:音乐,体育,美术,通用,信息。

第四,打造3大名师团队:努力将名师团升级为名科团。

第五,建设1大课程评价体系:大中小一体化课程评价体系建设。

图4　课程体系太极图

三、建设"名师团"和"名科团"

以全区"三名工程"(名校长、名教师、名班主任)为主要载体,深化"三层五级"人才梯队建设,探索构建教师专业化发展路径,助推教师成长。打造学校三层名师团:正高级教师(包括特级教师),区级名师(包括市级骨干教师),区级学科带头人。充分发挥骨干教师示范引领作用,打造"四有"好教师。打造五级教学研究模式:市教研室,区教研部,校学科中心,校学科组,学科备课组。努力打造优秀学科组,建立天津市优秀学科基地。

四、联手"基地校"和"联盟校"

我校已经与河北工业大学马列学院合作建立"劳动教育实践基地"和"思政教育实践基地",与天津开放大学家庭教育学院合作建立"家庭教育实践基地",与河北师范大学合作建立"大学生实习基地",天津市心理健康教育中心在我校设立"心理健康教育实践基地",多所全国名校授予"优质生源基地校",天津市教委授予"优秀体育学科基地校"。我校将主动合作、技术联合,艺术携手,以"大中小思政一体化建设"为契机,逐步实现"大中小五育一体化联盟"。

教学理念

突破高中物理教师修为的"五重"境界

长期的高中物理教育教学实践，让我产生了很多思考，闲暇之余我将这些思考进行梳理和归纳，思路渐渐地清晰起来。比如，我将高中物理教师教学修为总结为"五重"境界：语境、思境、情境、物境、意境。下面跟大家简单分享。

一、语境，语言感知之境

此境界是带领学生通过语言表达、虚拟交流走进某种对话。语境是教学的简易手段，重在对概念的传达。该境界重在与学生对话，通过语言传递知识，给学生创造熟悉的环境。尤其是语文、英语等语言类科目对"语境"更为"依赖"，在特定的语言环境中感知自觉的行为，在不知不觉中学会对知识的运用。其实"语境"并不是过时的手段，很多教育教学中的传递，都是通过"语境"实现的，不单单是语言类科目，实际上其它学科也是如此。这是知识上"由表入里"开启研究视角，自己主动提出问题并开启与学生的对话，这是知识上的进步。

二、思境,幻象感悟之境

此境界是带领学生通过感官描述、空间想象走进某种思考。思境是教学的辩证手段,重在对知识的理解。该境界重在用教学手段启发学生思考,理解知识本身的内涵。其实就是多数老师比较重视的"启发式教学":是提高教育教学质量的有效环节。"不愤不启,不悱不发,举一隅,不以三隅反,则不复也"是孔子论述启发式教学的名言,对后世影响非常深远。何为愤,何为悱?朱熹把"不愤不启,不悱不发"解释为:"愤者,心求其通而未解之意;悱者,口欲言而未能之貌;启者,谓开其意;发者,谓达其辞。"大意是,只有当学生心求通而未得时,才可以帮助学生开其意;只有当学生口欲言而不能时,才可以引导学生达其辞。"愤悱"是认识的状态,而"启发"则是开意达辞的策略。或有问:"何非'愤悱'而不'启发'也?"这就涉及一个学习效率的问题:只有在"愤悱"的情况下"启发",才能取得学习效率最大化。要达到这一点,就要求教师善于启发学生思维,而不代替学生思考,这样才能做到师生关系融洽,这样的教育才是好的教育,才能在继承的基础上有所创新,在继承的基础上办好真正适合学生的教育,继而实现办学预期。很多专家早就提到"四不讲":学生会的,教师不讲;学生能说的,教师不讲;学生通过讨论能会的,教师不讲;学生能够问会的,教师不讲。当然我们姑且不讨论这些做法的正确性,但是把学习的主动权交给学生确实是明智的做法。这是成长上"由浅入深"开始深度研究,自己首先弄明白了,走在前方引导学生的质疑和提问,这是能力上的跨步。

三、情境,虚拟感觉之境

此境界是带领学生走进视听感受、思考体验走进某种情境。情境是教学的体验模式,实现了知识的重现。"情境"教育是李吉林老师提出来的。目前课堂导入都是所谓的"情境"设计,无论通过视频、照片还是通过其它感官方式,重在激发学生兴趣,摆脱纯知识的枯燥无味,将学生带入一种情境再现的感官体验,在活动中学到知识。其实不仅仅是课堂引入需要情境导入,教学过程的任何环节都可以用情境导入的方式开展教学,给予学生身临其境的"六觉"感受,从而让学生不知不觉的学会知识。这是能力上"由法入行"开启全面研究,自己走的太快开始转向研究学生的需求,这是智慧的让步。

四、物境,真实感受之境

此境界是带领学生通过切身感受、动手操作深入某种技能。物境是教学真实的做法,实现了知识的重演。该境界,要求教师做到"信手拈来",无论是我经常说的"物理学习需要做到:君子性非异也,善假于物也",还是"瓶瓶罐罐搞教学"的陈旧思想,实际上就是让学生真实接触物体,运用真实实验,制作真实教具等。从而真正走进知识本身,用重演本体直观对话知识本身,最终达到接纳知识、吸收知识、运用知识的目的。这是素养上"由理入明"走进师生共进,自己真正走进学生并且师生同步前行,这是素养上的漫步。

五、意境,虚实感动之境

此境界是带领学生通过实践体验、品读感动走进某种情感。意境是教学创新的举措,实现了虚实的结合。该境界是"知虚达实"或者"进实悟虚",如同清华大学沈阳教授所说的"无限向实,实是虚的基础;无穷向虚,虚是实的延伸",只有做到虚实巧妙结合,才能实现理论与实践的统一,知

识与智慧的归一,传统与科技的合一,同时以情感之动共振物理学科核心素养。这是情感上的"由智入情"开启互为师生,敢于成为学生,教师与学生互为师生,这是情感上的同步。"物理、化学、生物"作为实验学科尤其要重视"五重境界"的提升改造,从而避免:"物理不碰物(物体),化学不见化(变化),生物不碰生(生命)"的"傻瓜式"教学模式。崔允漷教授同时也指出,教学工作要尽量避免:用"不科学"的方法学"科学",用"不言语"的方法学"语言",用"不着地"的方法学"地理",用"不艺术"的方法学"艺术",用"不实例"的方法学"历史";尽量摆脱学习过程中:有知识没智慧,有学习没文化,有素养没素质的"落后式"教学局面;尽量改变互动课堂上:无方向的"乱动",无目标的"盲动",无深度的"瞎动"等的"无脑式"教学状态。当然优秀教师还要注重"五维修炼",要把自己修炼成:知识传授的坚定执行者,自我提升的专业引领者,联合拓展的资源整合者,教学相长的关系协调者,创新发展的品牌策划者。即:(1)知识传授的坚定执行者:教师作为教学活动的践行者,就是在组织一种种学习活动,带领学习团队走进学习共同体。(2)自我提升的专业引领者:教师作为教育教学的开发者,就是在开发一项项研究课题,带领学生团队走进知识共同体。(3)联合拓展的资源整合者:教师作为教书育人的主导者,就是在领导一场场学习革命,带领师生团队走进资源共同体。(4)教学相长的关系协调者:教师作为教育发生的联络者,就是在协调一件件前方事件,带领师生团队走进命运共同体。(5)创新发展的品牌策划者:教师作为教育创新的策划者,就是在打造一个个品牌学科,带领教师团队走进发展共同体。

第一编

物理教学评课（说）

　　有声问答，合力收集教育教学"情报"，一字一句记录教学思考，用"笔尖"实现"授人以鱼"，努力做到：知识系统化、教学信息化、评价数字化，实践"说"这门课程的多角度开发，通过听课评课，共游知识海洋，让物理教师张开嘴"会说话"。

　　作为一名物理教师，就是要敢于走上讲台，主动参与讨论；作为优秀教师，就是要敢于发声，辩证教育观点相同点与不同点；作为卓雅教师，就是要敢于发光，辩证"评好"与"好评"，传播优秀的教学理念。

未来教育观议评磨一

与未来教育家同课异构有感

"做人要知足,做事要知不足,治学要不知足。"作为教师哪怕是未来教育家,也会有自己的短板,我们在寻找自己短板的同时,也要敢于寻找专家的短板,从而增强自信,拉近与专家的距离;敢于寻找专家的长处,从而认真学习,找到成为专家的方向。同时我们也要梳理自己的长处和专家的长处,做到优势互补,并实现优势保持和发扬光大。自己的方法或者理念分享出来其实还是自己的,因为自己分享一遍就有了一遍的新感悟,分享十遍,就有了十遍的升级。绝不会因为分享而失去自己的方法和理念。

一、与未来教育家同课异构有感

2018 年 5 月 14 日,天津市第四期未来教育家学员张绍桂老师和我校优秀青年教师刘丽敏老师在天津市第四十七中学信息楼录播教室进行同课异构,讲课内容为《双缝干涉实验测波长》,北辰区全体物理老师观摩了本次活动。本节课实验操作难度较大,稍有不慎容易出现实验失败,应该说是对两位老师的极大考验!

我校刘丽敏老师通过一条主线(体验、实验、检验、经验)贯穿本节课,带给学生们知识大餐的同时也带给了学生们一场视觉盛宴! 刘老师自制

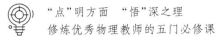
教具,充分结合信息技术手段,呈现给大家一堂创新课。

咸水沽一中张绍桂老师通过创设情景(动手、观察、讨论、总结)引入本节课,带给我们传统观念的同时也带给了学生们一套科学探究思想! 张老师语言精练严谨治学,充分拓展类比调动全班,呈现给大家一堂智慧课。

下面结合我的思考,谈几点学习体会。

刘丽敏老师的课:

1. 一实一虚一真像,一传一输一直观

我们知道单纯的讲解知识效果不会太好,如果我们将知识"直观"地展现,充分结合图像与实物、传统与技术,给学生充分的体验,我相信一定会事半功倍。刘老师在课前准备时将各种颜色的条纹都拍摄下来,课堂结束前给学生直观展现,达到了良好效果。同时也为今后的教学积累了重要资源。可谓"创"在细中生,"新"在观中成!

2. 一问一答一猜想,一生一成一思考

刘老师在教学环节中通过多问多答启发新的思考,启迪新的智慧。尤其在猜想环节,刘老师已经在课前将一起调试完毕,她让学生猜想老师在调试环节中准备和哪些器材、调节了哪些地方、注意了哪些细节,充分利用了学生们的好奇心里,反其道而行之。可谓"生"在猜中显,"成"在想中现!

3. 一眼一神一性情,一言一行一习惯

其实我一直认为物理学科需要思维优势,而作为物理老师在尊重科学的同时更需要思维强势。刘老师柔中带刚,充分展现了思维中的"稳、准、狠"。可谓"胜"在柔中泳,"利"在刚中游!

4. 一请一教一借鉴,一融一合一智慧

刘老师在本节课准备的一周内多次请教物理组同仁。为了节约在课上调节平行光的时间,刘老师从网上买了很多各种颜色的发光二极管,充分利用二极管的发光平行度好的特点。可谓"时"在买中省，"效"在用中展！

张绍桂老师的课：

1. 一观一察一结果，一引一导一收获

张老师在引入环节让学生自己动手用激光照射双缝，其他同学观察，一起分析现象，一起讨论总结。张老师引导学生体验过程，充分体现了学生的主体地位，同时也充分发挥了教师的主导作用！可谓师在"验"中导，生在"体"中会！

2. 一笔一划一严谨，一板一眼一风格

张老师不仅讲解到位，而且在每个环节中均体现出严谨的治学态度。"尺子作图"看似简单，但是在高中教学中容易成为被忽视的教学手段。张老师的严谨治学态度值得我们每一位同仁学习！可谓"格"在严中递，"品"在谨中传！

3. 一互一动一生成，一笑一闹一和谐

张老师互动自然，教态和谐。在某些环节中展现出微笑，某些环节中表现出大笑，某些环节中体现出和蔼，某些环节中又表现出可爱，极大地拉近了与学生的距离。我认为教学就是一个互动的艺术，有说有笑、有哭有闹才是必备品，有了这些元素教学才不失真！可谓教在"险"中走，行在"闹"中行！

4. 一动一静一风景，一师一优一传承

张老师掌控全场的能力实在让人钦佩，她的一举一动都是全场的焦点，她所到之处一片和谐与祥和。我相信她的风格将随着未来教育家的脚步得到更大的传承！可谓传在播中"跳"，播在传中"跃"！

听完课后大家（各个学校都非常踊跃地发言）相继发言，我也总结了现在教学中存在的四点问题：

（1）个案不说明问题——太过关注学生的表现；

（2）数据不代表全部——太过关注实验的结论；

（3）讲完不代表成功——太过急功近利难成效；

（4）下课不代表结束——太过侧重现实有局限！

下面是未来教育家奠基工程首期学员、未来教育家奠基工程第四期学员实践基地指导教师、物理特级教师、我校李伯生书记兼校长对两位老师的点评总结如下：

刘丽敏老师的课：

声音清晰，教态自然；现象起疑，分组实验；

师生互动，讲做结合；实验结果，屏幕展现！

条纹特点，还应强化；戎队失误，略有遗憾；

课程改革，重在课堂；相信学生，能力定现！

张绍桂老师的课：

展示条纹，直入主题；斗学猜想，逻辑推理；

转换实验，累计方法；间接测量，数据再现；

不愤不启，不悱不发；课后探究，激发兴趣！

李校长提到一堂好课的标准：

学有兴趣、学有后劲；学有所思、学有传播！

我特别赞同李校长的见点，同时我想到作为一名优秀的教师需要具备什么条件呢？我认为：

知识上：敢用、能用、会用才能妙用；

讲课上：敢讲、能讲、会讲才能讲好；

写作上：敢写、能写、会写才能写好；

做事上：敢做、能做、会做才能做好；

担责上：揽责、担责、负责才能免责！

真正的优秀需要学习 不怕吃苦、不断积累、勇挑重担；

真正的优秀需要合作,不怕吃亏、不断沟通、勇拓平台；

真正的优秀需要探索,不怕碰钉、不断摸索、勇攀高坡；

真正的优秀需要传承,不搞垄断、不断传播、勇往直前!

未来教育观议评磨二

未来教育家奠基工程学员交流

2018年5月7日上午,天津市第四期未来教育家奠基工程3位学员来我校进行交流展示。我校全体物理组老师们参加了此次交流活动,并与专家们进行了交流互动,感觉受益匪浅,现将一体会总结如下,与各位同仁分享:

第一位专家:来自天津市宝坻大钟中学的曹焕京老师分享主题为“课标谈科学探究”。曹老师主张“问题即探究”,形式应该不拘一格。我的体会如下:

1. 提出问题环节:问题导向精准,思维发散全面。

2. 猜想假设环节:假设科学有力,猜想有理有据。

3. 设计制定环境:方案设计合理,操作流程优化。

4. 试验收集数据:重视表格设计,数据处理得当。

5. 分析论证环节:评估实验操作,巩固实验效果。

6. 交流探究环节:探究教学升华,交流共聚智慧。

曹老师将科学探究讲出了“新高度”,他的分享充分展现了一位优秀教师全面的科学素养,实在而不缺生动,保守而不乏创新!

第二位专家是来自天津市津南区教学研究室的阎学辉老师分享主题为“小仪拼切式教研助推物理教材的研究”。我的体会如下:

图形化文字,碎片化整体;教材再创造,观察再升级;适应需缓冲,进步需学习;模式促发展,参与促成长!

其实"教材无非就是个例子",虽不是全部但却是经典之作。教学工作就是思想与思想的摩擦,智慧与智慧的碰撞,心灵与心灵的交融,生命与生命的对话。阎老师的拼切式教研模式正与我的"四维十环节"开放式教学模式不谋而合,可以相互借鉴和升级。

阎老师的模式充分展现了一名教研员的思维高度:实用而不缺花哨,流畅而不乏生成!

第三位专家是来自天津市咸水沽一中的张绍桂老师分享主题为"例谈核心素养下的物理概念教学"。体会总结如下:

分化整理——学会动笔,了解概念;

内化实验——学会动手,体验概念;

深化规律——学会动脑,推理概念;

类化对比——学会思考,理解概念;

反化批评——学会辩证,掌握概念;

升华情景——学会实践,应用概念!

学习物理概念过程中我们不能忽视了学生的自我表达,完善学生的科学素养。教学情景需要发散:注重单一情景与对比情景的设计,体现个体参与与全员参与的不同。其实张老师讲的类比思想我们在日常教学中经常用到。例如:重力场与电场;重力场线与电场线;重力与电场力;重力势能与电势能;重力做功与电场力做功;高度与电势;高度差与电势差;等高线与等势线;等,这种类型的类比在物理教学中还有很多很多。

张老师的分享充分展现了她的教育智慧:理论而不缺案例,常态而不乏高度。

活动最后李伯生校长作为天津市首批未来教育家奠基工程学员,同时又作为本期未来教育家学员的指导教师做了总结发言。

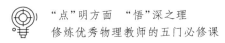
　　李校长首先介绍了我校张帆老师(本届天津市双优课一等奖获得者)的"五象"教学模式。然后对三位专家及张帆老师给予了充分肯定。他提出"理念只有传统与现代,不分新与旧",很多老师还需要在反思上狠下功夫。

　　针对校本教研存在的问题,李校长提出了"三轻三重":轻教材,重教辅;轻概念,重习题;轻方法,重结论。

　　针对日常教学存在的问题,李校长提出了"三重三轻":重结论,轻探究;重笔试,轻表达;重讲解,轻合作。

　　针对新高考改革,李校长提出了,实验是否新颖独到？探究是否科学合理等问题。

　　针对核心素养,李校长要求老师们都要知晓"三大板块,六大素养,18个基本点",并将核心素养应用到日常的教学中。

未来教育观议评磨三

未来教育家的"课"与"做"

2018 年 10 月 29 日,天津市物理大教研在我校报告厅举行,来自全市 200 多所高中校的教师代表参加了教研活动。会议分为三个议程:未来教育家奠基工程第四期学员张绍桂老师介绍本次研讨课的设计理念;张绍桂老师展示"感应电流产生条件"的研讨课;未来教育家奠基工程首期学员、未来教育家奠基工程第四期学员实践基地指导教师、物理特级教师、我校李伯生书记兼校长做了题为"核心素养导向的物理课堂教学策略"的讲座。

前两个环节中,张绍桂老师的发言和讲课充分体现了一名"未来教育家"的风采。通过聆听学习,我进行了认真反思,简单总结如下:

1. 回顾初中—有记忆—温故而知新

学生已经在初中学习过导体切割磁感线能产生感应电流,在这个知识基础前提下学习本节课表面上看起来很容易,但是却存在很多阻力。因为在初中学生水平前提下这部分知识只是学习了切割磁感线这一特例,要让学生重新进行体验才能全面领会感应电流产生的真正条件。

2. 自制教具—有创新—动手真体验

张老师自制魔法电灯等试验仪器,既科学又实际,可以说充分体现了张老师是一位有着教育思考习惯的优秀教师。

3. 动画演示——有新知——直观有兴趣

张老师在讲课中充分使用PPT,特别是在展示导体棒切割磁感线用俯视图动画演示,效果明显,直观且激发学生学习兴趣。

4. 合作探究——有指导——传统不能丢

在学生合作探究环节中,张老师与学生积极接触,引导学生启发思考,更值得一提的是张老师并未锦上添花,而是雪中送炭。

5. 学生展示——有对话——思考有交流

课堂中充分展示了学生们的整体素质:素质高、跟进学、真具备、愿分享,同时也展示了张老师出色的交际能力,从而形成跟学生良好的学习氛围。

6. 设计实验——有生成——方法齐开花

张老师在让学生动手设计实验环节并没有固定方法,而是让学生们自己选择仪器自助设计实验,所以形成了百花齐放的实验方案,注重设计生成,更具说服力。

7. 辅助教学——有掌控——教师显主导

张老师游离于学生中间,全面掌控学生动态,应该说充分展现了一名优秀教师的思维敏捷与信息敏锐能力。特别是张老师与天津市教研员高杰老师的配合(高老师不时地进行观察、指导与抓拍)更是"天作之合"。

8. 学生讨论——有落实——学生显主体

这节课上学生们多次深入研究、深入尝试、深入讨论,充分体现了学生主体地位。

9. 不知不觉——学知识——氛围靠引领

在不知不觉中让学生学会知识,这充分展现了张老师的出色教育智慧。

10. 情感交流—有温暖—师生建友谊

张老师一句，"坐着太累，站起来休息一下吧"（由于场地原因，有个别学生坐的位置很不舒服），一下子拉近了与学生距离。

11. 学生总结—有结论—善始有善终

在初中学习的基础上，经过深入体验，学生们自己总结新旧知识的区别，从而将新旧知识融合，以达到教学目的。

12. 结合实际—有生活—学习有应用

张老师设计的"摇绳产电"让学生走进生活，同时引导学生学会"利弊取舍"，科学解决或者解释日常生活中的现象。

13. 先进科技—有拓展—启发新思考

结合知识学习，张老师又讲到太阳能发电公路，同时也可以联系到"磁悬浮列车"，将知识进行拓展，启发学生们新的思考，引导学生推展类比，形成知识体系。

14. 自制作业—有延伸—学习有升华

自制手电的作业布置不仅升华教学，更能引导学生励志未来、发愤图强、贡献社会。

第三个环节中李伯生校长进行了讲座，讲座内容堪称经典，简单概括如下：

1. 中国学生发展核心素养

李伯生校长讲了中国学生发展迫切需要改革的背景与努力方向：精神与身体，智力与非智力，知识与能力，考查知识与非考查知识，结果与过程，学术与思想，讲解与探究，套路与生成，钻研与合作，笔试与表达。

过去比较侧重前者，而忽视了后者的发展。其实本次深化课程改革旨在要求权衡各种层次的发展，权衡侧重利弊，实现全面发展，培养全面发展的高素质人才。

2. 物理学科发展核心素养

（1）程序法

探究有程序：问题、证据、解释、交流。

（2）等效法

等效最低点，等效最高点，等效水平面。

（3）对比法

电场与重力场的对比。

（4）微元法

（5）极限法

通过极端的思维，使问题暴露出来，从而解决问题。

3. 物理教师教育教学策略

（1）整体性策略

整体分析⇒找出共性⇒得到规律⇒解决问题

依据整体性策略可以把实验分为：测量性实验、验证性实验、探究性实验三种，从而按照上面步骤寻找差异、共享共性、研究规律、建立思维导图实现有效教学。

（2）情景化策略

A.本节课中张老师利用变压器中线圈部分，形成断电自感，以及摇绳产电环节都是设计情景。

B.有一位老师在设计涡流实验时，将两个装满水的杯子放在电磁炉上，一个杯子里放入了一块铁板，另一个杯子里放入金鱼，通过视觉效果让学生看到两个杯子的水都沸腾了（其实只有放铁板的杯子的水会沸腾），结果没有放铁板的杯子里的鱼没有死亡，从而引出涡流知识。李伯生校长将这个情景点评为：煮鱼实验，令人惊叹；涡旋电流，感应生电。

设计情景还可以通过动作、语言、新旧知识和问题等进行创设，旨在将问题具体化、形象化、生活化、情趣化，从而达到更好的教育教学效果。

　　教学中要把握好知识、问题、情境三者之间的关系。具体地说,教学设计是"知识→问题→情境",就是把物理知识转化为问题,将问题融合于情境之中,即"知识问题化""问题情境化";而学生的学习则是"情境→问题→知识",就是在物理情境中思考问题,在思考问题中掌握知识。如果形象地将教学的设计比作知识的"溶解",那么学生的学习就好比知识的"结晶"。

　　(3)活动化策略

　　合作学习,科学探究,研究性学习。教学中应该注重:

　　从学科知识到学科素养的转化;

　　从知识重现到知识重演的转化;

　　从结论学习到过程学习的转化。

　　(4)自主化策略

　　主动学习→独立学习→自主学习

　　活动最后,天津市物理教研员高杰老师做了简短的点评,高度肯定了李校长的讲座的经典与张老师讲课的精彩,充分展现了未来教育家的"大家"风范。高老师号召全市全体物理老师以此为契机继续学习交流,为教育发展贡献更大力量。会议在热烈的掌声中告一段落,期待下次活动的精彩。

未来教育观议评磨四

未来教育之元宇宙学习与思考

"元宇宙是通过数字化形态承载的与人类社会并行的平行宇宙,借由增强现实(AR),虚拟现实(VR)和互联网(Internet)带来身临其境的沉浸感。可以认为元宇宙是在传统网络空间基础上,伴随多种数字技术成熟度的提升,构建形成的既映射于、又独立于现实世界的虚拟世界。"元宇宙的概念我们可以首先联想"元电荷","元"字有着最基本、最开端的意思。与"宇宙"组合为"元宇宙"其实是一个大的体系架构。它能将人与虚幻相链接,从视觉体验到沉浸式体验,从真实虚拟到虚拟真实,从点对点到端对端,从面对面到体对体。把物与物、人与物、人与人通过人机交互等方式充分拉近了彼此的距离,实现空间与实践的"穿越",这其中必然少不了高科技的载体贡献。

我们知道,高科技的发展拟定经历一个多阶段的发展过程,比如我们生活中的电子显示器,在短短的十几年内就发生了几代的升级和更替:第一,CRT 显示器(电偏、磁偏和电磁偏转);第二,LED 显示器(发光二极管);第三,LCD 显示器(液晶显示器);第四,PDP 显示器(等离子体显示器,利用荧光体发出可见光);第五,3D 显示器(偏光镜形成视差立体感)等。

近年来"元宇宙"的概念已经走进了我们的学习和生活。准确地说,元宇宙不是一个新的概念,它更像是一个经典概念的重生,是在扩展现实(XR)、区块链、云计算、数字孪生等新技术下的概念具化。其基本特征包括:第一,沉浸式体验,低延迟和拟真感让用户具有身临其境的感官体验;第二,虚拟化分身,现实世界的用户将在数字世界中拥有一个或多个 ID 身份;第三,开放式创造,用户通过终端进入数字世界,可利用海量资源展开创造活动;第四,强社交属性,现实社交关系链将在数字世界发生转移和重组;第五,稳定化系统,具有安全、稳定、有序的经济运行系统。

目前大家所说的"元宇宙"实际上还是"AI"(人工智能),大部分人理解的元宇宙实际上是"VR"(用真实元素进行虚拟构建)和"AR"(用虚拟元素进行真实重构)。"元宇宙"就是现实世界与虚拟世界的有机结合,甚至是现实世界走向虚拟世界的有效途径。实际上,无论如何,这都是科技进步带来的成果。我们无法断言未来是否会实现居家办公厅在家学习,我们也无法确定科技是否能够彻底实现全面革新"爆炸式"交流与全面革命"体验式"自学,科技的进步终将到来,我们只能拭目以待,但是"元宇宙"会对教育产生哪些冲击和带来哪些改变,这才是值得我们每一位教育工作者思考和研究的课题是"未来教育"的重要话题。"未来教育"或许会打破空间限制,或许会在时空上进行教育资源的重新分配与整合;"未来教师"或许会突破知识专利,或许在人机上进行教育资源的重新分工和合作;"未来教材"或许会升级文字载体,或许在载体上进行课程资源的艺术超越与升级;"未来教室"或许会打开固定围墙,或学会在空间上进行育人空间的虚拟与穿越;"未来世界"不一定是简单的"辩证",可能会出现剧烈的变化,也可能是一种纯粹的"回归",毕竟"变"才是教育唯一不变的特点,"变"也正体现了教学的本质,诠释着教育的意义,同时也反映出人生的价值。让我们一起顺应时代,主动联结世界,敢于挑战未来。

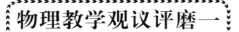

中青同课异构听课有感

作为教师、备课组长、学科组长尤其是教研人员,必须要会评课,不一定专业,必须要职业;不一定高手,必须要高明;不一定独有,必须要独到。我们应该实现以下三个转变:笼统地说好→具体好在哪→还能如何升级;建议老师想想→给出经典方案→预测可能结果;凭空给出评价→问题具象分析→多维拓展延伸。作为评课人必须拥有"把优点变成亮点,把观点变成热点,把缺点变成特点"的能力和格局。

1. 中青同课异构听课有感

2019 年 10 月 21 日天津市第四十七中学同课异构活动在学校录播教室如期举行。高二年级许鹏老师和高一年级张吉红老师给大家带来了两节精彩的《牛顿第三定律》的同课异构课。学校党委书记、物理正高级教师、特级教师、未来教育家奠基工程首批学员李伯生校长和未来教育家奠基工程首批学员、历史特级教师张华冕副校长应邀出席了本次活动,学校全体物理教师二十多人参加了本次活动。

本次活动共分为讲课和评课两个环节,在我校学科组长张帆老师的精密组织下顺利、有序、出彩地开展。

两节课都非常精彩,我将两节课总体为以下三点:

(1)殊途同归

看似内容差不多,实际方式大不相同;

看似环节有重复,实际思维很不一致;

看似氛围有同异,实际水平都不一般;

看似结论无差异,实际殊途必须同归。

(2)感官融合

两位老师的课充分调动了学生的感官:听、说、读、写、看、做、思、辩,样样到位,可以说充分展现了教育教学功底。

(3)角度全面

两位老师充分把握各个教学角度:集体互动、小组展示、合作探究、个性生成、上台板演、生活实际、媒体资源、科技运用、传统渗透,应该说全方位、多维度施展教学艺术,给老师们带来了两节智慧盛宴。

下面我结合听课记录和自己思考简单总结这两节课的课堂细节如下,不当之处请同仁们指正!

2.许鹏老师课的学习和总结

(1)学

环节回顾:

孤掌难鸣声中生,

汽车前进力从容,

车与纸板获共赢。

能力展现:

引入不知不觉——信手拈来已成常态。

(2)思

环节回顾:

钩码水中谈应用,

069

定量数据出台秤,

定量定性论生成。

能力展现:

研究定量定性——理仑数据完美融合。

(3)践

环节回顾:

等大反向论线共,

分组探究论异同,

传感动态得相等。

能力展现:

对比有理有据——辩正思维初步形成。

(4)情

环节回顾:

水中飞人飘空中,

飞行滑板不做梦,

课后发散找应用。

能力展现:

解释有声有色——生舌学习情感沟通。

3.张吉红老师课的学习和总结

(1)环节回顾

难——困难巧引入,

水中如何取磁体,

圆盘测力加簧读,

示数动态与静止。

验——体验出意义,

数据呈现出定义,

生活实际找案例,

作用时处可寻觅。

探——探究得结论,

状态形态无关系,

传感仪器谈依据,

共得结论记笔记。

联——区别找联系,

具体事例平衡力,

作用平衡区联系,

信手拈来巧评析。

感——情感再升级,

对比生活找联系,

物理支撑高科技,

和谐共处达目的。

(2)能力展现

悬挂与平视—表面严谨—实质体现尊重

肯定与否定—表面科学—实质体现公平

商量与讨论—表面商议—实质体现平等

物态与状态—表面全面—实质体现思维

情感与科技—表面升级—实质体现立德

活动中李伯生校长也进行了专业点评:

李伯生校首先用简短的短语高度肯定了两位教师的精彩表现:

语言清晰,教态自然。

看似无意,情景呈现。

用浆划水,拉伸自然。

所有实例,形成观念。

渐达本质,科学推断。

平衡情况,设计实验。

信手拈来,简洁直观。

牛顿定律,力学观念。

夯实基础,能力定现。

随后李伯生校呼吁老师们重视物理四个核心素养,并在实践中科学运用;启发老师们重视记忆金字塔,提高教学巩固率;提醒老师们重视探究流程,发散思维以变应变;告诫老师们重视学生兴趣,实现学生间接兴趣向直接兴趣转变。

活动最后环节,张华冕副校长进行了简短的活动总结,把活动高度评价为"同课异构促交流,精彩点评促成长"。张副校长指出,在新课标、新教材、新课堂下更应该注重交流和共享,才能共同成长。本次同课异构活动实现了中新教师搭配、新旧教材过渡、常态同课异构,课堂中两位老师表现出色,许鹏老师深入浅出提纲挈领,张吉红老师从容淡定、因势利导,都做到了平等首席、互为师生、共享优长。同时张华冕副校长也提出了,无论怎么改革,都需要重视课堂这个"深水区",呼吁老师们发散同课异构,不仅建立起老师们之间的同课异构,同时也可以在不同层次班级间建立起自我的同课异构。活动在热烈的掌声中暂时告一段落,期待下次活动的精彩。

物理教学观议评磨二

一课两堂之"宇宙漫谈"

《图数公式》

图文并茂行宇宙，

数形结合寻缘由；

供需平衡终始断，

师生配合辩薄厚。

2020年6月17日上午第三节课，我校张吉红老师在录播教室做了一节高一新教材《宇宙航行》复习展示课，并与华池一中师生实现同步传输，两地师生共同听取了本节课。本节课选题难度较大，同时又属于两地"大做课"，准备时间也较短，张吉红老师依然能够灵活驾驭两地课堂，体现出了超高的教学功底和不凡的整体素质，为两地物理教学开启深度融合打开了序幕。下面结合我听课的感受与思考，借鉴图像问题的研究流程，从轴、点、线、面，四个方面进行简要分析，希望与同仁们交流指正！

1. 轴

受力分析学生有板演

功能关系推导有再现

数形结合知识有重演

2. 点

重点突出三个内容

难点突破清析变轨

比点罗列运动参量

3. 线

轨迹线直观真感受

圆周线公式必熟练

椭圆线定性细分析

4. 面

知识全面进行复习

课堂局面灵活把控

形式场面丰富多彩

张吉红老师这节课亮点突出、难易得当、观点鲜明。简单与大家分享四点:

第一,一句"没事,再想想",张老师将情感渗透到课堂细节,而且体现出老练自然,并且张老师并没有"放过"学生,而是让他"再想想"。

第二,一引"北斗系统",把我国科技的先进与不足进行了客观分析,号召学生在自信的同时也要充满希望,鼓励同学们树立远大的志向。

第三,一首"小打油",图文并茂行宇宙,数形结合练本领,师生配合辨有效,供需平衡断始终。

第四,一曲"和谐音",本节课张老师涉及七个知识点,对应七个小题目,这就跟七根音弦一样,品味不同,而又合奏美妙音乐,设计思路有思考、有深度、有高效。

关于"一堂好课"的标准众说纷纭,说法不一。但是,不完美本身就是一堂好课的标准;学生不知不觉学到知识是好效果的标准;教师不由自主地交流是文化得以很好传承的标准。本节课固然不完美,但是符合一堂好课的标准;纵然学生还有"知觉",但是也达到了良好的教学效果;教师交流时间不充分,但是老师们的踊跃发言已经证明了教学文化的良好传承。希望这样的活动能够多一些,教师交流的时间能够多一点,两地交流的形式多一环,让我们共同期待。

物理教学观议评磨三

"逆行课堂"一物一理异设计

2020年12月21日，我校王蕾老师和张吉红老师针对"连接体"的同课异构可谓是"传统中的经典，创新中的高端"。录播教室人满为患，大家都想亲眼目睹这两节课的精彩内容。我校党委书记、校长李伯生同志，副校长张华冕同志出席了本次活动，我校物理学科组长张帆老师主持了本次活动。我把这两节课简单概括为：

一老一少两奇迹，一课两堂多设计。

一题多变不分离，一题多问巧升级。

多问多答齐努力，多题归一精练习。

全员组织并参与，一如既往话物理。

一节"连接体"的复习课可以说是两种截然不同的设计思路，更难得的是让在座的听课教师都大开眼界。

环节一：张吉红老师作为青年教师的优秀代表，设计出一个全新的"开放课堂"，简单总结张老师设计步骤如下：

开篇小点题——实用式引入

将课堂打开——发散式课堂

阴阳连接体——独创新类型

设计出多意——创新多设计

整体与隔离——应用中体验

计划与落实——最后一公里

主体与主导——回归小练习

情感与态度——责任巧落地

本节课的设计出乎所有人所料：

看似繁琐推导，实际重点落实；

看似环节简单，实际内容丰富；

看似时间宽裕，实则大胆留白；

看似实验设计，实则整体隔离。

本节课我用六个"实"简单概括：

扎实：有意义（列式与推导）

充实：有效率（分组与设计）

盈实：有生成（犯错与纠正）

平实：有常态（互换与互动）

真实：有不足（板书与草纸）

现实：有载体（重点与难点）

张老师用"一根绳上的蚂蚱"贯穿连接体研究，用"一种发散式思维"互为主体、互为师生。将本节课从一个全新的视角打开，不愧为创新中的高端，没有卓越的思维高度的教师很难驾驭。

环节二：王蕾老师作为老教师的优秀代表，穿越年级，借班上课，表现出一名老教师的高端素质。简单总结王老师设计流程如下：

复兴号引入新课——视频引思考

爱国式受力分析——轻量化设计

四动四拖八车组——高科技高铁

连接体层层递进——寻桥梁链接

小展示拆分模型——小结论运用

大类比变身模型——大结论产生

加速度整体隔离——小规律呈现

效果上动力分配——细节有条件

王蕾老师将本节课定为"三个一"模型思维:

一题多变——层层递进不分类

一题多问——环环追问巧升级

多题归一——重重练习真落实

我将王蕾老师的课堂设计总结为六个"精":教学目标精当:三个"一"角色定为精准:导演引导内容选择精确:a 同大同向情景设计精巧:分层递进结构建设精致:一线贯穿教学实施精细:讲练结合王蕾老师不分类型,而是一线贯穿,打开另外一个全新的研究视角。她把"加速度"作为中心体,展开问题引导,堪称传统中的经典,这种设计思路没有几十年的功底很难驾驭。应该说两位老师的课都是新高考改革下的精品,同时也展示出我校卓雅教育的优秀成果。

环节三:本次活动还穿插了我校优秀教师许鹏老师的一个微讲座,她用核心素养新理念给大家带来了教学设计的高效分享,简单总结如下:

环节全面——面面俱到活得分点

情景丰富——寻找学生准兴趣点

核心素养——四个纬度话落脚点

主动语言——体现学生引积极点

许老师用简短的分享给大家带来了教学设计的关键环节,呈现了核心素养下的必备品格和关键能力,充分展示了天津市双优课一等奖获得者的优秀风采。

青年教师孙悦老师表示,通过这两节课让她更加相信新时代中学生的思维能力,同时也让她更加明确充分备课中角度发散的重要性。张华冕副校长高度评价本次活动的高端举办,简单汇总张校长评价如下:

内容充实,收获很大。

同课异构,高效传承。

细节比较,生成提高。

课标核对,理论升级。

丰富实践,学以致用。

李伯生校长也高度肯定了本次活动,他评价道:

含金量高,实效性强,设计感新,创新度广。

学生主体作用在于敢说,能说,会说,善说;课程生成能力在于敢思,能思,会思,善思;严谨规范素质在于朴实,平实,丰实,扎实。李校倡导大家在教学中要遵循学生认知和发展规律,细品从不知到知道,深挖从知道到理解,种植从理解到应用,完善从应用到掌握。

活动在我校物理学科组长张帆老师的总结中暂时告一段落,她讲道,"这两节课才刚刚开始,让我们在品读中继续生成",期待下次活动的更加精彩。

物理教学观议评磨四

"伏安法测电阻中内外接法"评课

2018 年 5 月 10 日我有幸聆听了郭蓉老师的课,有一些感悟总结如下:

本节课主要从四个方面展开教学:一是复习上节课的电表改装内容;二是内接法和外接法的概念;三是判断内接法和外接法的三种方法;四是应用三种方法处理问题。郭老师作为年轻代课老师但是却体现出了一种老教师的风采!

1. 熟练——有互有动

郭老师在课堂上与学生互动的场景处处。无论是整体的一问一答还是个体的提问、小组的讨论等始终活跃在课堂的每个环节当中,当然也不缺传统的学生板演环节。

可谓充分体现学生主体地位!

2. 流畅——有情有趣

郭老师是天津师大研究生毕业,语言规范严密、风趣幽默,深受学生们的喜爱。

可谓充分调动学生积极程度!

3. 条例——有板有眼

郭老师的板书条理性很强。整个黑板在郭老师笔下有计划的,作为青年教师做到这些实属不易。

可谓充分了解学生所需所求!

4. 程序——有始有终

郭老师这节课有复习、有讲解、有互动、有讨论、有联系、有总结、有作业、并留有思考,为下一节课的滑动变阻器的分压限流接法也做好了铺垫。

可谓充分把握学生认知规律!

5. 引导——有生有成

郭老师在处理外接法中提到了电压表的分流作用,在内接法中提到了电流表的分压,学生刚学到这部分知识,理解起来必然有难度。她借机让学生讨论电压表和电流表的,得出电流表和电压表本质都是电阻,再利用串并联电路特点巧妙地解答了学生的疑问。

可谓充分引导学生自主思考!

6. 例题——有讲有练

郭老师将教材的习题和练习册的典型习题巧妙地揉入教学环节,难易搭配、题型全面,应该说经过了深入的思考和精心的准备,同时也收获了良好的教学效果。

可谓充分把握学生学习能力!

7. 类比——有延有展

郭老师在讲解待测电阻的测量值时不是单讲这一知识点而是把真实值的计算拿来一起对比研究,误差一目了然,串并联电路特点清晰可见。

可谓充分重视学生直观体验!

8. 规律——有思有想

郭老师将内外接法的选择及误差分析结论巧妙地嵌入口诀中"大内偏大,小外偏小",不仅实用而且增强了学生们学习兴趣。

可谓充分把握学生心理特点!

郭蓉老师的钻研精神值得每一位青年教师学习。她语速恰当,纵观全局,体现了教育能力;她抓住特点,引导方向,展现了教育思考;她避开易错,体现关键,体现了教育智慧;她关注台下,一心多用,诠释了教育潜质!

物理教学观议评磨五

讲课说课新高度——全区教研齐感悟

2018 年 12 月 24 日全区物理教研在我校录播教室如期举行,来在全区 6 个高中校的三十多位物理教师齐聚课堂,一同欣赏核心素养下何坤老师的"传感器极其工作原理"的优质课展示和刘丽敏老师"双峰干涉实验测波长"的说课展示。

何坤老师经过了短期的准备,给大家呈现了一堂精彩的示范课,"传感器及其工作原理"这节课:看似简单,实际上是学生难点;看似丰富,实际上很难出亮点;看似灵活,实际上很难把握好。但是何坤老师却将本节课展示得精彩纷呈、惊喜不断,我将内容简单汇总如下:

洞察火星新闻引,工程延误传感器;

自制教具魔幻灯,电磁继电干簧管;

观察内部看结构,控制电路巧被控;

视嗅听味触感觉,各种传感有门类;

物化生课有联系,传感仪器有组成;

寻找身边遍传感,时时处处应用全;

我的一天谈传感,支持国产美名传;

温控光控同步行,分工合作生教研;

温度传感冷热水,发散思维用火烧;

火星借仪有惊喜,分工研究有展示;

电路介绍讲设计,传感家族永探索;

回归课前答疑惑,深度学习课程全。

讲课完毕后,在我区教研员郑老师的组织下,各校学科组长和备课组长代表依次进行了交流发言,我将部分内容大致总结如下:

容量很大衔接巧,生活运用深入行;

运用广泛传感器,生活结合亮点现;

生活再探下节连,练习不完再效验;

边角内容起亮点,丰富知识有借鉴;

较难电路有铺垫,师生配合课堂闪。

我校物理学科组组长张帆老师评价如下:

引课惊人开篇好,先天而生气质佳;

魔术神秘入巅峰,自制教具巧解惑;

三类同步真有效,实验探究有延伸;

我的一天真应用,教师用心引热情;

活跃课堂不失真,科学思维自然生;

课前准备有突发,课堂展示真出色。

结合认真听课和自己的思考,我也简单总结6"yong"感悟:

拥抱生活——生活即物理,物理即生活——引

勇于探索——学科间联系,物化生一家——领

涌现挖掘——发现有身边,处处有传感——常

歌咏传颂——华为有实力,国产生自豪——态

活学活用——探究有分工,生活诠应用——活

传承永远——一线全联系,学习有传承——动

以上6点感悟分别对应以下6点实例:

一开一合一干簧,一明一暗一传感;

一温一声一分组,一问一答一熟练;

一传一输一直观,一融一入一发现;

一华一为一有为,一传一承一国产;

一平一淡一经典,一才一貌一双全;

一寻一找一身边,一卓一雅一完善。

对于展示课,结合自己的思考,简单谈一下亮点:

平淡少,惊喜多——火星借仪器

讲述少,探究多——动手有兴趣

独立少,合作多——分工有展示

无关少,贯穿多——一线全联系

空洞少,情景多——传感有黑盒

专利少,发散多——火烧验温传

结合本节优秀展示课的学习,我也跟大家分享了我认为的一堂优质好课的标准,我称之为"8 度评价理论":

自主学习的程度,授权越大越好——充分参与

教师讲解的适度,讲解越趣越好——自然调动

合作学习的广度,合作越合越好——充分交流

探究学习的深度,内容越少越好——容易出彩

多元学习的纬度,联系越广越好——思维深入

创新学习的角度,提炼越精越好——豁然开朗

传统学习的厚度,文化越传越好——传播文明

师生情感的高度,肯定越多越好——激励有效

随后刘丽敏老师进行了"双缝干涉实验测波长"的说课展示,也借此机会向刘老师前两天在全国信息技术整合大赛中获得一等奖的好成绩表示祝贺!刘老师也把在大赛中的经历以及大赛的基本情况向在座的全体物理老师做了简单介绍。

我结合认真学习和反思感悟总结以下几点思考：

不仅说课,而且经验介绍——能力很强

不仅事实,而且不惧不符——科学态度

不仅内容,而且四验证线——一线贯穿

我在思考一堂说课应该注意什么：

信息量越大越好——不要重复

课间越直观越好——不能太深

语言越清晰越好——不用顿挫

日常教育教学中我主长逻辑思维先后论：

先研究,后应用——边学边用

先交流,后合作——边谈边合

先教授,后生成——边教边学

先了解,后思考——边知边思

日常教育教学中我主长辩证思维主次论：

因为普遍,所以典型；

因为常态,所以经典；

因为复杂,所以直接；

因为简单,所以委婉。

区教研员郑云贵老师最后也做了精彩的讲话,对整个活动进行了点评,郑老师的发言可谓:发散而不失独到,简约而不失大方；沉稳而不失光彩,地气而不失高度。

简单总结如下：

做课重要齐参与,精彩发现有惊喜；

课内课外传亮点,丰富内容眼界宽；

科学探究兴趣立,简洁高效多媒体。

其实每次活动我们都会有很大的收获,除了活动的参与、认真的学习以外,我们还应该养成反思总结、积累升华的习惯。只有这样才能形成独立的风格、打造独特的模式。其实我们的教育教学一直都是如此:

内容可类比,不要太过拓展相对独立的内容;

思维可发散,不要太过拘泥传统现代的独立;

创新可升级,不要完全照搬教参固定的模式;

教材可活用,不要完全脱离教材另辟新纬度。

物理教学观议评磨六

核心素养之艺术建模

2019年6月24日,全区高中物理教研活动在我校录播教室如期开展。活动共分为:素养课堂、艺术评课和智慧讲堂等三个环节,我有幸领略了本次智慧盛宴受益匪浅。下面结合自己所思所感简单分享如下。

第一个环节是素养课堂

我校王蕾老师给大家带来了一堂电学实验的复习课。内容简单汇总如下:

思维导图巧引入——新情景

学生讲解两尺读——显主体

师生合作同台述——深合作

教师补充有谦虚——真和谐

学生试题讲思路——老成熟

教师前后有延续——广拓展

学生改装电路图——全放权

教师总结有寄语——建情感

王蕾老师将思维导图进行发散升级、不拘一格,形成了一套完整的教学模式:图绘、图讲、图辩、图改、图评。我将其称为"五图谱"教学模式。

第二个环节是艺术评课

本节课的亮点非常多,我简单总结以下三点:

厚度欣——能力(长期积累)

角度新——创新(多人智慧)

态度心——情感(充分尊重)

同时通过本节课的聆听和学习也使我产生了三点思考,简单汇总如下:

1. 全面

搬进与搬出——生活与理论(生活搬到课堂)

融合与分离——分与合思维(可侧重可整合)

互换与独立——自我与借鉴(教育多人智慧)

2. 融合

缺点—特点,无效—有效(难——五图串)

特点—亮点,有效—实效(散——一线穿)

亮点—热点,实效—高效(盘——一片联)

3. 辩证

工具的不可替代性——顶层设计(说写做结)

传统的不可丢弃性——高度融合(讲练图演)

思维的不可片面性——全面辩证(一图到底与单独隔离)

就像李立成老师所说,王蕾老师这节课让我感受到了"点燃"的温度、"主动"的态度和"引导"的力量。

北辰区高中物理教研员郑云贵老师对本节课进行了专业点评。郑老师指出,本节课新颖而不失传统,容量大而不失清晰。同时也充分肯定了近年来天津市第四十七中学对教学模式的探索。他表示,教学模式一定要有,如何去用或者什么情况下使用,要结合课堂实践与课程类型进行探索

与调整。

　　我校德育处赵晶岩主任也与大家进行了分享。他指出，教育的思路、形式、手段都在不断更新，我们需要紧跟时代步伐。教学模式的建立、实践和升级将是一个大工程。这些需要进行长期的更深入的学习、思考、实践。赵主任主张，新时代课堂要打开学生的心智、情智与趣智，需要我们从生活中寻找有趣点、自豪感、爱国情。赵主任与大家分享了网红教师李永乐对地震现象的研究与讲解。通过计算让学生用真实的数据（从发生到发布只有 2 秒的时间差），让学生深入感受什么叫"厉害了我的国"。最后赵主任幽默地说，物理组的奋发有为将极大地影响学生在选科当中选择物理课的比例。

　　我校张华冕副校长对这一环节进行了总结讲话。他首先充分肯定了物理组的团结和谐、互帮互助。他提出教学模式的探索不要止步，要不断地向质的方向拓展。他指出王蕾老师作为物理组的写诗才女，思维敏捷、表达出色，这是一种终端能力。他充分肯定了学生的参与能力，五位学生都是真老师，走上工作岗位将成为时代的卓越者，这才是实现真正自主学习的前提。

　　张校长表扬了王蕾老师将抽象学习进行可视化、规范化、升级化处理的科学思维，形成了具有主动性、主体性、可复制性的创新课堂。

　　本节课的课前、课中、课后环节的无痕连接、内容的自然衔接，充分展现了王蕾老师的才女本色。

　　张校长呼吁所有老师一定要走出痕迹，实现教育无痕；无限投入，实现极限成长。

第三个环节是智慧讲堂

　　四十七中学学科组长张帆老师给大家带来了"微小改变引爆专业成长"的讲座。张帆老师的讲座风格智慧、艺术且有内涵，她将近年来参加

比赛、外出培训的收获主动与大家进行了分享,我简单总结如下:

1. 不逾期——发展阶段特点

0 至 3 年:婴儿期——跟着学+多积累

3 至 6 年:幼儿期——多思考+勇实践

6 至 18 年:青年期——自己悟+真交流

18 年以上:成熟期——建体系+真传承

针对目前教育系统内很多年轻教师工作没几年就开始以老教师自居的现象,我更是觉得张帆老师总结的教师发展阶段更为科学。她也提出,成熟期应该因人而异,有的老师可能会提前,但很多老师也会需要更长的时间。

2. 接地气——敢于叩问课堂

作为新时代教师,有积累、有思想、有提升,才会有进步和发展。"让课堂上每一个问题都能启发学生思考",这是我们每位老师努力的方向,需要我们不断提高课堂提问艺术。

3. 玩物理——不一定在课堂

张帆老师受外出培训时专家老师的启发,也产生了自己独到的见解:学物理就是要打开思维、不分地域、不分国家、不分空间、不分时段,无论是否在课堂,我们都要有一个建模的思想和意识,只有这样才能更快速成长。

4. 专注力——成就真正专家

张老师提出,每个人都有自己的特长,很难成为全才。如果能够专注于某件事或者某个领域,全身心投入,必将成就某一领域的专家。张老师已经形成了自修的习惯,所谓自修:每个寒暑假至少读一本书,写五篇研修笔记。从而提炼自己的教育特长,整合自己的教学主张,最终实现自己的专业发展。

每位老师都应该抓住发展的关键期:俯下身来、虚下心来、踏下神来、打造显性模式与隐性模式,实现显性收获与隐性收获。

5. 有团队——必将成就辉煌

琢玉成器,作为老师我们都要明确师者的使命。在个人发展的同时永远不要忽略团队的力量,都离不开平台的支撑,都离不开同仁们的帮助。我们一定要怀着一颗感恩的心、一种团结的意思、一片无私的情怀,去挖掘老教师的智慧,学习精妙的理念,团结同仁们力量,用心做教育才能真正实现教育有回声。相信教育的明天不在远方。

物理教学观议评磨七

璞玉学堂之跨越观课的参与与思考

璞玉学堂

普照未来迎八点，

育苗春风吹典范。

学海战队行技艺，

堂花家国铸天团。

2020 年 9 月 23 日下午，我有幸受到北辰区普育学校邀请参加"磨课、研课、评课"活动。本次活动形式新颖，课程内容充盈，师生互评丰赢。

近年来，"普育大讲堂"已经成为普育学校的一块不可或缺的招牌，且已经走出天津、走到全国甚至走向世界，成为普育师生成长的秘密捷径。同时对于登上"普育大讲堂"校内和校外的老师而言更是一种机会和历练。

我认真听了温丽霞和魏兴旺两位老师的课，深切感受到两位老师身上所散发出的先进的"普育"符号，两位老师对于自制（教具）、自学（学案）、自测（选题）、自评（分组）、自通（知识）、自达（能力）、自省（智慧）等一套科学流程体现出了"异曲同工"之妙。我对温老师所讲"温度"一节知识的一角分析如下：

动态参考与静态方法——冷温暖热；

具体数据与抽象应用——方法估读;

传统仪器与科技工具——日常升级;

次要因素与主要因素——细节压强。

温老师在一组一拆中分析架构,在一问一答中动脑成因,在一高一低中科学读数,在一左一右中对比原理,在一测一量中分组测评。应该说本节课充分体现出温老师对知识的把握已经登峰造极,对技能的传承已经出神入化。我对魏老师所讲"电流和电路"一节知识的一寸感悟如下:

一句"再给一次机会",看似是情景设计,实际是情感流通;

一句"摩擦力时大家很积极",看似随意,实际是对比鼓励;

一句"危险的当然是我来",看似是委屈,实际是责任担当;

一句"我就试过差点出危险",看似调皮,实际是安全教育。

魏老师通过电路与实物,实现捆绑连接法,巧解电路之谜;通过聪明的电流,联通新旧纬度,成就电流如水流;通过短路与断路,提醒重叠不出现,降低难度恐惧。应该说魏老师对物理的迁移对比把握得游刃有余,对情感的连线拿捏得炉火纯青。在与大家沟通交流中我收获良多,其实在教育改革环境下,社会对物理教师提出了更高的要求,要求我们要做到:手中有物——信手拈来,心中有理——顺理成章,眼中有人——人才辈出。我们要明白物理作为一门实验科学"听到不如看到,看到不如悟到,悟到不如做到"的道理。

最后我对几种课程类型的理解如下:

常态课

以点带面——亮点最闪光

以偏概全——特点最重要

以新带动——创新最价值

评比课

过程要全面——缺一丢分

精准与精炼——出错无效

重点与必备——详略得当

说课

信息量越大越好——不要重复

课件越直观越好——不能太深

语言越清晰越好——不用顿挫

物理教学观议评磨八

"万有引力与航天"一课常态复习有感

2018年12月27日上午第二节课,北辰区高中物理教研员郑云贵老师在我校德育处赵晶岩主任的陪同下,一起听取了我的一节"万有引力与航天"的常态习题课。本节课是高中物理必修二第六章的内容。虽然作为圆周运动的应用章节,但此部分内容与其他曲线运动不同,它与生活实际稍有距离,所以对于学生来讲应该是一个难点。本节课我是将习题穿插到知识点当中进行讲解与分析,完成习题处理的同时进行了"一条主线、两个区分、三个对比、四个比例、五个题型、六个注意"的知识梳理。由于是复习课,所以内容必然比平时新课要多,再加上将习题进行了分类汇总,应该也达到了预期的教学效果。下面将知识梳理部分进行如下总结。

一、1 条主线

天体物理一般问题的解决都可以套用一条主线:$\dfrac{GMm}{R^2}=mg=F_n$,其中两两搭配可以有3种不同的组合,平时做题时我们可以根据题意进行选择与应用,向心力的四个常用表达式有:$F_n=ma_n=m\dfrac{v^2}{R}=mw^2R=m\dfrac{4\pi^2}{T^2}R$,其

中 $\dfrac{GMm}{R^2}=mg$ 又可以整理得到 $GM=gR^2$ 的黄金代换,因为无论卫星在星球表面还是高空中,我们在代换 GM 时均用地面上的相应数据来代换,所以代换非常固定,故而我将其称为"固定代换",便于学生理解与记忆。

二、2 个区分

第一个区分是天体物理问题还是仅仅是在某星球表面上做的实验。比如在某星球表面上进行竖直上抛、下抛、平抛、自由落体运动、圆周运动、斜面上运动,等等,都是在星球表面上做的实验,一般都是用来求解这个星球表面上的重力加速度,这些都不是天体问题,当然都是为后面的天体物理问题的解决服务的。

第二个区分是区分高空还是表面上,或者说区分给的物理量是距离星球表面的高度还是距离星球球心的距离。我们平时在计算过程中用到的往往都是轨道半径,也就是距离中心天体球心的距离,如果在匀速圆周运动中仅仅告知距离星球表面的高度,这个数据是不能直接使用的,还得需要知道中心天体的半径才能进行运用与计算,否则就容易出现错误。因此,我们应该高度警惕"h"这个物理量。

三、3 个比较

比较范围	随地球自转	第一宇宙速度	地球同步卫星
半径	R	R	R+h
周期	24 小时	84 分钟=1.4 小时	24 小时
受力分配	$\dfrac{GMm}{R^2}-N$	$\dfrac{GMm}{R^2}$	$\dfrac{GMm}{(R+h)^2}$
速度	v_1	v_2	v_3

附属物：$V_1 = wR, V_3 = w(R+h) \Rightarrow V_1 : V_3 = (R+h) = 1 : 6.6$

卫星群：$v_2 = \sqrt{\dfrac{GM}{R}}$, $v_3 = \sqrt{\dfrac{GM}{R+h}}$ $\Rightarrow v_2 : v_3 = \sqrt{R+h} : R = \sqrt{6.6} : 1 \Rightarrow v_1 : v_2 : v_3 =$

$1 : 6.6\sqrt{6.6} : 6.6$

这 3 个对比是天体物理问题中的难点，假如一上来就将 v_1 与 v_2 进行对比，那么是很难找到突破口的。也就很难得到问题的正确答案。

四、4 个比例

$$\frac{GMm}{R^2} = ma_n \Rightarrow a_n = \frac{GM}{R^2}$$

$$\frac{GMm}{R^2} = m\frac{v^2}{R} \Rightarrow v = \sqrt{\frac{GM}{R}}$$

$$\frac{GMm}{R^2} = m\omega^2 R \Rightarrow \omega = \sqrt{\frac{GM}{R^3}}$$

$$\frac{GMm}{R^2} = m\frac{4\pi^2}{T^2}R \Rightarrow T = \sqrt{\frac{4\pi^2 R^3}{GM}}$$

我将这 4 个比例关系式称为天体四比例。它们解决了天体物理大多数问题，应该说它们是解决天体物理问题的关键公式。

五、5 个题型

第一种题型，求中心天气的质量和密度。

第二种题型，卫星问题。主要是指第一宇宙速度的卫星和同步卫星。

第三种题型，追击问题。我将线度（就是我们常说的长度）追击与角

度追击进行类比:

$$v_1 t - v_2 t = \chi \qquad \omega_1 t - \omega_2 t = \theta$$

第四种题型,变轨问题及能量问题;

第五种问题,双星问题:

$$\frac{GMm}{L^2} = M\omega^2 R = m\omega^2 r \qquad M\omega^2 R = m\omega^2 r \Rightarrow \frac{M}{m} = \frac{r}{R}$$

$$\frac{GMm}{L^2} = m\omega^2 r \Rightarrow \frac{GM}{L^2} = \omega^2 r \qquad \frac{GMm}{L^2} = M\omega^2 R \Rightarrow \frac{Gm}{L^2} = \omega^2 R$$

$$\Rightarrow \frac{G(M+m)}{L^2} = \omega^2(R+r) \Rightarrow \omega = \sqrt{\frac{G(M+m)}{L^3}} \Rightarrow T = \sqrt{\frac{4\pi^2 L^3}{G(M+m)}}$$

六、6个注意

一一对应要关注——物理量对应

向哪喷气看清楚——加速与减速

微小阻力有加速——明确俩假象

距离半径明思路——长度量对应

类比角度与线度——知识有联系

一线寻找巧依据——万变不离宗

物理教学观议评磨九

带电粒子在磁场中运动——五项技术

2018 年 11 月 8 日河北省兴隆一中校领导和老师们一行在王校长带领下来到我校,开展了为期两天的学访交流活动。老师们听课、研讨、讲座、互动,走进课堂、走入操场、深入社团、进入食堂、参观宿舍、体验日常……应该说两天的时间安排非常紧凑。在听课环节中我有幸跟领导们一起听了我校物理学科组长张帆老师的一节常态课"带电粒子在磁场中运动——五项技术",本节课堪称常态课中的经典,下面结合自己的思考简单总结如下,不当之处敬请同仁们指正。

一、引入有思考

课件看视频,重温开课学生回答;

探究气泡室,引发思考启发探索。

本节课开课引发学生思考:在不计重力前提下,平行于磁场进入匀强磁场将做什么运动? 垂直于磁场进入匀强磁场将做什么运动? 通过学生讨论思考,得出了不同的答案。张老师通过课件中视频直观地让学生观察,提高兴趣,加深印象,进而又提出了威尔逊云室,巧妙地借助刚才的知识解决了威尔逊云室的奥秘。

二、质谱有高度

巧用试卷题,分解过程整合知识;

认真写推导,提出概念重视整体。

灵活引科技,出质谱仪讲应用法。

介绍科学家,自然科学落实立德。

张老师的一言一行,一举一动,都可以看出和谐的师生关系,张老师讲课处处体现核心素养,比如张老师细致推导体现严谨的科学态度,再比如介绍科学家的奋斗和探究历程,增强学生们勇于探索的人生态度。

三、回旋有真知

轰击原子核,高速高能得以实现。

粒子得高速,直线加速多级实现。

辩证巧分析,直线可取回旋更佳。

视觉 D 型盒,引导有力全面掌控。

花边有对比,题型拓展巩固收货。

拓展有思考,留题智慧巧有兴趣。

平时讲课中关于回旋加速器的讲解内容,我们一般首先讲直线加速,学生知道直线加速的弊端后引出回旋加速,而且习惯性地由回旋代替直线的方法,从而重视回旋方法排除直线方法。实际上任何方法都是有局限性的,我们不应该肯定一个而否定另一个。张老师在这个问题上采用辩证分析,不是否定而是分析利弊,这是一个物理人应该达到的素养高度。

物理教学观议评磨十

"电能的输送"专家听课并总结

一、"引"——生活引入,点亮兴趣

引课的重要性大家都很清楚,"物理即生活,生活即物理"。我认为,引课的巧妙不仅是更好地源自实际生活或者贴近身边,而是更能做到从身边司空见惯的现象中提炼出让学生感到意外、惊喜甚至震撼的内容。这才是真正意义上的出彩。

本节课我一开始讲述了农村有些地方比如我的老家,由于比较落后,没有足够的用电保护装置,为了安全,把变电室都放在山坡上。记得我小时候晚上看电视看到的实际画面要比显示器本身小很多(当时我家是 14 时黑白电视机),但是画面影像只是整体比例缩小,画面质量还算比较清楚。而到了夜里尤其是冬日的深夜,我一打开电灯,电灯泡闪亮一下就烧坏了。大家想一想这是什么原因呢?

二、"因"——运用已学,现象分析

引导学生分析现象,我提出了三个问题:

第一,家庭用电器之间是并联还是串联?

第二,傍晚是用电高峰期,电器增多了,总电阻是变大了还是变小了?

第三,根据闭合电路欧姆定律,用电高峰期与平时或用电较少的深夜相比,电压分配情况如何?

学生根据已学知识,很快就解决了问题。学生又根据电偏知识,得到画面的长度和宽度都与偏转电场电压是成正比的,自然也就得到了画面整体比例缩小的影像。

我借此又给学生分析了三代电视机显像管的工作原理:

第一代是靠电偏。这种偏转形成画面清晰度有限,而且画面很难做到很大,所以显示器一般都很小。

第二代是靠磁偏。这一代显示器虽然可以放大画面,显示器也可以做得很大,但是依然不能克服影像清晰度欠佳的问题。

第三代是靠透光。这一代显示器主要是液晶显示器,利用不同电压控制液晶的结构和排列,控制不同的透光程度,利用光的偏振性等高科技手段实现画面的呈现,这一代显示器跟前两代显示器相比可以说是彻底的革命,不仅可以实现大画面,还实现了清晰影像。

三、"隐"——不知不觉,引入新知

根据刚才的分析,我再提出几个问题:

问:用电高峰期内如何实现让用户得到足够的电压呢?

答:减小输电线的电阻。

问:如何减小输电线电阻呢?

答:改变电线材料减小电阻率,缩短变压器与用户间距离从而减小输电线长度。

教师总结:大家回答得都很好。在生活中,我们已经将铝线换成了铜线,极大地减小了导线的电阻率。目前我们每栋楼下都有了变压器,变压器缩短了变电室与用户之间的距离,从而减小了输电线电阻。然而有时候发电厂却距离用户很远,而且距离不能减少时,发电厂输出的电能在远距离输电过程中出现了电压和电功率的损耗。

问:那么这个电能损耗除了跟导线电阻有关以外,还跟什么有关呢?如何操作可以减少这个损耗呢?(假设发电厂的发电功率是不变的)

答:根据电功率表达式可以知道功率损耗还跟电流有关,我们可以减小输电电流。

问:如何减小输电电流呢?

答:增大电压就可以减小电流。

问:怎样增大电压呢?

答:通过使用升压变压器。

问:到达用户时电压太大会不会无法使用呢?

答:到达用户前可以使用降压变压器把电压再降下来。

在我的一步步引导下,同学们争先恐后地回答,实现了知识构建,完整地描绘出了远距离输电的过程,同时引导学生完成了过程中物理量关系的建立。如下图:

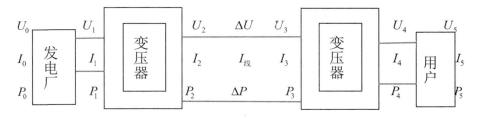

电压关系:$U_0 = U_1$,$\dfrac{U_1}{U_2} = \dfrac{n_1}{n_2}$,$U_2 = \triangle U + U_3$,$\dfrac{U_3}{U_4} = \dfrac{n_3}{n_4}$,$U_4 = U_5$

电流关系:$I_0 = I_1$,$\dfrac{I_1}{I_2} = \dfrac{n_2}{n_1}$,$I_2 = I_{线} = I_3$,$\dfrac{I_3}{I_4} = \dfrac{n_4}{n_3}$,$I_4 = I_5$

电功率关系：$P_0=P_1=P_2,P_2=\triangle P+P_3,P_3=P_4=P_5$

损失电压$\triangle U$：$\triangle U-I_{线}R_{线}=I_2R_{线}=I_3R_{线}=\dfrac{P_2}{U_2}R_{线}=\dfrac{P_3}{U_3}R_{线}$

损失电功率：$\triangle P=I_{线}^2R_{线}=I_2^2R_{线}=I_3^2R_{线}=(\dfrac{P_2}{U_2})^2R_{线}=(\dfrac{P_3}{U_3})^2R_{线}=\dfrac{\triangle U^2}{R_{线}}$

四、"印"——习题处理,巩固复习

本节课我只讲了两道例题,第一道习题是常规习题,主要是为了练习运用刚学过的知识并且总结注意事项：

第一,一定要满足能量守恒,即功率相等。

第二,字母表示要使用恰当,尤其是角标。

第三,注意理解细节易错点、导线单双程、远距离输电线上电流的求法、输电线上所占电压算法、变压器两规律的熟练运用等。

第二道题是为了拓展思维、加深理解。比如练习册中的一道习题：

某水电站,用总电阻为 5Ω 的输电线给 940km 外的用户送电,其输出电功率是 3×10^6kw,现将 500kV 的电压输电,则下列说法正确的是( )

A.输电线上输送的电流大小为 1×10^5A

B.输电线上损失电压为 2.30kV

C.该输电系统的输电效率为 953.%

D.若改为用 4.10kV 电压输电,则输电线上损失的功率为 4.5×10^8kW

其中 D 选项虽然不用计算也可以一眼看出损失功率比发电厂输出功率还大,肯定不对。但是通过计算算出的就是这个数据。

通过这个问题引导学生展开思考和讨论,明确变压器知识中是副线圈用电器的电能消耗决定了发电厂输出的电能多少,这就好比生活中同学需要多少生活费,家长就提供多少,而不是家长给多少我们花多少。用电也是如此,供电公司必须有一个前期的用电预算,发电厂应按照预算的电能量进行有计划的发电。那么题目中先给出发电厂输出的电功率和输送电压,这种程序本身就是不对的,所以才出现了损失功率比发电厂输出功率还大的计算结果。

学生问:万一相关单位的预算与实际不符怎么办?

教师答:现在的科学技术发展很快,要是在以前真的会出现不符,比如发电少了那就要进行电度调配,所以经常出现很多村庄轮流停电,以保障特殊用电单位的正常供电。现在的预算都是计算机大数据计算,一般不会出现明显差异,如果出现供电不足,短时间内将会启动备用机器发电,如果出现供电过剩可以将多余的电能重新输送回发电厂利用这些电能将水能等可再生资源储存起来以备后期发电使用。

生活中用电我们往往觉得理所当然,但是这背后却蕴含了多少人的艰辛,我们可以试想假如没有电,我们的生活会是什么样的?所以我们应该养成节约用电的好习惯,这与我们的学习是一样的,没有努力,一切便黯然失色。

本节课我们讲了:如何减少电压功率损耗;如何实现远距电能输送;如何配合升级学习品质。

课后跟我校学科组长张帆老师交流时,她想到了本节课可以带领学生制作简易的高压输电装置,我觉得非常有道理。讲课中我们不仅可以借助实验室的仪器,很多课程我们也可以尝试动手制作仪器,甚至让学生制作仪器和教具,这样才能真正提高学生学习兴趣、提高学习效率、实现体验学习、创建合作生成,从而真正实现深入教学。

课后我也专门找到李校长,请李校长给做了简短的点评:

语言熟练,教态自然。

生活实例,情景再现。

提出问题,引出思考。

综合分析,远距输电。

之间关系,深刻理解。

常态自如,掌握不难。

气氛和谐,师生和睦。

不知不觉,全员参与。

结合李伯生校长的指寻与建议,我将一堂常态好课的标准简单总结如下:

不知不觉跟着学,争先恐后生成课。

课堂气氛真活跃,高效出彩有开拓。

身临其境忘自我,寓教于乐出成果。

物理教学观议评磨十一

核心素养"学科团"之高中研讨

2021 年 10 月 27 日上午,北辰区教师发展中心教研部以"学科核心素养在课堂教学中落实"为主题的全区物理高中组教学研究活动在天津市北辰区朱唐庄中学顺利开展。

北辰区教师发展中心主任李伯生主任,北辰区高中物理教研员郑云贵老师应邀出席了本次活动,高中物理全体教师参与了本次活动。本次活动得到了朱唐庄中学的大力支持。活动共分为三个环节:同课异构、全面点评、专家讲座。

第一环节是同课异构

青光中学姚琨老师和朱唐庄中学王琳老师共同上了《牛顿第三定律》一节,两位老师从激发学生的学习兴趣、贴近生产生活、落实学科思政以及设计分层作业(兴趣激发,活动设计,接近生活,学有所用)等四个方面着手设计这节课。

第一节课王琳老师以神舟十三号升空视频进行作为新课的引入,激发了学生的学习兴趣,渗透了爱国主义情怀。接下来邀请同学们参与课堂小活动:坐在椅子上互推,体验作用力与反作用力的效果,调动学生积极参与课堂。在之后的牛顿第三定律教学部分,王老师连续演示了四个自创小实验：气球相争看形变、勇斗笔尖、遥控小车显神威和磁极互搏现真相，引导学生们对作用力与反作用力的关系进行猜想。帮助学生们体验探究的过程：发现问题—合理猜想—设计实验，学生们利用弹簧测力计共同探究作用力与反作用力的关系。在王琳老师传感器演示实验之后，利用马拉小车问题顺利将知识过渡到受力分析部分，帮助学生们区分平衡力以及相互作用力。

整节课环环相扣，学生从开始的引起兴趣，到最后的联系反馈，收获了知识的同时体会到了知识的应用和成功的喜悦。

第二节课姚琨老师选用两段趣味性强的视频作为引入，在一开始就打破了课堂的紧张气氛，调动起学生们的好奇心。为了增强学生们的课堂参与度，姚老师一方面鼓励学生们独自举例说明"力的作用是相互的"，另一方面，师生合作演示小实验，体验气球的反冲，得出作用力与反作用力的定义。本着注重细节，一个问题一个探究，一个探究一个结论的原则，学生们利用不同的实验材料探究着作用力与反作用力的关系，让学生们体验探究过程的同时，自主得出牛顿第三定律内容。在力传感器探究活动中，学生无意之举（关于传感器电脑拟合线出现了方向对换），使得实验数据的处理，变得更加有意思，引发了学生们的思考，出现了很好地生成（实际上并不是手持拉环进行了互换，而是拉力和压力的转换问题）。除了小组探究、师生合作外，提前录制好的实验视频成功突破了学生们对于牛顿第三定律理解上的误区。

课堂的最后，姚老师将本节课内容进行了情感升华，对学生们提出了期望，并让学生们了解牛顿第三定律给生活带来的启示。

第二环节是互动评课

我对这两节课进行了点评，肯定了两位老师的课堂教学亮点，并指出了存在问题。两节课一个重在全程活动，一个关注全程细节，都总结出了

"作用力力与反作用力"的核心要素:等大、反向、共线、同性、共存、异体。大家针对"活动的多少如何取舍""合作探究如何展示""小组指导如何高效""科技运用如何辩证"等问题展开了激烈的讨论和分享。针对两节课的兴趣点、关键点、连接点、提升点、升华点五个"点"进行了深度研讨和交流。针对"法"(规则)如何归纳,"理"(智慧)如何捕捉,"情"(情感)如何传递的等核心素养进行了发散的研讨和论证,应该说是一场智慧的碰撞和生成。

第三环节是专家讲座

李伯生主任首先指出在两位教师在教学过程中,要注意学生物理观念的形成,巧妙地激发学生的学习兴趣,调动起学生强烈的学习欲望,之后给予学生点拨,学生的理解会更加深刻。在教学设计方面,改变了以往老师们的关注点都在满足记忆、理解和应用的低阶要求上。注重关注三级高阶要求:分析、评价和创造。升级四级作业:基础性,拓展性,实践性,开放性。只有这样才能更好地落实学科思政。他勉励所有青年教师,静下心来研究教学,认认真真反思,努力升级课堂教学实效。

最后,李伯生主任给大家带来了以"在课堂教学中落实学科核心素养"为主题的讲座。他从 2020 年新时期教育评价改革对教师要求的 6 个能力谈起。鼓励大家重视运用启发式教学,努力做到:不愤不启(心欲通而不得为"愤"),不悱不发(口预言而不出为"悱")。希望大家在教学实践中把握"课堂生成",从而更好地激发学生的间接兴趣和直接兴趣。

启发式教学,是提高教育教学质量的有效环节,"不愤不启,不悱不发,举一隅,不以三隅反,则不复也"是孔子论述启发式教学的名言。何为愤,何为悱? 朱熹曰:"愤者,心求通而未得之意;悱者,口欲言而未能之貌。启,谓开其意,发,谓达其辞。"通过启发促使学生学思结合,以思助学才能举一反三、知智统一,这样的教学启发才是真正的启发。一些传统教育理念和现在所谓的"新"理念本质上是相通的,"导而弗牵,强而弗抑,开而弗达。道而弗牵则和,强而弗抑则易,开而弗达则思"要达到这一点,就要求教师善于启发学生思维,而不代替学生思考,这样才能做到师生关系融洽,这样的教育才是好的教育,才能在继承的基础上有所创新,在继承的基础上办好真正适合学生的教育,继而实现办学预期。

物理教学观议评磨十二

"思维导图,图导思维"学习有感

2019 年 12 月 14 日,北辰区教师进修学校邀请天津市继续教育中心副主任李茜做客北辰教育。

一、广义渗透,狭义辩证

李茜主任讲座中提到了"合理期待,理性应用"的现实思考。有人说,思维导图费时费力并不实用,但是思维导图实际上是一种有效的学习工具和理性思考方式。我们仔细发现其实思维导图无处不在,可以说广义的思维导图已经渗透到生活的各个领域,游离于不同的形式,扎根于各个时代。据李茜所说,思维导图源自笔记,应用于讲课、说课、班会课、阅读、会议、报告、论文、课题、写作、计划、总结、活动、生活等,只要有载体都可以进行渗透,我们常说的"知识树"就是一种思维导图的模式。今天的分享我们主要是从狭义的角度分析思维导图。

二、思维导图,图导思维

思维导图在教学中起着举足轻重的作用,它是具有可视化、全景化、放

射性、脉络性等特点的思维工具,有些国家已经纳入必修课。它可以在有限的时间内让学生实现更多的体验与参与,从而达到有效教育教学;它可以促进记忆力和推演力的纵向深度研究,也可以增强以少变多和多元创意的横向广度探索。正如李茜主任所说,思维导图可以实现更多的发散创意、高效的归纳分析、灵活的帮助记忆。无论是思维导图还是图导思维,它实际上是图像与思维的高度融合后的结晶产物。它从体验上可分为:示他导图(侧重让别人一目了然)、示己导图(侧重对自己一目了然)、双向导图(自己和别人都一目了然),从视觉上又可以分为全图导图、全文导图、图文并茂,从途径上又分为手绘导图、电脑绘制、综合绘图等。

李茜主任结合"四象限分析"与"二八分析"给大家讲解思维导图的核心要素,希望大家活在"第二象限",提高生存质量;通过让大家对"大海"的想象和"幸福"的链接等互动分享,让我们深入体验思维导图的空间力量,提高生活质量;通过展示时间管理思维导图生动地阐述了"写是硬道理,光想不会有结果"的科学真理,希望大家制订并落实计划,提高生涯质量;通过"有物+有序=思维导图"的类比分析,让大家深入感受系统化的魅力和颜色的力量,重视系统学习和合理碎片化学习,提高生命质量。

简单汇总李主任对思维导图的绘制方法总结:

硬备:准备白纸横向放,视野左右更宽敞。

软备:舒适环境色彩上,良好心态音乐响。

形备:关键问题精彩绑,图线图标线等长。

细备:内容顺序重流畅,颜色搭配不一样。

避备:创意搬运不乱忙 简易层次逻辑网。

李茜主任以自己的亲身体会告诉大家:200 张思维导图是进入这个"思导世界"的基础。他将思维导图的应用过程分为四个层次(简称四练):初练、熟练、热练、老练 最终达到"手中无剑,心中有剑"的最高境界。

李主任在讲座中提到了很多国外的研究者,同时也用到了关于"四象象分析"二八分析"等研究成果。这些内容给予我两点启示:一是知识产权意识,二是中华优秀传统文化有待挖掘。

　　国外的研究者特别重视专利意识、产权意识和发表意识,他们经过研究提出一些较成熟的观点作为自己的研究成果,从而获取某一领域的主动权和一席之地。这就是以浅入深的微原理,以深出浅的微道理,以小见大的微思想,以大化小的微智慧。微有微的味道,大有大的价值:通过对"微系列"的研究,比如:微班委、微班主任、微班会、微科代表、微团队、微助理、微平台、微宣传、微板报、微主题、微未来、微课堂、微视频、微习惯、微能量、微计划、微阅读、微写作、微同课、微分享、微心愿、微班主任、微校园、微班级等确定大方向,建立大概念,形成大思路,锻造大格局,传播大文化,培养大素质,成立大家庭,健全大主题,追寻大科技,逐渐完善我的"大系列"。建立健全"大小文化"和"小大思想",例如:小制作—大科技;小活动—大文化;小毛病,大问题;小队伍,大集体;小算盘,大棋盘;微心愿,大未来。

三、再生老鹰,价值重生

　　活动中李茜主任分享了一个"再生老鹰"的故事,故事内容大致是这样的:

　　据说,在鸟类中寿命最长的是老鹰,它的年龄可达70岁。如果想活那么长寿命的话,就必在它40岁的时候做出困难且重要的抉择。当老鹰活到40岁时,它的爪子开始老化,不能牢牢地抓住猎物,并且它的喙变得又长又弯,几乎能够碰到胸膛。同时,它的翅膀也会变得十分沉重,使它在飞翔的时候非常吃力。在这个时候,它只有两种选择:第一就是等死;第二就是要经历一个在它一生之中十分痛苦的过程来蜕变和更新,才能够继续活下去。这是一个漫长的过程,它需要150天的漫长锤炼,而且必须努力地飞到山顶,在悬崖的顶端筑巢,然后停留在那里不能飞翔。在那里它首先要做的就是用它的喙不断击打岩石,直到旧喙完全脱落,然后静静地等候新的喙长出来。之后,还要经历更为痛苦的过程——用新长出的喙把旧指甲一根一根地拔出来。当新的指甲长出来后,再把旧的羽毛一根一根地拔掉,再等待5个月后长出新的羽毛。这时老鹰才能重新飞翔,从此得以再过30年的时间。

同时我也在思考一个问题:教师也会出现职业倦怠,而选择重新定位起点的教师或许会成为教育家。这个过程与老鹰的再生过程相比一样痛苦,这种"重生"都需要付出一定代价。

一个人一生都在成长,当我们真正透过问题看事物的本质,才会有新思考、新发现、新成长。谢瑞书记在活动的最后提出两个问题:第一,课本不是用来教的,而是用来引导教什么,做什么的;第二,实验为什么这样做?为什么必须要有结果? 实验的本质应该是培养勤于动手的习惯,升级实事求是的科学思维,练就理论落实实践的能力的有效载体。就像思维导图,它有助于我们发现并抵御风险,设计和落实方案,品味并传承经典。

最后以一首打油小诗结尾:

思维导图

思构蓝图专家谈,

维度递进立体环。

道亦有道寻李茜,

图文并茂育心田。

物理教学观议评磨十三

学科思政之"会说话"的物理

2021 年 10 月 20 日上午,学科思政之"会说话的物理"全区教研活动在学校三楼物理演播室举行。我校王蕾老师和张吉红老师分别向大家展示了"统一之整体,和谐之隔离"与"解开宇宙旅行密码"两节示范课。从两节课的整体结构上明显感觉到这两节都属于非常"实"的课:分类少了,递进多了;分散少了,整体多了;满灌少了,落实多了;华丽少了,实用多了。

第一节王蕾老师的课"一直在变",用"变"一线贯穿,以"变"实现一题多变、一题多问,多题归一。王老师通过研究定义体现观念之美,构建模型体现思想之美,一题多变体现探究之美,小组互助体现交流之美,高效总结体现收获之美,和谐统一体现升华之美。应该说整节课都围绕在"美"的氛围里实现和谐统一,响彻在"美"的奏乐里实现分久必合。她用"劳动人民的智慧结晶"感动学生内心,用"红色教育的背景设计"感染学生情怀,用"整体隔离的升级处理"感悟博大精深。这是一节近乎完美的课,一节值得回味的精彩课例,同时也充分体现出王老师的文学功底,不愧为"物理文学家"的称号。

张吉红老师的课"一直在问",用"问"一线贯穿,以"一问到底"实现层层递进、由浅入深、由易到难。张老师将同步卫星总结出"七个一定",将供需关系概括为:由低到高→离心运动→供小于需→减速运动;由高到

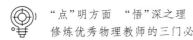
低→近心运动→供大于需→加速运动。将变轨过程概括出"供需博弈"知识并提炼为三种物理量(周期,速度,加速度)的比较;充分体现出张老师超强的提炼和总结能力。他用"为天地立心,为生民立命,为往圣继绝学,为万世开太平"作为本节课的收尾,告诉学生要清楚我国"北斗系统"的智慧超越,鼓励同学们为祖国发展努力奋斗。这是一节全新的课,一节值得品味的创新课例,同时也充分体现了作为南开大学理论物理硕士研究生的理论高度,不愧为"理论小者葛"的称号。

　　两节课都嵌入了很多思政元素,那么思政的来源有哪些呢?我认为有以下几个途径:新闻联播、科技项目、实事时事等。本人认为学科思政与德育渗透有很多相似之处,但还是有些不同的,德育渗透重在"渗",强调的是教师的主动或者活动的主动渗透,学生更多的是被动接受;而学科思政强调的是学生的"悟",体现的是学生主动领悟,建立学生对知识和情感的主动构建与联动。以上两节课,一节课全程带领学生感受物理和谐之美,一节课全程带领学生感悟物理科技之新,都是学科思政的典范。

物理教学观议评磨十四

"延禧攻略"之学校物理组大教研

2018 年 10 月 8 日,天津市第四十七中学全体物理组同仁在物理演播室举行了本学期第一次大教研。学校李伯生校长、张华冕校长、白海春校长,教学处赵毅清主任、曹晓辉主任应邀出席了本次教研活动。本次教研活动有三个议程:学科组长张帆老师进行了新课改下如何落实核心素养的"延禧攻略"讲座,校领导点评发言,物理组赠书仪式。

第一个环节,张帆老师通过四个方面展开了讲座,简单概括如下:

1. 理念落实有依据

新旧对比看进步——面向终身

课程目标全升级——版本加强

课程结构更科学——境界提升

九九归一有排列——完整统一

政策助力有保障——高考指挥

学业等级看质量——五级要求

教师接受生受益——对接有序

评价体系要全新——主动跟进

2. 素养表达有途径

（1）核心素养有公布

三大核心、六个方面、十八个基本点。

（2）物理素养有体系

物理观念、科学思维、科学探究、科学态度与责任。

（3）必备品格重能力

终身发展与社会发展共存。

（4）价值定位有创新

知识体系、学科体系、学生体系、素养体系、发展体系共进步。

3. 教学设计有章法

（1）新课导入有惊奇

例如，运动学中引导学生考虑"禁超载""禁超速""禁酒驾"的原因。

（2）问题设问有新知

李政道先生说过："求学问，先学问，只学答，不学问，非学问。"例如，牛三律知识讲解中拓展情境设问：作用力与反作用力在平衡中成立，在不平衡中成立吗？在教学中将知识问题化，问题情景化，情景教育化，我们还需要提高育人功底。

（3）规律教学多角度

例如，在开普勒第三定律讲解中巧妙设问，让学生动手利用数据探究规律。

（4）实验教学真实多

全国课程标准制定组总负责廖伯琴教授说，"听到不如看到，看到不如悟到，悟到不如做到"，这也说明了学生动手实验的重要性。

（5）形态多样有升级

教育观念的转型，从物理教学到物理教育——回归育人本位。

过程内容的转型，从学术形态到教育形态——学会广义备课。

教学方式的转型,从知识重现到知识重演——促进深度学习。

(6)教学境界有三种

第一境界:"昨夜西风凋碧树,独上高楼,望尽天涯路"。

第二境界:"衣带渐宽终不悔,为伊消得人憔悴"。

第三境界:"众里寻他千百度,蓦然回首,那人却在灯火阑珊处"。

4.学校工作有部署

教研总结有提升,教案检查有落实。

星级评比在平时,读书学习重自主。

第二个环节,校领导进行了点评和总结,简单概括如下:

赵毅清主任点评:

1.学课标树理念,主动代替被动。

2.多方式促发展,多样代替单一。

3.研等级明标准,专业代替盲目。

4.勇实践走在前,动手代替空讲。

5.重习惯持方法,联系代替孤立。

6.多学习勤思考,勤奋代替懒惰。

张华冕校长点评:

1.准备充分,学术高度——广泛借鉴有思考。

2.理论实际,寻找身边——墙内开花墙外香。

3.三个突出,四个意识——有纪律必有组织。

(1)三个突出

突出中心——教育教学

突出主题——团队和谐

突出核心——组长引领

(2)四个意识

主角意识:要么主角要么配角。

问题意识:善于提问勤于思考。

学习意识:勤于读书善于写作。

通识意识:学术渊博学无止境。

李伯生校长点评:

1.讲的精到,评的精彩。

有理论,讲座有理有据。

有深度,观点科学到位。

有实验,不忘落叶归根。

2.教学相长,教育相伴。

学然后知不足,学然后知有用。

教然后知不足,教然后知有效。

3.三种境界,不同收获。

登高而招,立大志——同样的微笑,不一样的快乐。

心甘情愿,吃大苦——同样的思考,不一样的创作。

百折不挠,成大业——同样的培育,不一样的花朵。

本次教研活动讲座信息量大,点评水平经典:

1.九"有"九"到"收获多。

有新有旧有比照——上次课改到本次加强。

有理有据出结果——培训参与到权威论坛。

有引有导落方法——三维目标到核心素养。

有思有考产生成——重视培训到能有赛绩。

有广有点生观念——观念产生到充分运用。

有教有学升教育——物理教学到物理教育。

有思有考引生活——刹车距离到超载问题。

有拓有展促探究——直接讲解到设计实验。

有浓有缩适简约——降低要求到简约之美。

2.六"头"六"重"感悟深。

从头开始重源头——追本溯源。

从演开始重过程——重现重演。

从用开始重实践——情景体验。

从教开始重思考——升级思维。

从改开始重观念——探索观念。

从学开始重发展——终身发展。

3.三"真"三"引"师生和。

教师"引"——学生,"真"——伸与不伸。

教师"因"——学生,"诊"——审与不审。

教师"印"——学生,"珍"——深与不深。

物理教学观议评磨十五

卓悟雅理:物理组大教研

2019 年 12 月 30 日,在天津市第四十七中学三楼物理演播室,全校物理大教研活动如期举行。学校党委书记兼校长、物理正高级教师、天津市物理特级教师李伯生同志应邀出席了本次活动,教学处赵义清主任、德育处赵晶岩主任也为本次活动现场助力,全体物理组 20 余人参加了本次活动。

本次教研活动共有四个议程:物理学科组长张帆老师做题为"做幸福的四十七中人"的专题讲座;吕鑫老师针对教学反思环节进行了分享交流;李伯生校长对本次教研活动进行总结点评。

第一环节,张帆老师从精准备课、目的统练等方面介绍了天津市第一中学的好做法;从语言精练、精确到秒等方面阐明大量做课必然带来高技艺;从思维导图、问题观念等方面开启教育教学新思路;从重视旁批、形成猜想等方面开辟未来新起步。张帆老师谈到作为"物理人"就要做到"手中有物——信手拈来;心中有理——顺理成章;眼中有人——人才辈出"。她鼓励老师们活在"四象限"理念中的第二象限,努力让概念情景化、模型体验化、思维辩证化、探究合作化、情感真实化。张帆老师的讲座有高度、有深度,让在座的老师们受益匪浅。

第二环节,吕鑫老师从"亮点、不足、提升"三个方面展开了对本次双优课教学反思的分享,他重视教学的"读中学、问中学、练中学、动中学"。吕老师针对本节课图文并茂地进行讲解,充分展现了一名优秀教师的实力与魅力。

第三环节,赵义清主任作为正高级教师,他用一句"集百家于一家",高度评价了张帆老师的讲座智慧。用"阅读、思考、表达"高度概括了吕鑫老师的实践与反思策略。他号召老师们改进以往的教学方式、更新理念、学会反思。赵晶岩主任用"在路上学习"的故事讲述了青年教师学习的劲头和热情,用"学习在路上"表达了无论作为老教师还是新教师都应该"活到老、学到老",用"路上再学习"的理念阐明了新时代下如何改变观念进行深度学习的决心。老师们也进行了踊跃发言,比如:讲地深与浅的讨论;学的活与死的辩证;如何处理课时、实验、习题的矛盾问题;如何进行全面、部分、重点的权衡等。

第四环节,李伯生校长高度评价了本次教研活动,对于发散式的教研活动内容进行了充分的认可,对于老师们的发言给予了高度肯定。他指出,学科组长在学校发展中起着举足轻重的作用,在一定程度上比校长都要重要。李校分享了优秀教师成长的路径:学习、思考、实践。

本次活动我受益匪浅,简单汇总如下:

1. 关于核心素养的"3地""3点""3真"

核心素养在课堂发生——主阵地

核心素养用教材发问——根据地

核心素养举合理发现——源泉地

核心素养为科学发疯——力量点

核心素养在细节发芽——关键点

核心素养真情感发扬——升华点

教研前:充满期待——真心

教研中:心潮澎湃——真学

125

教研后:风平浪静——真做

2.究竟什么是一堂好课

我们需要以点带面,寻找一堂好课的标准,实践思维的突破:

活学活用:

错中学、玩中学、做中学、悟中学(黄天中校长)

新中出新:

自制教具接地气

创新思维真开辟

无声无息:

深度融合重无声

广度体验重实效

3.高考改革的思考

半改状态——如何把握(判断)

一知半解——如何学习(选择)

半斤八两——如何自信(自救)

物理教学观议评磨十六

物理教师招聘环节的几点思考

考虑到时间因素,对于新教师招聘面试环节一般采用说课和答辩两个部分,其实说课更能体现考生的教学功底,答辩则考查考生的灵活应变能力!

下面结合高中必修二"重力势能"这一节简单谈一下说课环节需要注意的问题:

一、环节清晰重流程

大学生没有进行系统的教学实践,所以上课很难做到游刃有余,但是该有的环节应该是必不可少的!环节包括:说教材、说学情、说学法、说目标、重难点、说教学过程、说设计意图、板书设计、小结及作业。其中说教学过程又包括:新课引入、教师活动、学生活动等,教学过程中应巧妙加入多媒体等科技手段,结合日常生活充分体现师生和生生互动。

二、抓住重点建脉络

本节课是学习重力势能的知识。关键在于:它的相对性和绝对性的对

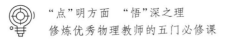
比;对比过程中必须体现控制变量这一科学思想,否则对比是无效的;将教材定义与生活实际结合做到知识与生活的完美统一才能真正让学生掌握本节课。

三、注重亮点显创新

本节课想要创新难度较大,控制变量的强调和运用就是一个亮点,几个对比的讲解也是亮点:例如相对性与绝对性对比、不同路径重力做功通过图像去对比等都可以作为本节课的亮点。

四、沉稳大气靠细节

很多考生一上来做完自我介绍就开始说课,并没有注意考官是否示意开始,声音的洪亮和语言的生活化完全可以折射出考生的教师潜质,考生说课结束也应该有擦黑板的意识和习惯等,这些都可以作为细节进行考查。

五、千篇一律巧出彩

很多考生的表现都差不多,不排除之前参加过一些机构的培训。但是教师行业不同于其他行业,刻意地追求一字一句的记忆和一成不变的套路必定与教师灵活多变的职业特点相违背。在这种大环境下,只要考生肯动脑筋,游离于思维定势之外,在保障环节不缺的情况下灵活设计教学过程做到出彩并非难事。现在以下面考题为例简单阐述我对面试答辩环节的思考:

"小明平时成绩不好,期中考试取得了不错的成绩,老师在课上表扬了小明。下课后有同学告诉老师说小明作弊了! 你作为老师如何面对这种情况?"

结合我对本题目的理解总结回答要点如下:

一、信任孩子不动摇

作为老师要无条件信任自己的学生,包括小明和告状的同学都要去信任,这是解决问题的根本。这则案例如果告状学生向老师反应情况属实可以说明师生间具有一定的信任基础,这位老师很有责任心或者得到学生信服的。

二、解决问题不犹豫

遇到任何问题,作为老师都应该重视起来,问题发生了必须要去解决问题,不能选择置之不理甚至逃避,不管是对小明还是对告状的同学甚至全班同学都要有一个交代。当然处理问题的方式多种多样,不一定轰轰烈烈,也可以是无声无息,有时处理问题过程本身就是处理问题的最好方法。

三、了解全面细分析

问题发生了,我们应该向监考老师了解情况,向同学侧面了解情况,向家长侧面了解孩子最近的状态,只有全面了解才能准确判断和妥善处理。

四、以点带面想周全

倘若经了解和调查小明真的作弊了,要清楚这是个人行为还是团体行为甚至是全班行为,倘若小明没有作弊,是同学间存在矛盾还是另有其他,要尽量调查清楚,把问题消灭在萌芽状态。

五、抓住契机显教育

任何问题的发生都可以作为教育契机,我们在善于发现问题的同时搜集教育素材,找准教育时机去开展教育活动,比如班会课、团辅课等,当然教育活动的开展不一定急于一时,避免适得其反。最后简单跟大家分享应聘相关环节的小技巧:

(1)对于如何参加笔试的技巧总结:培训可提分,封闭最有效,准备需时间,合力难变简,分类有整理,多次考试题,前车有借鉴,思考取其长。

(2)对于如何参加比赛的技巧总结:全面汇资料,全力找亮点,全员齐智慧,全程看录像,实验靠资源,全盘脑运转,反复改讲稿,字斟句酌全。

(3)对于如何试讲的技巧简单总结:过程要全面,声音要洪亮,教态要自然,经验要丰满,亮点要突出,套路要灵活;要钱到机构,要前途进校。

(4)对于如何面试的技巧简单总结:心态要平稳,问题要思考,思维要敏捷,角度要发散,思路要清晰,气氛要欢快,放松显师态,潜力应展现。

(5)对于设计教学设计的流程总结:教材分析,学情分析,教学目标,重点难点,教学手段,情境引入,教学过程,教学板书,设计意图,布置作业,情感升级,教学反思。

过程→流程(全篇尽量实现一线贯穿)整齐划一。

观点→亮点(创新争取做到一鸣惊人)成就亮点。

生活→情境(借力可以运用信手拈来)贴近生活。

"君子性非异也,善假于物也",教学中要做到工具的合理使用与高度融合。

物理教学观议评磨十七

连续九年兼职教研员实践思考

工作以来在学校领导和老师们的指导与帮助下,我积极努力学习、迅速成长,现对连续 9 年被聘为兼职教研员这一工作的想法简单总结如下:

一、勤学习,注重自身能力和素质的提高

依据"四有好教师"标准,努力学习党和国家的教育方针、政策、法律、法规,不断提高自己的政治水平,热爱教育事业,有较强的事业心和责任感,有良好的职业道德修养,有实事求是的思想作风和严肃认真的科学态度,有密切联系群众的工作作风,谦虚谨慎、团结同志、履行职责,做学校教师的表率,做学科教学研究和教学改革的带头人。

作为中青年教师,应努力学习现代教育理论和学科专业知识,学习新一轮基础教育课程改革理论,深入钻研学科课程标准和教材,熟悉教育教学规律和学科教学现状,多请教、多学习,以教研员的专业化标准严格要求自己。勇于创新,积极参加教学实践活动,在提高理论素养的同时,不断提高自己的研究水平和总结能力。在完成正常一线教育教学工作任务的同时,还要具有一定的指导教学工作的水平和组织教研活动的能力。

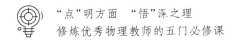
二、深研究,深入教材分析和学法的研究

协助区教研室搞好教材分析和研究,帮助老师们从培养目标的基础上全面认识课程;从掌握《课程标准》的实质上理解学科教学目标和任务;从教材体系结构上把握德育、知识、能力等方面的层次;从教材的具体内容和学生的认知水平规律上抓准教材的重点、难点和关键。

兼职教研员要积极开展教法学法的研究,并结合研究的内容带头搞好观摩课、示范课和研究课,积极参与教研专题实验,围绕主题开展教学研究并指导教师开展教改实验。

三、多配合,配合区校工作和资料的整理

兼职教研员应积极配合教研室,搞好各级各类检测工作,组织试卷的发放、成绩的收集与汇编等,服从上级安排,参加各级相关教研和培训活动,充分发挥示范、辐射作月。

定期开展形式多样的学科教研活动,搞好学科教学导向。在学校带头参加教研活动、执教示范课或研究课,做好教育教学一线第一手资料的收集与整理,调研资料的收集与整理等。注意教育改革动态,积极探索考试改革与评价的方法、途径,认真收集整合信息,为区题库和校题库提供相关资料,为学校教学、教研工作参好谋、服好务。

四、讲实践,加强课题研究和实践的结合

积极参加课改培训,努力推进新课程改革,协助教研员做好课外培训工作和青年教师的培养工作。教学工作就是“取其所长”,所以兼职教研

员应经常跟随教研员深入课堂,调查了解教学现状,及时发现存在的主要问题,并与教研员进行分析研究,找出解决问题的方法;及时发现先进典型,协助教研员大力推广先进经验,并在观课议课中提出自己独到的见解和建议,加强理论学习,结合实践认真撰写经验总结和论文,必要时承担相应的科研课题。

五、常联系,加深校际教研和教师间沟通

一堂展示课往往凝聚了一个年级甚至一个学校的教学精华与智慧,所以这对一线教师特别是青年教师的成长促进是不言而喻的。记得 2006 年李新乡教授组织了山东省第一届大学生物理讲课技能大赛,我有幸参加了第二届并荣获一等奖,如今此项活动已拓展成为全国的比赛。一场比赛教会我如何组织课堂,历练顽强的意志,提高了各方面素质和能力,因此我建议在不影响正常工作的前提下多组织观摩课、示范课、展示课、研究课、优质课、比赛课等形式的活动,为青年教师搭建起成长的平台。

兼职教研员是加强沟通的桥梁和纽带,它是教研室与学校间、学校与学校间、教师与教师间实现了无缝连接。我深知责任的重大,我将积极学习,协助郑老师创新完成教研室的工作。

物理教学观议评磨十八

从"100+"课中寻"36记"学习报告

本学期我在积极完成学校各项教科研工作的同时,按照校党委部署还积极参与到听课中来。做到了无论线上还是线下课程每周至少听 5 节课(有时候时间允许的话一周能听十多节课),不到一个学期我已经听取了一百多节课(实际上:这是一件有点难但是不复杂的事情)。应该说我深深地被老师们的业务专业、敬业打动。结合一个学期的听课实践和理论学习,参考半年来我利用周末休息时间参加的高端学术论坛或者讲座活动,梳理了"听课 6×6 = 36 记"听课学习报告,从六个方面简单与各位同仁分享如下,不当之处欢迎指正。

一、流程视角,"六步"突出一个"全"字

我将课堂流程简单概括为六步:目标、手段、引入、过程、板书、作业。无论我们的课是以"节"为单位还是以"堂"为单位,无论是习题课、复习课还是新授课,其实课堂都应该具有完整性,所谓"麻雀虽小五脏俱全",我认为一堂课至少是一群"大雁"。它们的"飞翔方向"就是教学目标,"队形方式"就是教学手段,"任务驱动"就是课堂引入,"飞翔过程"就是教学过程,"飞翔痕迹"就是教学板书,"精准落地"就是课堂作业。听课中,教师

们把这些环节通过显性或者隐性的方式在课堂上全面展开。就拿教学目标来说,有的教师通过显形手段让学生单独或者集体阅读课件中的学习目标,让学生直接了解本节课的学习目标;有的教师通过隐性手段联系前后节知识间的关联,引出本节课的学习目标。引入环节更是千姿百态,经典频现,无论是试题引入、旧知深入、问题导入还是情景带入,无不体现出教师们出色的教育教学功底。比如有的物理老师带两名学生坐在汽车里感受左右转弯时受力是怎样的感觉;有的老师让学生自制单摆装置,感受在水平面内圆周运动中"受力分析的提供与公式定制的需要"之间的关系,都达到了激发学生兴趣的目的,"泰山压顶不弯腰"来形象描述物体在完全失重状态下只受重力的情景;还有的教师运用自己超强的绘画功底,将学科情境或者立体空间直观的展现在黑板上,让学生身临其境。

我将物理教学总结为五层境界为:语境、思境、情境、物境、意境。语境,语言传达之境,此境界是带领学生通过语言表达、虚拟交流走进某种对话;思境,虚空幻象之境,此境界是带领学生通过感官描述、空间想象走进某种思考;情境,虚拟感受之境,此境界是带领学生走进视听感受、思考体验走进某种情境;物境,真实体验之境,此境界是带领学生通过切身感受、动手操作深入某种技能;意境,虚实结合之境,此境界是带领学生通过实践体验、品读感受走进某种情感。应该说语境是教学的简易手段,重在对概念的传达;思境是教学的初级手段,重在对知识的讲授;情境是升级的模式,实现了知识的重现;物境是高明的做法,实现了知识的重演;意境是创新的举措,实现了虚实的结合。"物理、化学、生物"作为实验学科尤其要重视"五层境界"的提升改造:避免"物理不碰物(物体),化学不见化(变化),生物不碰生(生命)"的"傻瓜式"教学模式。其实课堂流程无论以怎样的方式体现在课堂之中,并没有严格的要求,有些环节只要是有就可以,无论呈现方式是什么,但是没有就是环节的缺失。有些环节则需要重点落实,从而形成详略得当、主次分明的课程架构。

二、方法视角,"六度"重在一个"新"字

我总结了老师们六种教学方法,简称为"六度":理论、情景、活动、体验、探究、启发。有的老师利用如合作探究、自制教具、情境体验、类比分析、互动讨论、直接讲授、学案自学、数学推导等教学手段清晰明显;有的老师则采用融合式或者混合式教学手段也同样精彩。其实很多方法无非就是打开教学视角,就拿磁体磁感线的分布来说,俯视图、剖面图、平面图都对应展开了去分析,这就需要我们研究素材也要全面,无论教材还是教参,试题还是试卷都应该掰开了、揉碎了。就连教材上的"说一说、想一想、做一做"等都应该予以高度关注。听课中,我发现老师们有的用全程体验的方式带学生走进课程旅行,有的利用层层设问的方式全面启发式教学,有的则通过参与活动的方式让学生在不知不觉中掌握知识,还有的是通过合作探究方式展开合作学习。无论哪种方法,无不体现着教师的深厚教育教学功底。实际上真正的高手应该在"说"上避免正确的废话,在"学"上避免被动的应付,在"做"上避免无趣的凑数。

三、思考视角,"六体"重在一个"联"字

清华大学沈阳教授在关于"元宇宙"的研究中提出了"六体"理论,即人:数字人和人形机器人;贷:数字资产;场:元空间;器:元宇宙中各类接入设备及支撑体系;境:虚实融合;艺:文化数字化、技能数字化、艺术数字化。实际上我们一堂课也有这"六体"或者"六境",所谓"人"就是学生为主体,教师为主导;所谓"贷"就是教室内包括讲台、课桌、黑板等实物资产;所谓"场"就是教师空间、学校空间、互动空间、时间空间等;所谓"境"就是软、硬件教学情境,以及教学智慧和学习能力与素养;所谓"艺"是就是传

统的、创新的、科技的等众多教学手段与多媒体的结合应用。实际上我们的教学课堂就是"六环"的统一体。这就需要我们打开教育教学视野：杜绝不深、远离不全、警惕不够。尤其是在一些规律的总结上，很多老师形成了看图范式一目了然，墙角生活的一泻千里，基本借力的一点就通，清晰描绘的一鸣惊人，问题追踪的一点带面，时间留白的一点一滴，板书精妙的一劳永逸，总结全面的一以贯之等。听课中，我自由的在老师们的引领中飘舞和享受中进步，自由翱翔在规律性、知识性、能力性、实用性、科学性、素养性、基础性、互动性的思考空间里。无论是"缩放图""旋转图"还是"自制图"其实都离不开超级无敌的思考视角。

目前"大单元"教学是一个热门话题，但是并不是新鲜的产物，所谓"大单元"教学的设计就是以某一模块知识为一个整体进行设计。可以是一小节作为一个"大单元"，可以是一个章节作为一个"大单元"，还可以是几小节或者几章节作为一个"大单元"，也可以是几个不连续的知识章节关联组合在一起形成一个"大单元"。基于目前学校和一线教师的实际情况，我们所指的"单元"不单是强调跨学科、跨学段、综合性的"大单元"，更是基于学科核心素养、学生认知规律和学科知识逻辑体系建构的最小的学科教学单位。"大单元教学"体现在对学科教学单元内容进行的二度开发和整体设计，"大单元教学设计"是指以大主题或大任务为中心，对学习内容进行分析、整合、重组和开发，形成具有明确的主题(或专题、话题、问题、课题)、目标、任务、情境、活动、评价等要素的一个结构化的具有多种课型的统筹规划和科学设计。而实践研究则是教师将"大单元教学设计"在课堂上落地实施与呈现的过程。大单元教学设计强调"以终为始"的设计原则和理念，基于目标设计达成评价，任务活动，基于大任务，提出一个有挑战性的、面对真实情境的驱动问题，创设真实生动的情境，激发学生的好奇心和求知欲。当然模块的界定需要按照具体情况来选择，不是一成不变的，也是因人而异的，只要我们"圈定"的组合可以作为一个相对完整的

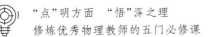
研究体(形成可视化统一体)就是科学合理的。

四、对话视角,"六觉"体现一个"动"字

所谓六觉:视觉、听觉、嗅觉、味觉、触觉、知觉。很多专家提到"一堂课打开学生的感官器官越多越好",其实也有一定道理,虽然不一定越多越好,但是通过感官的打开,形成和谐对话应该说必然事半功倍。有的老师让学生用"打字"开启对话,有的用"聊天"进行交流,也有的用"工具"形成互动,其实无论是一问多答、一问一答、还是多问一答、多问多答,甚至是翻转课堂,再升级为互换师生,实际上都是增强互动性的有效方法。实际上,"六觉"不仅存在师生之间。好的老板从"一手遮天"到"协商研究"到"不耻下问"就是成功,从"单项发展"到"双向并进"再到"发散进取"就是成就;好的领导从"指挥"走向"带领"再到"并肩"就是优秀,从"抢功"到"蹭功"再到"让功"就是人才。好的业务型校长从"领导"转化为"教导"再到"辅导"就是进步,从"教研"到"教学"再到"教课"更是优秀;好的领导型校长从"偏爱会议"到"精简会议"再到"经典会议"才算合格,从"管理"到"服务"再到"体验"才是优秀……教育就是要带领学生看到生活现象,听到科技声音,嗅到科学进步,品到彼此成长,感到万物发展,从而感知世间规律。试问:人有"六觉",怎么会发现不了低级趣味,怎么能看不到情操高尚呢?

五、作业视角,"六维"突出一个"创"字

关于作业设计我提出来六个维度,即"六维":传统、分层、创新、拓展、发散、实践。所谓"传统作业"就是我们常规的落实作业,比如课后习题、质量检测等,是为了帮助学生将课上所讲的知识消化和吸收,最终达到熟

练应用;所谓"分层作业"就是按照学生掌握分层设计不同难易、数量、深浅等的分层作业,比如练习题设计 A、B、C 三级作业,再比如在课堂提问中设计问题分层等,师生精心进行"备菜",师生共同进行"做菜",学生可以进行"点菜",师生分别开锅"品菜",师生分别进行"评菜"。从而达到最终达到让学困生"吃饱",中等生"吃好",学优生"吃劲"的理想效果;所谓"创新作业"就是在开发学生智力、激发学生兴趣等方面下功夫,开发出新颖的作业方式,比如让学生自制教具等,从而培养学生创新意识和成果意识;所谓"拓展作业"就是落实"一题多变、一题多问、一题多解、多题归一"的理念,比如将试题进行增问、融合、整合、改编等,以期达到知识之间甚至是学科之间的融入与融合;所谓"发散作业"就是开发学生想象空间,从不同的视角打开对问题的认知,比如对一些问题的辩证看法与处理等,以期培养孩子辩证等的思维品质和处世情怀;其实无论哪种视角的作业角度都离不开"学生观"这个不变的原则,明确为谁而布置作业,这就好比跟老师们交流中个别老师为学生而发声"板书是为谁而写"。这就要求我们无论怎样的作业视角都要方便的书写、记忆、理解和成长。毕竟作业设计也是落实学科核心素养的重要载体和途径,当然我们也可以大胆地让学生们来进行作业设计,或者生生、师生等共同参与相互设计作业,然后大家讨论研究进行分类整合,形成科学完善的作业设计。

在生活中的圆周运动知识讲解中,教师通过视频播放启发学生兴趣,通过理论分析提炼物理模型,通过科学推导得出凹形桥和凸形桥受力情况,通过合作探究分析异同,通过课后练习形成基本记忆,然而想要达到知识的理解与应用层面以及情感高度这些做法是远远不够的,这就需要我们充分开发作业设计,形成核心素养全面落地。我在本堂课中除了布置传统作业(也就是相关练习题)包括分层作业以外,一般还会鼓励学生根据兴趣自愿完成如下:

(1)针对我们题目中设计的问题,除了受力分析来解决以外,让学生结合超失重知识学会综合分析,培养学生的科学思维。

(2)成立研究小组,让学生针对常见的凸形桥和蓟州山区的过水桥进行合作探究,结合生活实际和所学知识解释为什么这样设计,培养学生的科学态度。

(3)鼓励学生将自己的兴趣研究形成比较完善的研究报告或者文章,培养学生研究意识。

(4)鼓励有兴趣的同学针对桥梁设计进行深入研究,通过了解国家在桥梁设计方面的巨大成就,树立为国家硬件基础建设贡献力量的远大目标,培养学生的责任意识和爱国情怀。

作业设计是学生掌握知识的重要屏障之一,无论是独立性还是合作式,单元类还是散弹式,自主性还是合作式,传统类还是创新型,主题类还是游戏式,动脑类还是动手型,表达类还是行动类,单一性还是丰富性,体验型还是理论性,本学科还是跨学科,具体类还是想象类,探究类还是训练型,单一性还是多样性,知识型还是趣味性……当然要注重作业设计过程中的几种"状态":学生的情绪状态,作业的趣味状态,知识的生成状态,师生的互动状态,学习的思维状态,载体的情感状态,文化的素养状态,家庭的参与状态,师生的合作状态等。实际上这些都是形式与内容的灵活侧重与巧妙组合,只要打开"发散"思维,迈开"首创"步伐,走出"点菜"模式,必然产出神奇效果,打通知识掌握的最后屏障。比如每到章节学习结束,我会鼓励学生梳理本章的思维导图(当然提前做好思维导图的培训,详见"教育一点一滴"公众号中教学篇31"思维导图,图导思维"),让思维导图成为贯穿一章知识的重要通道,每次我都会选择具有代表性的思维导图优秀案例利用大屏幕在全班进行展示,以便于相互学习、互相提高,目前思维导图的复习方式已经成为班级复习的有效方式。当然作业的评价也是必不可少的,无论是自评、他评还是互评,无论是"浓抹重彩"的"分数为大"还是"此时无评胜有评"的"点到为止",只要契合作业本身,既起到督促评价作用,又兼具鼓励引导作用,必然有利于作业的升级设计,从而达到辅助教学的良好效果。

六、细节视角,"六点"重在一个"妙"字

六点:关键点、融合点、成长点、兴趣点、思政点、知识点。我将上面"六点"概括为"五菜一汤"法,即:以兴趣点作为"凉菜"刺激知识兴趣,以成长点作为"热菜"加深知识理解,以关键点作为"主菜"分享经典题型,以融合点为"新菜"挖掘学生潜能,以知识点作为"饭菜"梳理知识结构,以思政点为"汤菜"提升情感表达。就拿以思政点为"汤菜"情感升华来说,目前学科思政是热门的研究。物理上我们用高科技仪器、宇宙空间延伸的突飞猛进,化学上我们有最新材料的研发,生物上我们有健康的保障,语文上我们有传统文化,数学上我们有科学精神,外语上我们有文化优势,历史上我们更是有历史人物,地理上我们有地大物博,政治上我们有四个自信。历史老师在课堂上用一首诗评价隋朝大运河,用中华传统文化运用到历史评价;数学老师用一个公式开启解析万物;物理老师用一个定理指点乾坤,用一些类高科技凸显国家力量、体现拼搏精神与责任担当;语文老师更是用一篇文章征服一切;化学老师则用化学方程式解释千变万化;英语老师用外语解读中国的强大,让世界看到今日之中国;地理教师用手绘地图展现祖国辽阔边疆;生物老师更是通过细胞哲学诠释生命的力量……这就是学科融合的力量,更是细节视角创建的精妙。很多学科之间的融合并没有我们想象那么困难,比如语文学,以成语为例:它可以用"赤胆忠心"体现思政,用"健步如飞"融合体育,用"一心一意"走进数学,用"三顾茅庐"挖掘历史,用"随波逐流"联合物理,用"星转斗移"走进地理,用"炉火纯青"结合化学,用"余音缭绕"品味音乐,用"望梅止渴"学习生物,用"画龙点睛"品鉴美术,同理我们也可以从体育学科中品读出思政的规则意识、数

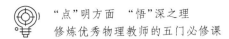
学的计算法则、化学的材料材质、物理的惯性定律、科学的球形探索、地理的顺时逆时、语文的听说读写……我将学科思政概括为"四全"育人,即:全面、全程、全员、全能。所谓全面就是以"德育为先"的五育融合教育,比如爱国主义、诚信教育、传统文化、价值观念等;所谓全程就是以"生命为主"的全程生涯教育,比如生命教育、生活态度、生涯教育、亲子教育、安全教育等;所谓全员就是以"协同为主"的合作共赢教育,比如合作探究、环境保护、节约意识、互帮互助、民生问题、民族团结等;所谓全能就是以"素养为主"的自我发展教育,比如核心素养、责任担当、文明礼貌、科技创新、人文素养、唯物主义、科学精神、拼搏精神等。学科思政不一定仅仅在学科内或者学科间挖掘思政元素,也不一定仅仅在课堂教学中来落实,它可以体现在课间文化里,也可以活跃在实践活动中,还可以游离于在日常生活中。有时候一个眼神、一句问候、一次表率、一个表扬甚至一点批评都可以是学科思政的很好体现,实际上它可以充盈在我们的生活、学习、生产等方面。学科思政可以是一种教学模式,也可以是一种教育方法,还可以是一种合作行为;学科思政可以是一种知识载体,也可以是一种素养情怀,还可以是一种价值观念。这就需要我们善于发现、勇于实践、勤于总结、精于表达。毕竟学生的生活是完整的,学生的课程原本是不可分割的,很多时候想要学好就要进行整合与融合。面对生活中问题我们需要建立多重视角,打开各学科的科学视角才能更全面认识和解决问题,当然我们要鼓励学生主动融合与深度探索,勇于打开所有问题的突破口,走进世界的真相。作为一名教师我们要明确如下五层成长过程:

(1)知识上:自己还没有弄明白学生已经提出问题来了,这是知识上"由表入里"开启研究视角,这是知识上的进步。

(2)能力上:自己每次都首先弄明白了等待学生的质疑和提问,这是成长上"由浅入深"开始深度研究,这是能力上的跨步。

(3)智慧上:自己走的太快学生跟不上了开始转向研究学生,这是能力上"由法入行"开启全面研究,这是智慧的让步。

(4)素养上:自己真正走进学生并且师生同步前行,这是素养上"由理入明"走进师生共进;这是素养上的漫步。

(5)情感上:敢于成为学生,教师与学生互为师生,这是情感上的"由智入情"开启互为师生,这是情感上的同步。

作为一名优秀教师请知晓如下三层发展境界:

(1)"讲好课"是学科品质的彰显:课堂永远是教师的主阵地,抓不住课堂的老师肯定不是好老师;成绩永远是衡量教师的重要标准,没有教学成绩的老师肯定也不是好老师。

(2)"听好课"是学风品味的表达:正如文章开头所说,听课是一件"有点难但是并不复杂的事情",从听课中能够获取知识、提炼智慧、深厚情感。

(3)"评好课"是学者品相的形成:发散是评课的基础,创造是评课的技巧。评课是一个"以旧换新"的升级,也是"无中生有"的创造,更是"有中创优"的创新。以上是本人的粗浅理解和感受,与大家简单分享,不当之处欢迎同仁们交流指正。

第二编

物理技巧总结（学）

　　回声问辩，真正解开教育教学的"密码"，一心一意传递教学智慧，用"足尖"实现"授人以渔"，努力做到：思维多元化、合作智能化、机遇公开化，实践"学"这门课程的多智力爆炸，通过沉淀总结，共振学习方法，让物理教师迈开腿"会学习"。

　　作为一名教师，就是要主动走出去学习，善于发现教育教学问题；作为一名优秀教师，就是要勤于总结，善于思考教育教学规律；作为卓雅教师，就是要主动总结，不能自享其成、故步自封，要乐于分享教育教学思想。

教育心得一

新课程背景下中学物理教师的职业发展

2018 年 9 月 8 日下午天津师范大学会议中心座无虚席，我也有幸参加了廖伯琴教授的题为"新课程背景下中学物理教师的职业发展"的报告会。这是一场智慧与思想的盛宴。廖伯琴教授是西南大学教授、博士生导师，作为全国义务教育与高中教育课程标准制定组的总负责人，他具有较高的物理水平，对科研工作具有深切的教育情怀。作为一名教育工作者，我被他出色的教育艺术深深地吸引着、感动着。下面我从"讲座"和"答疑"两个环节做如下简单总结：

讲座环节中廖教授从 what，why，how 三个方面展开，即，什么是物理学，为什么教物理，怎样教物理。

一、深理解，广定义

廖教授认为物理是自然学科的领头学科，它是运用数学作为自己的工作语言，实验作为唯一标准的一门自然科学。

小到分子原子，大到天体宇宙，它将其科学统一。

浅到生活常识，深到科学技术，它将其完美结合。

物理就是这样一门综合艺术。

二、辩证看,相对理

廖教授详细阐述了物理核心素养的四大要素:物理观念,物理思维,科学探究,物理态度与责任。在他看来物理是知识相对的真理,在物理的世界里辩证多于片面,相对大于绝对。

三、深研究,广传承

廖教授强调“高屋建瓴——课程教材,深入浅出——教学有方”,他详细讲解了必修、选择性必修、选修三个课程体系的制订过程,并阐述了新课程标准的制订过程中将文科、偏理、纯理三个部分学生群体分别对应物理课程的 1 系列(包含选修 1)、2 系列(包含选修 2)、3 系列(包含选修 3)。

在新课程理念下教师教学方式的选择和调整更加全面,应该将讲授、演示实验、实验室实验、科学探究完美结合,应改变传统教授为主的单一教学方式,当然这并不意味着任何课程都要去探究,应该具体情况具体对待。

廖教授强调:看见比听说更有效(激发外在);做过比看到更有效(激发内在);但是应该清楚为什么去“做”,绝不能只为结论而忽略内涵。

答疑环节中廖教授更是妙语连珠、智慧惊人,简单节选整理几个问题如下:

1.新课程标准下除语数外三科以外,剩余六科的学分不尽相同,物理和政治都为 6 学分,其余四科均为 4 学分,如果在选科中选择了物理和政治再选一门总学分为 16 学分,如果不选物理和政治而选择其余四科中的三科那么总学分为 12 学分,那么对于学分不相同将有怎样的说法?

回答:学分制度有最低要求但没有上限,当然制度还在完善过程当中,相信管理层会统筹更合理方案。

2. 各种组合满足了所谓的学生兴趣要求,但是一些奇怪的组合与大学教育匹配吗?

回答:新高考学科方式代替了以前的大一统方式,这必然是一种进步,中学与大学的衔接这一话题相信需要经过一段时期的磨合才会更好地匹配与结合,相信经过努力一定能很快看到效果。

3. 物理作为自然学科的领头学科,高考分数却由 120 分降为 100 分,那么优势如何体现?

回答:传统的分数衡量必然有它的现实意义,但从长远来看兴趣是一种强大的力量,作为一门科学不应该始终作为升学的最重要砝码,而应该引导成为科学的工具。

4. 考试中核心素养如何体现?

回答:源于生活,源于情景,核心素养更侧重科学探究,纸笔考试有时不可能全面体现核心素养,这必然在其他教学或者教育活动中去体现。

5. 物理课时不够,同时还增加了很多教学内容,怎么办?

回答:增加课时,学校领导应该考虑到物理学科的重要性与任务的艰巨性,作为老师我们也可以积极争取课时,同时提高效率必然成为一种更重要的课题去开发和研究。

6. 之前是三维教学目标,现在核心素养有四大要素,以后老师们在写教学设计时需要对应写出四维教学目标吗?

回答:以前的三维教学目标分层分纬度是可以的,同时也不一定太教条,同样现在核心素养四个要素不一定非要写出四条。比如科学探究类课程,为什么非要写出四条目标呢,明显侧重的是科学探究的目标和要求嘛,教学目标是为本节课教学服务的,只要起到指导教学的作用,与本节课内容相对应就是成功的教学目标。

教育心得二

聆听大家解读,学习素养感悟

2018 年 12 月 3 日,黄恕伯先生通过视频直播向全国高中物理老师们做了高中物理核心素养的解读。学校全体物理教师在三楼物理演播室一起观看了视频,学习活动从上午 8：45 一直到 12：15,大家积极聆听,认真学习。通过黄先生解读,不仅使我们明确了高中物理核心素养的内容(物理观念、科学思维、科学探究、科学态度与责任),而且让我们深刻地理解了核心素养在新时代发展中的重要作用。实际上物理观念、科学思维、都是掌握知识、提高能力、培养情感的方法。只有通过学与习、理与解、探与究才能升级到习惯、品质与责任,最终实现学生的全面发展。下面结合黄先生的讲解简单总结以下几点理解,不当之处敬请指正。

一、物理观念的形与成

物理观念的形成和运用是一个立体问题,需要我们打开思维进行概括,根据黄先生的讲解我简单概括为:

了解整体知识结构→力的平衡是起点

关键视角抓住重点→体现观念的思想

运用知识解决问题→实践情境的关联

实践检验思维指南→概念规律的升华

黄先生举例"力的分解",特别强调了:

分解时不要偷换研究对象;

建系时应体现共点力平衡。

黄先生的思维角度我自然是很佩服,但是对于黄先生提到的"力的分解不能按照效果进行"我是持保留意见的,按照力的作用效果进行力的分解可能不是唯一方法,甚至不是最好方法,但是绝不能一棍子"打死",新时代发展应该提倡学生多元发展,也应该鼓励老师们思维的多维发散。

黄先生举例"天体问题:3颗同步卫星覆盖全球,求地球的最小周期",充分展示了他的转化思维模式:

文字化情景,情景化知识

知识化应用,应用化思维

思维化能力,能力化素养

素养化文字,从而以终为始形成循环,构架学习体系。

在引用情境教学时应该逐步深入运用,科学构架"资源平台":

物理实验——创设知识情景

生活引入——联系社会生活

升级关联——听说看动演用

科学晚会——半球实验震撼

千斤能顶——吹气顶起壮汉

二、科学思维的构建

科学思维就是架构一个说出、应用、选用、转化、化简的升级过程,从而建设一个知识、能力、情感、素养、生活的深入体验。

黄先生给出了科学思维的3种推理分类,简单概括如下:

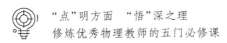
1.归纳推理→大量观察、大量数据→一般性结论→共同特点→本质特征

2.演绎推理→一般规律、数学推导→个别性结论→演绎过程→方法结论

3.其他推理→多种角度、多种方法→特殊性结论→综合分析→特殊规律

黄先生将证据级别分为 5 个层次:区别观点证据、分辨有效证据、证据表达观点、恰当使用证据、证据证明结论。

黄先生为了阐述证据的重要性举例如下:

对于水平匀速飞行的飞行员抓住子弹的问题,我们有下面 3 种说法,虽然结论各不相同,但是都是值得肯定的:

回答举例 1(满分):不可能发生。

上述情境最有可能发生的条件是子弹和飞行员的水平速度相等,在水平方向上子弹和飞行员不会产生相对运动。

但即便如此,竖直方向上,子弹相对飞行员还在做竖直上抛运动。设子弹飞行到最高点时恰好接触飞行员的脸,此后子弹相对飞行员做自由落体运动,设子弹触脸下落 10 厘米被飞行员抓住,根据自由落体运动的位移公式,可列方程 $0.1 = 10 \times t^2 / 2$,解得 $t = 0.14$ 秒,要在这么短的时间内完成动作,几乎超出了人的反应时间的极限,这在飞行员在驾驶飞机时是不可能做到的。

回答举例 2(满分):可能发生。

水平方向:若子弹和飞行员的水平速度相等,在水平方向上子弹和飞行员不会产生相对运动。

竖直方向:子弹相对飞行员在做竖直上抛运动。设子弹在脸上浮动时还在继续向上运动,其上升 30 厘米后到达最高点再下落 30 厘米到脸部,这段时间飞行员都有可能抓住子弹,可以计算子弹上升和下落 30 厘米所经历的时间一共是 0.5 秒,飞行员完全可以在这 0.5 秒时间内做出反应,抓住子弹。

回答举例 3(满分):不可能发生。

当子弹飞行的水平速度跟飞机速度相等时似乎可以实现题中情境,但实际上是不可能的。因为子弹水平速度若跟飞机速度相等,则子弹相对飞机做竖直上抛运动,也就是说,坐在飞机上的人观察子弹的运动方向是竖直向上的,子弹要到达飞行员脸部,在路径上需要穿越飞机的座舱,这是不可能的。

当然对于问题的评价与质疑不应该以偏概全,全面肯定的同时也应该大胆质疑。

例如,黄先生在共点力平衡问题中举例"梯子的安全问题",通过知识与具体情景的结合分析了梯子与地面夹角越小越容易出现滑动的可能,容易出现安全隐患。对于黄先生分析的梯子问题我有一点存在疑问,既然已经谈到了夹角太小容易出现安全隐患,为什么没有谈到夹角太大容易出现翻倒的可能呢,况且杠杆的平衡问题早在初中已经学过了。教育教学不能仅仅为了学知识而学知识,应该真正解决生活中的问题,知识本身来源于生活,最终应该回归生活。所以我认为:

有时过程本身比结果重要;

有时反问质疑比正误重要;

有时坚持努力比智商重要;

有时开辟创造比应用重要;

有时改装改造比熟练重要;

有时评价交流比讲解重要。

三、科学探究的探究

科学探究就是要经历以下 6 个过程:

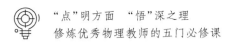
经历知识到能力的变化过程；

经历灌输到体验的转化过程；

经历记忆到理解的升级过程；

经历能力到素养的转变过程；

经历独立到合作的协作过程；

经历单一到多元的深入过程。

比如天津科技馆内有一个"比较重球从同一高度下落到地面的不同轨道的时间长短"，三个轨道：有两个半径不一样大的圆弧，还有一个斜面！这种"一探究竟"式的探究方式应该是最高效的。

黄先生向大家展示了研究木星的真实数据记录，实现消除神秘、激发学习兴趣，建立空间概念、严谨科学态度、体验圆周投影、运用图像处理，实现科学探究，然而数据是否科学有效，需要数据来源渠道，以及投影如何得到等的问题也是值得我们深思的问题。

四、科学态度与责任担当的广与狭

任何领域我们看中的首先都是科学态度与责任担当，在教育教学中如何开展态度与责任的教育是一个大课题。目前没有严格的标准，也没有固定的模式，需要我们在开展教育教学过程中挖掘和发现。如果说主动是一种态度，配合就是一种责任；如果说严格是一种态度，严谨就是一种责任；如果说争先是一种态度，引领就是一种责任。

核心素养给我们新时代教育教学指明了方向，我们才刚刚起步，未来我们毕竟长期"在路上"。让我们踏着新时代节奏，共创教育新未来。

教育心得三

全国物理教学技能大赛回忆

求真、求细、求实
——第三届华夏杯物理教学技能大赛有感

一、准备

9月刚开学接到了比赛通知,比赛内容如下:

(一)比赛内容

(1)参加展评者自己选择中学物理教材中的一个课题(年级、教材版本不限),撰写教学设计一式三份(在各赛场现场呈交)。要求教学设计可以较全面地反映设计思路、教学过程。

(2)现场讲课10分钟(含演示实验和及时的板书展示)。授课时台下有物理专业的本科生听课,选手可与之互动。同时提供黑板和投影仪等多媒体教学设备;如需教具,请自备。教学片断的展示选取重点内容进行讲解,主要应该把重点说清楚,突出自己的特色或创新点。

(3)即兴讲课:在10分钟的教学片断展示完成后,随机抽取一个物理知识点,开始3分钟讲解(在初中和高中物理核心知识点中随机抽取,无准备时间）。即兴讲课时不必面面俱到，主要应该把重点讲清楚，突出自己的特色或创新点。

（4）前两个环节完成后，评委视具体情况判断是否提问，对教学设计的思想、教学方法、教学手段等进行进一步了解。每个选手的比赛时间为15分钟。

（二）评分标准

评委会根据选手提交的教学设计（占20%）、讲课（占40%）、即兴讲课和提问（占30%）、多媒体课件（10%）等四个方面的表现现场评定成绩。

感谢大家给我一个学习和成长的机会，回想参赛的过程，真是酸甜苦辣都能体会，不过准备比赛的过程远比获奖收获多得多，接到参赛通知后，我就把自己调整到临阵状态，阅读材料、选课。我首先阅读了高中物理的所有的教参，然后向各位同仁请教，经过思考选出自己最有灵感的几节课，最后确定为"单摆"这一节课。

从网上查阅资料，并详细研究教参中提供的教学设计，并总结转化为自己的东西，进一步形成自己的教学设计，改变了原有教学设计只通过文字、表格与别人交流，进一步用图片展示的方法，对上课重要的环节拍成照片，从而使读者懂得上课人每一个环节都是如何展开的。

十分钟的展示，必须精心的设计，每一个环节，正确的顺序，合适的语调，精确的动作，合理的衔接。巧设疑问，激发求知。古人云，学起于思，源于疑。巧妙的疑问，扣人心弦的悬念设置，能激起学生强烈的求知欲，促进学生积极思维，主动参与课堂活动。亚里士多德说过，思维自疑问和惊奇开始。问题是思维的向导，只有把问题设计地巧妙和准确，学生才会积极思考。因此，我在问题的设计上费尽了心思。

从备课到做课，从教学设计到课件制作，背一节展示课不知道要翻备多少次，无论哪一个过渡或者小结都要禁得起推敲。备课，试讲，再备课，再试讲,李校长、赵主任和物理同仁提出各种不同的方法和建议,然后进一步修改和磨合。感受着每一次讲课的不同,并及时地补充到自己的备课中。不断地练习和修改,即使到达四川师范大学的晚上,李校长和我还在修改教学设计。真的等到自己站在展示台上的时候,已经不记得这课讲过多少次了。让我深刻体会到能够熟练地驾驭课堂,那是多少次试讲才积累出来的经验,是课下付出的成倍的时间和精力。

其实做课也是集体智慧的体现。因为每一次做课,都要反复地听,反复地改。在每次讲课的过程中,都有同事的意见和建议,采纳也好,放弃也罢,总之每一节课的成功的确是和他们分不开的。

即兴讲课虽然只有三分钟,但却是我多年工作的积累和沉淀,即使对教材非常熟悉,但还是不放心,所以我对高中物理整套教材又反复地看了几遍,对教材中重难点知识已了然于胸。

二、交流

通过这次学习我长了很多见识。有很多的心得体会和大家分享。

(一)准备阶段

在与四十七团队交流的过程中,大家毫无保留地把经验和智慧传授给了我,学到了大家各方面的优点。使我在课的每一个环节得到了提高和飞跃。

讲课前,自己要像写剧本一样,尽量把语言写得详细,设计好每一个动作和学生的问题,以及学生会怎样回答,如何很好地一一应对。在讲解物理实验前,首先给学生介绍每一个器材,在介绍过程中,后面的同学可能看不见,教师可以把器材都拍成照片,通过大屏幕展示出来,这样每一个学生都可以看清楚。实验的过程也可以拍成录像,通过大屏幕展示出来,便于学生看清楚。制作数据表格,一定要大一些,里面的数据要大一些,有效数字的位数应该一样,介绍表格行和列个代表什么内容。引入的语言要自然合理,环节与环节之间过渡性的语言要精准简短,最好还是教师引导,通过某些悬念和让学生观察数据和实验以及生活的片段之类的,让学生自己发现问题,然后教师再引导解决问题。

(二)物理教育研讨会、第八届全国科学教育论坛

西南大学物理科学与技术学院教授,博士生导师,全国高等物理教育研究会副理事长,国家中学物理课程标准研制组组长廖伯琴教授,在研讨会上发言,讲到物理教师在课堂遵循的原则应该是"说不如看、看不如做、做要有方法"。物理大家的语言既简单,又道出了上好一堂物理课所有的真谛。在一节物理课上,教师应充分体现学生的主体地位,发挥老师引导者的作用,能看的不要讲,应该让学生自己看,自己思考。如果能让学生做的,一定要让学生做,但是这些所有的展开,都必须经过教师经过严密的思考,周密的预设,恰当的方法,积极有效地引导学生。

(三)优秀选手集中展示

我选一个非常有代表性的事例和大家分享。

西南大学附中柯智文老师,做课内容为电磁感应中的涡流一节。

引入:让学生观察:电磁炉上放一个塑料盒子,盒子有两条鱼,并放了一个温度计,可以观察到温度计的温度到达70℃,鱼仍可以自由自在地游动。学生不知道为什么?一下子把学生想求知的兴趣给调动起来了。

然后介绍现象:原来塑料盒子中间有隔断一分为二,其中一边,下边放一个铁片,而另一边不放铁片,实验现象,铁片一端水温逐渐升高而另一边不放铁片水温不变,所以鱼仍可以自由自在地游动。

启发:电磁炉为什么可以加热?然后打开电磁炉的底盖,让学生看一

下电磁炉的内部结构,如果电磁炉本身能够加热,那么不放铁片的一端就会有热气,鱼就不可以自由自在地游动.所以电磁炉本身不会加热,但可以产生磁场,进而在铁片中产生电流,引出涡流,以及涡流产生的条件和应用。最后给大家表演一个魔术,演示涡流电磁阻尼。

柯老师创设情境,设计实验巧妙,引人入胜。在讲课前,柯老师精心设计实验,引发了学生的极大兴趣,激起了学生的极大热情。学生的情绪高涨起来,整节课的气氛很活跃,学生的注意力完全集中在课堂中,思维活跃,学生对老师所提问题做出很快的反应,问题的设计一环紧扣一环。一下子整节课都活了起来。

还有其他的展示课,选手各有特色,有的在语言,有的在细节等各个环节上做得非常到位。从中反思自己,也知道了自己在某个环节中应该注意什么,尤其是一些细节和语言上的规范。

三、收获

通过学习和交流我有了巨大的收获。首先,教材提供的内容,只是一种范例。教学可以展开自己的想象,充分重新组织教材,教无定法。一节好课必须每一个环节都巧妙地设计,引入是非常重要的,好的引入是一节好课成功的一半。很多优秀选手集中展示的都是生活中我们司空见惯的内容,但拿到课堂上却产生不同的效果。例如,有位老师,在讲离心力时,就把自制棉花糖的机器搬到了课堂,一下子就极大地吸引了学生的注意力,并引起学生强大的求知欲。

其次,要善于组织语言和必须进入角色,语言抑扬顿挫,语言一定要紧紧抓住学生的心,像讲评书一样引人入胜,展示个人的教学智慧。例如,有位老师,在讲自由落体运动时,他通过自己的动作和语言,把自己融入了整个课堂,也把学生带进了学习的氛围中,语言的魅力真是无穷的。但我知

道这不是一朝一夕能完成的,需要很长时间自己的积累和沉淀。

最后,熟悉教材内容,把握教学重点,突出教学难点,如何通过巧妙的情境创设,激发学生的学习兴趣;如何通过有效的课堂提问,引起学生的认真思考;如何进行真实的合作探究,解决每一节课面对的实际问题;这些都将是我们物理教师在新课程背景下面临的实际问题。山外有山,人外有人,自己仍需要继续努力,把每一项工作做细、求真、做好。

(本文作者:姬慧锋)

教育心得四

全区双优课的实践与思考

每一次双优课都是一次历练,更是一次成长。老师们互帮互助,再次体现了物理组和谐的氛围。

一、跟踪标准

任何课程都有其科学的标准,而且随着科学的发展和社会的变化,这些标准并不是一成不变的,而是在不断更新和改进。我们需要随时跟踪标准、认真研究,做到有章可循、有法可依。

二、学生参与

课堂是大家的课堂,应尊重学生的主体地位,学生能做的让学生去完成,老师不要总想着取而代之,当然这不是否定老师的指导作用。学生的参与来自多方面,学生集体的回答,学生个体的回答,学生的眼神,学生的表情,学生的动作等都是参与课堂的形式,个人认为不一定就非要进行分组实验和分组讨论,这就需要根据课程类型去选择最合适的学生参与方式。记得一位教授曾经跟我说过,在一次全国的讲课大赛中,一位老师没

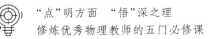
有什么花哨的东西,感觉更像常态课,但是课程设置非常科学合理,达到了良好的教学效果,照样拿了全国一等奖。

三、排除误区

教育教学工作要讲究时效性,课程的设计也不例外,而不是一味地追求所谓的高科技,结果却华而不实。记得这节课在设计时我认真研究和组装了传感器,但是由于传感器过于灵敏,影响因素太多,使得数据误差很大,姑且不说组装和调试传感器需要花费大量的时间,当改变滑块的角度再次测量滑块的重力的分力大小时,竟然出现了数据的巨大差异。所以我果断否定了传感器的使用。当然凡事都是一分为二,传感器也有它的科学意义和价值所在,或许在其他课程设置中会成为一种很好的教具。就像我在课堂中所说,力的分解我们学会了应该充分利用这一知识解决生活中问题,不仅可以增大作用效果,而且也可以减小作用效果。能有效的利用这些为我们生活实际和生产实践服务,这才算达到了最佳的教学效果。

四、挖掘身边

与一味地追求所谓的"高科技"相比,我更主张一味地挖掘身边的事物,所谓"君子性非异也,善假于物也"就是这个道理。很多知识都是来源于生活的,但又要高于生活。来源于生活让学生易于接受,高于生活,与理论相结合,用于生活做到学以致用。本节课我是自制教具,将物体放在倾斜的软木板上,让学生思考重力产生的两个作用效果,既节省时间,又达到了良好效果,又以超市门口台阶上的铁板为例,让学生联系生活实际,做到举一反三,学以致用。

五、情景设置

作为一堂好课一定少不了完美地引入和留下诱人的思考。本节课我自编货车陷入泥潭的故事，引出力的分解，在后续教学中引导学生解决问题，达到了预期效果。课堂最后以视频形式巧妙引入比较流行的航拍飞机，以飞机如何起飞、降落和转向结尾，不仅吸引了学生，也吸引了老师们，效果很好。

六、搜集新颖

教育教学不是一个人的智慧。课程设计是否成功，"出新"虽不是必要条件，但可以添彩。上课之前我请教了好多老师寻找新颖的方法和思想。比如让学生两人一组的拉胳膊肘实验，让学生感受铰链问题。这种方法不仅就在身边，而且不易想到，达到了"出新"的效果。

七、总结反思

一节课讲得再好，如果没有总结与反思也会失去了它应有的光环。所以必须留下影像材料，因为再优秀的课也经不住视频的推敲。借助留下的影像材料反复研究，这就是学习的捷径，更是一种升华和提升。一位专家曾经说过，让学生在不知不觉中学到知识，这是一种教育境界。我会继续不断地学习，加强交流，相信一定会加速进步，快速成长。

教育心得五

全区青年教师学术论坛有感

2017年11月14日下午,北辰区辰昌路小学报告厅座无虚席。我有幸观摩了"北辰区第四届青年教师学术论坛"活动。通过聆听专家点评与论坛参赛选手的演绎,我也产生了自己的一些感悟,简单与大家分享如下,不当之处请各位同仁指正!

从林崇德教授带领自己的团队研究出"核心素养"这一理论新高!

3个方面、6大素养、18个基本点已经家喻户晓,各种活动均与"核心素养"挂钩。那么"素养"是什么呢?我理解为是多种素质,而"核心素养"也就是一种综合性素质,"学科核心素养"必然就是能体现本学科特点的综合性素质。当然素质多种多样,在研究"素养"的时候也就必然要有侧重点,要明确聚焦"素养"的哪一方面或者哪几个方面。

研究方向必须要明确,研究问题必然要具体,研究范围可能有局限,但研究的方法可以更发散!当然"核心素养"在教学中的体现基本上都是以"实践创新"为载体展开对学生多种素养的培养。

最近几年北辰区德育工作突飞猛进,其中一种很好的举措就是引导班主任们打造具有自身特点的"治班方略",探索新的治班理念的同时找寻一条主线形成体系。我们是否可以联系到我们的教学工作,打造属于自己或者本学科的"教学方略"呢?

论坛展示的 10 位选手内容形式各异,很多环节都很新颖,我将其概括和修改为以下三种类型:

(1)对比类

河头学校一位老师讲述了"延伸"与"浓缩";河北工业大学附属中学一位老师演绎了"发散"与"聚合"。其实我还见过还有很多,比如"融合"与"突破","显性"与"阴性"等都属于对比类。

(2)环节类

朱唐庄一位老师的"四步教学法",小淀中学一位老师的"10 环节",我们学校张帆老师的"五象教学方略"和我的"四维十环开放式教学方略"都属于这一类。

(3)学科特点类

"思维导图"中的"引导"与"反转",民族职专一位老师的校企联合中的"模拟"与"实践",还有我曾经提到的"班级实验室",或者"家庭实践室"等都是根据学科特点展开的。

教育心得六

新高考策略升级，新时代智慧分享

2018 年 8 月 23 日,针对"新高考策略升级,新时代智慧分享"这一主题开展了全区大教研活动。活动分为三个基本环节:教研员总体培训;市培训教师发言;各校代表们介绍本校工作开展情况。下面简单谈一下感想:

一、重视身边——从课后习题中创新思维

高考试题难度降低,加之新课程内容的改革,所有原来的教参都要重新审核和选择,在这种情况下教材的课后习题便成为我们第一手资料。

针对新高考改革,教研员郑老师提出了很多教学建议,简单总结如下:

尽量多媒体,尽多创情景。

重视做实验,设计勤联系。

难度要降低,各科均如此。

少讲和多练,模型要建立。

二、充分借物——从实验设备中寻找兴趣

很多老师实验室都有哪些试验仪器都不是很清楚,应该多走进实验

室,从仪器上寻找教学"灵感"。唐老师也提出了自己的理解:

考试难度逐步降低,

内容考察更加全面,

实验操作更加重视。

三、资源借鉴——从资源共享中聚合力量

郑老师建议我们平时教学中多借鉴浙江和上海的试题和思想。不仅如此,我们也应该团结这次改革试点的四个省市(北京,天津,山东,海南),传递经验,互通有无。

四、物理一家——从初中教材中拓展衔接

以前在高考当中基本不出现单纯的初中知识,但是现在很多新改革的内容需要从初中教材中寻找,才能更好地开展高中的教学,所以新环境下需要我们更加重视初中与高中内容的衔接!正如南仓一位老师所说:

去繁留简,突出核心。

活动提趣,留住人心。

全面衔接,增强信心。

五、教育重视——从政府主导中理解态度

我们经历了8次课程改革。但是只有这次是政府主导,足以看出国家对教育越来越重视! 96中的谌老师也与大家分享了她的观点:

改革,再改革;坚持,再坚持。

挑战,再挑战;完善,再完善。

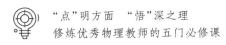
实验,再实验;实践,再实践。

保持新时代节奏,拓展新师说思路,打造新教育文化!

六、教育整合——从广义备课中升华教学

青光中学一位老师与大家分享了她的想法,面对新高考改革:

明确思路——形成固定套路方法

优化常规——尽多联系生活实际

有效简化——内容尽量少去拓展

朱中韩老师也引导大家进行思考:

越少越好还是越多越好? 越难越好还是越易越好?

教育心得七

我"行"我"诉"我"塑型"

本次深化课程改革,无论从政府还是教育主管部门的投入来看,都是高度重视的,尤其是高考改革力度更是空前的。随着社会的发展,原有的高考制度和课程体系已经不能适应新时代的发展要求,何况在大力培养学生核心素养的背景下,急需探索新的高考模式。那么,新时代教育如何发挥真正的人才培养作用成为高考改革的重中之重,而"选科走班"教学方式的出现必将在发挥学生自主性发展方面贡献巨大力量。

首先,要明确"选课"与"选科"的区别。从严格意义上来说,"选课"包含的范围更广,既包含了选择"高考科目"又包含了选择"教师"甚至"师生双选";而"选科"只是针对除了语数外三大主科外,选择哪三个科目作为高考科目。在试点的四个省市中,绝大多数实现的是"选科",而不是"选课"。据了解目前北京第十一学校和清华附中实现的是"选课"。所以后面的讲述主要是针对"选科"的理解与思考。

在依据新高考改革政策,充分体现核心素养和尊重学生自主权前提下,结合学校特点,制订我校 2017 级新高二年级选科走班分班试行原则如下:

一、多次选择,充分尊重学生意愿

年级组早在高一上学期就组织学生们进行了摸底选择。第一次摸底我们是采用的自制电子表格,以各班为单位进行手写统计,以班为单位统计组合人数然后上报年级组,最后年级组将组合人数进行统计,结果出现了 19 种选科组合方式(一共 20 种组合)。了解了学生们的大致情况,为后期有针对性地研究如何指导学生进行科学选科做好了准备。第一次统计的摸底数据如下:

表1

组合类型	班级该组合人数												总数
	1班	2班	3班	4班	5班	6班	7班	8班	9班	10班	11班	12班	
物化生	27	8	11	6	18	7	10	9	12	7	10	9	134
物化地	5	4	7	6	9	9	8	10	5	4	7	4	78
物化历	5	2	7	4	4	7	6	8	6	6	3	6	64
化生历	1	8	3	7	6	0	3	9	6	5	3	4	55
化生地	1	7	5	3	2	6	4	2	4	8	3	6	51
政史地	1	5	10	2	3	7	7	2	3	2	4	4	50
物史地	2	1	4	7	5	4	0	1	2	5	0	3	34
化史地	1	3	0	4	0	0	1	2	7	2	3	2	25
物生史	1	5	1	3	0	2	5	3	0	0	2	2	24
物化政	4	2	1	2	1	1	0	0	2	3	5	0	21
物生地	1	1	3	0	2	0	1	2	1	5	3	1	20
化生政	1	0	0	1	1	2	2	0	1	0	5	3	16
物史政	3	0	0	3	0	0	1	1	1	0	2	0	11
物生政	1	1	0	0	0	0	0	0	0	1	0	3	6
生史地	0	1	0	0	0	0	0	1	0	0	0	2	4

续表

组合类型	班级该组合人数												总数
	1班	2班	3班	4班	5班	6班	7班	8班	9班	10班	11班	12班	
化政地	0	0	0	1	0	0	0	0	0	0	0	1	3
化政史	0	0	0	0	0	2	1	0	1	0	0	0	3
物政地	0	0	0	1	0	1	0	0	0	0	0	0	2
生政史	0	1	0	0	0	0	0	0	0	0	0	0	1
生政地	0	0	0	0	0	0	0	0	0	0	0	0	0
总人数	54	49	52	51	51	48	49	50	50	48	50	50	602

经过摸底,学生和家长对新政策有了初步了解,从高一下学期开始我校借助排课系统以学生自愿、自主选择为前提,在2017年11月正式开始第一次网上选科。在缺乏专业指导的情况下,预料之中的20种组合学生均有选择。数据如下:

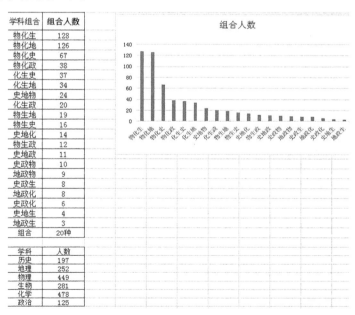

图 1　第一次选科情况

结合第一次选科数据,年级根据学校实际,多次召开家长会、学生会,对家长和学生进行选科指导与培训。多次邀请天津教科院专家王博教授进行专业辅导,大致内容如下:高考政策解读,职业规划指导,微信平台公布,今后政策学习等。

学校还对家长和学生们进行了有针对性地培训,大致内容如下:学校优势说明,学科优势介绍,高考注意事项,政策理解思考等。

不仅如此,年级针对第一次选科数据进行分析讨论,多次召开各种组合学生的座谈会,了解学生选择原因,并对家长、班主任、科任老师多方向开展调研活动。

2018年5月年级结合第一次选科数据后的指导,又开展了第二次选科,数据如下:

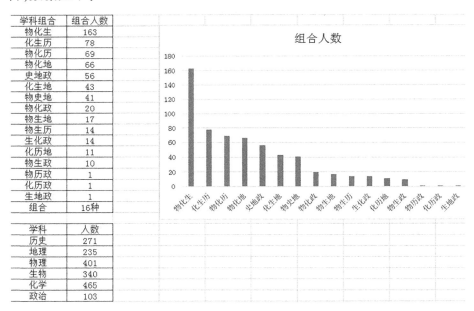

学科组合	组合人数
物化生	163
化生历	78
物化历	69
物化地	66
史地政	56
化生地	43
物史地	41
物化政	20
物生地	17
物生历	14
生化政	14
化历地	11
物生政	10
物历政	1
化历政	1
生地政	1
组合	16种

学科	人数
历史	271
地理	235
物理	401
生物	340
化学	465
政治	103

图2 第二次选科情况

应该说经过指导工作后数据变化很大,组合的种类也明显减少,年级结合学校实际对少数组合进行了一对一指导与座谈,同时我们也邀请了专家进行单独指导,在经过指导和微调工作以后 2018 年 7 月进行了最终的选科环节,数据如下:

学科组合	组合人数
物化生	168
化生历	78
物化历	68
物化地	61
政历地	60
物历地	45
化生地	42
物化政	19
物生地	16
化生政	15
化历地	14
物生历	12
物生政	11
化历政	1
生地政	1
组合	15种

学科	人数
历史	278
地理	237
物理	402
生物	343
化学	466
政治	107

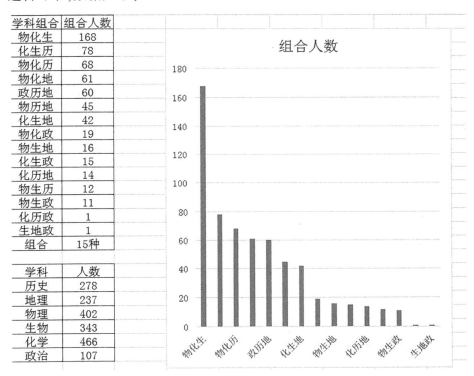

图 3 最终选科情况

经过了一次摸底,三次选科,最终形成了满足学生意愿,符合我校实际情况的选科方案。

(1)选择物化生组合的学生人数有 168 人,正好组成四个固定行政班级,四个班级设立一个实验班为 1 班,其他三个班级 2 班、3 班、4 班均为平行班级,不存在走班上课问题。

(2)选择物化史、物化地、物化政三个组合形成物化组合,这种组合的学生人数有 148 人,正好成立三个行政班级。三个班级设立一个实验班为 5 班,其他两个班级 6 班、7 班均为平行班级。语数外物化五科都是固定班

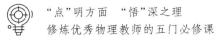
级上课,历史、地理、政治三科进行走班上课。

(3)选择物生史、物生地、物生政三个组合形成物生组合,这种组合的学生人数正好成立一个行政班级为 8 班。语数外物生五科都是固定班级上课,历史、地理、政治三科进行走班上课。

(4)选择化生史、化生地、化生政三个组合形成化生组合,这种组合的学生人数有 135 人,正好成立三个行政班级。三个班级设立一个实验班为 9 班,其他两个班级 10 班、11 班为平行班级。语数外化生五科都是固定班级上课,历史、地理、政治三科进行走班上课。

(5)选择物史地组合的学生人数正好固定一个行政班级 12 班,不存在走班上课问题。

(6)选择史地政组合(60 人)和化历地(14 人)组合的学生人数一共有 74 人,正好固定为两个行政班级 13 班和 14 班。按照成绩排名选出史地政组合的前 40 名学生到 13 班,为史地政班级,不存在走班上课问题。剩下的史地政组合的 20 名同学与化历地的 14 名同学组成 14 班,当上历史课的时候,14 名选化学的学生到化生组合的 11 班去上课。

(7)选择化历政组合的 1 名同学和生地政组合的 1 名同学固定在 14 班,选择化历政的同学在 14 班上地理课的时候,到 4 班上生物课,选择生地政的同学在 14 班上历史的时候,去 11 班上化学课。

二、公平公正,充分依据加权成绩

分班过程除了完全按照新高考改革政策进行以外,做到公平、公开、公正! 我校将高一下学期期中考试、联考、期末考试三次考试按照 2∶2∶6 的比例进行成绩加权,利用选科系统进行分班。

三、分层教学,充分尊重学生意愿

年级按照不同组合成立 4 个实验班,其他班级均为平行班。在师资配备环节上认真研究,合理分配。

四、尊重特长,充分尊重学生潜力

对于在奥赛中获奖,有特殊贡献或者获得市级以上荣誉的同学可视情况直接选入实验班！这样可以鼓励学生发挥特长,充分尊重学生的兴趣爱好。

五、持续发展,结合成绩科学微调

分层教学就意味着班级学生会有变化,需要根据学生成绩变化适时进行微调,在保护学生自尊前提下,充分激发学生潜能,形成良好氛围。

作为高中教师应该明确新模式的发展节奏:教材电子化(普及电子化教材)、排课信息化(引进排课系统)、管理智能化(科技智能管理)、教师多能化(教师全面发展)、评价多元化(评价机制多元)。结合我校实际,我也简单总结了 16 点思考如下:

1.重在选不在走,走文科不走理,尊重学生选科,趋向班级固定;

2.教室设计合理,师资配备科学,分层分类布局,设立走班教室;

3.少数后台操作,多数开启系统,网上手动结合,最终确定组合;

4.引导较少组合,指导科学选择,聘请专家指导,优化选科组合;

5.沉住气往后拖,落实有理有据,时刻关注动态,收集有用方案;

6.分层重点考虑,同种组合教课,方便老师倒课,备课整齐科学;

7. 关注政策变化,学生会家长会,通过多种渠道,凡事留有备案;

8. 永远不要明确,随时处于微调,做好各种预测,突发处理科学;

9. 每次加权排名,师资分层设计,借鉴高考赋分,实现组合比较;

10. 单科均分比较,对比发展变化,科学微调班级,鼓励学生进步;

11. 评价多元发展,科学奖励机制,完善科学评价,学校持续发展;

12. 方案时刻优化,完善改革不止,时刻智慧升级,方案完善改革;

13. 引入排课系统,专人负责协调,借助先进技术,保证合理高效;

14. 引入科技配置,探索科学管理,集合学校实际,探索管理模式;

15. 建立充分联系,保持信息互通,共享教育智慧,旨在传承传播;

16. 发挥集体智慧,改革必须成功,走出学校特色,争做改革先锋。

与此同时我也提出了在新的选科走班模式下,德育管理的几点思考:

繁:行政班级也变散,管理能力需提高

　　明确分工,小组管理,反馈落实,高度管理;

　　一日常规,无缝监管,形成团队,完善到位。

散:走科班级特别散,重视程度要加强

　　责任到人,每天检查,每节两名,教师监督;

　　课堂记录,及时反馈,小事班级,大事年级。

乱:走班教室巧安排,部门协调应统筹

　　教室共用,监管分工,室内保持,室外专职;

　　相互沟通,互相补位,团结协作,全面监控。

联:学生管理巧配合,年级班级交替管

　　年级大会,全面征集,班级小会,细节落实;

　　发放喜报,全面借助,团结家长,自主管理。

转:教师管理重责任,首遇负责应建立

　　接近导师,取决教师,责任体现,明显差异;

　　教师培训,全面转型,职称评优,全面统筹。

前:科技跟进巧运用,手环管理要尽快

科技配备,严重滞后,及时支持,信息公布;

培训到位,讲解清楚,分层激励,跟进服务。

全:多元评价善学习,外出培训是必然

创造机遇,交流学习,转变思想,借力打力;

自评他评,素养落实,综合评价,打造品质。

问题及建议:

分层:多听听一线教师的声音——首创好办

体验:多上上其他学校的课程——体验有效

改革:多做做辅助部门的工作——配合重要

落实:多想想基层老师的需求——考察到位

规划:多找找各界的合作伙伴——全面联合

过去,教材就是我的世界;

现在,世界就是我的教材(李希贵)。

教育心得八

天津市第一届"青辰杯"学术论坛有感

2018年9月26日,天津市第一届"青辰杯"青年教师学术论坛在华辰学校会议厅如期举行,北辰区教科室姜德华主任、王纪群主任、西青区教科室严安主任等领导应邀出席了论坛。经过了简短的开幕式后,十位进入决赛的论坛选手按照之前的抽签顺序依次进行了演讲显示和提问答辩两个环节。我有幸听取了十位选手的精彩展示,受益匪浅,下面结合自己的思考简单总结如下:

第一位选手是来自河头学校的刘冬梅老师(美术),她的演讲题目为"立德树人重其道,'四心'教育进课堂"。她从"爱心教育——立德树人;耐心教育——捕获人心;精心教育——把握细节;诚心教育——造就未来"以上四个方面诠释了一年一树谷,十年一树木,终身一树人的教育理念。

问答环节:立德包括什么?

答:做四有教师,思想上爱党、爱国,道德上文明、修养。

第二位选手是来自杨柳青第二中学的林琳老师(数学),她的演讲题目为"立足数学教学,践行立德树人"。林老师在背景描述中强调核心素养三要素,理念阐述中体现立德树人,具体方法中重视德育渗透,教学方式上讲究:合情推理去发现结论,演绎推理来证明结论。她从多种课例展示,几种方法总结,制作动画演示,解题阅读微课,各种能力提高,全面素养提升等方面立足教育教学,践行立德树人。

问答环节:我认为您的题目缺乏题眼,立德缺乏看齐,请问全教会开会时间是哪一天?

答:2018年9月10日,正值教师节。

第三位选手是来自华辰学校的杨霞老师(语文),演讲题目为"抓好导入环节,落实情感目标"。杨老师从三个方面阐述自己的观点:诗词引入,为答情感目标做好铺垫;背景导入,为答情感目标确立导向;情境导入,为答情感目标创设氛围。杨老师并没有以偏概全,而是将各种导入方式找出对应适用文章,并阐述对应方法的好处。

问答环节:请问情感、态度、价值观之间的关系是什么?

答:三个层次是递进关系:情感:教育投入,教育引导,由无到有;态度:学生表现,学生感悟,由有到实;价值观:深层素养,品质提升,由实到稳。三者关系是:先有情感,再有态度,最后形成价值观。

第四位选手是来自杨柳青三中的王家苹老师,演讲题目为"无处不在,动静相依"。他在明暗两线交替进行中阐述:感受校园文化:七年级——起点墙;对照看清成长:八年级——对照墙;每件小事做好:九年级——闪光墙。她将学校教育即动静相依,将动静对比,她将教育定为长久不断探索之事。

问答环节:自我同一与角色混乱如何解释?

答:所谓自我同一为:探索方向与实际发现一致,自我评价与自我认知正确。做好了为"同一",做不好是"混乱"。例如,勤奋对自卑,勤奋是积极向上的品质,有上进心;自卑为被动消极的心态,无上进心。

第五位选手是来自秋怡中学的连莎莎老师(语文),演讲题目为"更行、更远、更生德育"。他讲述了注重诗词品味,让学生感悟文字之美;注重经典阅读,让学生感受经典之美;情境作文教学,让学生学会真诚表达。

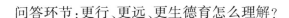

问答环节:更行、更远、更生德育怎么理解?

答:德育永无止境,立德树人明显将德育教育提高到了一个崭新的高度。

问:生命的意义是什么?

答:此问题是分层次的:第一层是活着就好;第二层是没有最好只有更好,实现自我超越;第三层是脑中有智慧,心中有爱,胸中有社会。

第六位选手是来自张家窝中学的王浩老师(历史),演讲题目是"突出历史学科特色,彰显立德树人导向"。他用新课标阐述了背景理念,通过抗日战争,历史人物,结合实事,生活实际四个方面阐述了立德树人。

问答环节:高中历史课程在立德树人方面有哪些特点?

答:历史:有素材,很直观,显大德;语文:有素材,少直观,显小德;数学:少素材,不直观,立德难。

第七位选手是来自青光中学的胡耀敏老师(化学),演讲题目为"浅尝在化学教学过程中引入德育教育"。她的教育方针为:课前:引入思考,新构教学设计;课上:关爱学生,注重语言表达;课下:积极跟踪,注重教学延续。

问答环节:平时有哪些途径关系德育教育进展?

答:课上表现与沟通,课下资料巧收集,课标认识与思考,新闻观看与传播。

第八位选手是来自西青的张晓晨老师(政治),演讲题目为"在提问艺术中落实立德树人"。他重点强调教师在提问学生的同时也要培养学生提问的能力,他以激发兴趣—紧扣热点—面向全体三个方面诠释了提问的艺术。

问答环节:如何进行提问?

答:提问的艺术在于以下三点:提问的语气性,提问的层次性,提问的针对性。

第九位选手是来自河北工业大学附属中学的杨静雅老师(政治),演讲题目为"利用课堂设计落实立德树人"。他通过讲故事阐述教育途径。

问答环节:什么叫理想信念?

答:认同社会制度,认同共产党领导,认同中国特色社会主义,遵循社会主义核心价值观。

第十位选手是来自大寺中学的边薄熹老师(班主任),演讲题目为"立德树人,砥砺前行"。他通过讲述:渲染效果,小组比拼,活动开展,课程文化等环节说明时刻都是立德树人的良机。

问答环节:德育途径有哪些?

答:可以有多种分类:根据对象不同可以有家庭、学校、班级、社会等;根据方式不同可以有活动、课程、文化、制度等。

活动最后,结合我自己的思考简单总结如下:

1. 两个高分——学科特点

本次论坛评比活动有两个高分,一个是历史学科,极易贴近立德;一个是班主任工作,区别学科特点。

2. 非常用心——角度欠广

可以看出本次活动大家非常重视,但大部分内容集中在学科上,跳出学科来谈的极少,其实无论德育还是教学,都是在践行立德树人。

3. 全教大会——立德树人

全国教育大会也围绕立德树人展开,足以证明教育无德非教育。

4. 论文题目——题眼要清

论文要分因变量与自变量,因变量为找出问题,自变量是方法措施,两者相辅相成,缺一不可。

5. 程序问题——结构要全

每一篇论文都要有:提出问题——方法措施——落实行动——效果展

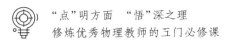
示,程序全面才能结构完整。

6. 课件制作——太过花哨

学术论文重在内容,而不重在形式,应该在内容上更下工夫才能造就科研价值。

7. 河西和平——非常重视

天津市各区县都很重视学术论坛活动,很多区县如河西、和平,不仅重视精神奖励,同时重视物质奖励,比如一等奖奖金为一万元,这种激励必然激发热情,促进成长。

8. 立德树人——值得研究

立德树人是教育的根本任务,教学中立德,可以看出德育工作已成为新时代发展的重点,树人必先立德。这也正对应一位专家所说:三流学校抓教学,二流学校抓课程,一流学校抓德育。

本次论坛活动让我受益匪浅,简单总结如下:

1. "德"的广泛

立德树人中"德"绝不是一个简单的"德",它应该足够广泛。英雄故事是立德,拼搏奋斗也是德,一句问候是德,一角微笑也是德……德不仅是大德,也可以是小德,我们应该眼光放高,将"德"发扬光大。

2. "立"的多样

立德树人中"立"具有多样性,课中、课外均可立德,讲授、活动亦可立德,动手实验、理论推导也可立德。立的方式之多,不可拘泥一格,应该遍地开花。

3. 旨在"树"人

国家教育方针无论怎么创新,都会落脚在树人上,只有培养新一代接班人,才能实现持续发展,才能实现祖国的繁荣昌盛。

教育心得九

"非养生教学"市教研员讲座有感

2019年4月1日,受北辰区教研室邀请,天津市高中物理教研员高杰老师做席北辰区高中物理教研大讲堂。高杰老师借鉴医院的模式给大家带来了一场"非养生讲堂"模式的智慧教学盛宴。高杰老师深入浅出地联系实际,高屋建瓴的趋势分析,有理有据的教学建议,让每一位物理教师都受益匪浅。通过认真聆听高老师的讲座,结合自己的教学实践,我简单总结如下,不当之处敬请指正!

一、深浅记忆分文理

我常跟学生说,学习无论是文科还是理科最终都是记忆。只不过理科的学习需要更多的深层记忆,也就是我们常说的"理解"。其实"理解"不过是一种记忆类型罢了。无论怎样的记忆类型,想要取得优异的学习成绩都需要提高有效记忆的比例。高杰老师与我们分享了有效记忆的几种方法:类比记忆,联想记忆,辩证记忆,拓展记忆等。

比如,学习吸收光谱时可以想象泼粉笔末的情景,用物体挡住粉笔末,通过后面屏幕上没有粉笔末区域的形状从而判断物体的种类,而吸收光谱正是通过分析缺少的谱线情况分析吸收物质的成分,这就属于类比记忆的方法。

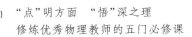
比如,比较原子核与原子的大小关系时,可以想象一粒小米粒(约1毫米)与一栋大楼(约100米)之间的大小关系,这就属于联想记忆的方法。

比如,物体重力是否计算,选择题选正确的还是选错误的等,都属于辩证记忆的方法。

比如,多解性问题是否能够考虑全面:周期性,方向性,符号性等,都属于拓展记忆的方法……

高老师还跟大家分享了"暑假学习倒退现象",即"14天"下降20%的记忆和能力,号召老师们要增加实战,杜绝纸上谈兵。

二、快慢模型有差异

"抓住主要因素,忽略次要因素"是物理解决问题的基本思维方式。快速与慢速的分析有时会出现较大的差异。

比如高老师提到的"子弹打木块"模型就属于快速问题,需要更加速成为一瞬间来分析。而木块滑板模型则需要放慢了来分析运动过程。

比如,我们研究示波器的原理时,电子的偏转属于快速运动问题,也就是在电子穿过两板间的运动过程中电子不会"感受"到偏转电压的变化,是瞬间穿过的。而有时特别是分析带电粒子在两板间做周期性运动的问题则属于慢速运动问题,也就是带电粒子在穿过两板间的运动会经历不同的偏转电压,需要分阶段分过程进行研究。

这就要求我们在教学中需要不断地类比,不断地联系,不断地归纳,形成系列脉络,实现高效教学。

三、远近身边寻科技

高杰老师通过分析试卷和数据,有理有据地为我们剖析了天津高考物理试卷的考查趋势:电学实验变简单,计算两题再简单,压轴大题不再难,中低档题不孤单。同时也展示了考生的实际表现水平:教师对试卷的难易判断与学生的实际变现严重不符。

高老师通过很多实例提出了教学方法建议:加强概念理解,配合情景分析,增加情景思考,深入总结归纳,明确核心要点等。同时也给予我们很多教学方向建议:厉害了我的国,重视体育锻炼,大多联系实际,鹊桥卫星中转,北斗精确定位,身边寻找科技等。

应该说高老师的建议给我们今后的教学指明了方向,拓展了思维,升华了素养。

四、虚实教学重心里

我们都知道学生的心理状态对学习效果影响很大。高老师更是从心里的角度提出了教学思考与技巧:不会做题,换个姿势试试;学会示弱,开启学生智慧;无痕教育,严密、规范、敏锐。

核心素养要求学生"德、智、体、美、劳"全面发展,那么我们老师们也应该实现"爱、思、能、技、责"的全面对应。在落实核心素养的道路上创新发展。就像高老师所提倡的:有针对地思考,有针对地落实,有针对地传承,真正实现"非养生"课堂。

教育心得十

动量视角下深度剖析"气球碰撞体验"

曾经有这样一个实验：如图 1 所示，将两个完全相同的气球分别做不一样的处理。一个吹足了气，一个不吹气，通过天平进行称量，天平两端达到平衡，进而得出两端"质量"相同。

如图 2 所示，将不充气的气球和充满气的气球扔出，击打静止的人。我们可以明显看到，没充气的气球碰撞物体时，人几乎静止不动，而充满气的气球碰撞同一人时，人却被打得"弹了出去"。在黄恕伯老师的解释中用的是动量的知识。没充气的气球碰撞物体后停止，动量变化为 mv。而充满气的气球碰撞物体时，气球反弹，再加上气球中空气也是有相当的质量，这样形成的动量变化量大于 2mv。所以物体被弹得运动起来。

图 1

图 2

通过认真学习和深度剖析，笔者提出一些不同意见，敬请同仁批评指正！

一、偷换概念——考验基本功

对于天平这个仪器在中学阶段,虽然主要用来测质量。但究其原理是等臂杠杆平衡原理,也就是说其本质是力的平衡。而在这个实验中,未充气的气球受力为重力与杠杆的向上弹力。当杠杆平衡时,杠杆一端所受力大小等于未充气的气球的重力(与杠杆的向上弹力大小相等);杠杆另一端,充满空气的气球受力为气球重力、气球内空气重力、充满空气的气球所受浮力和杠杆给的向上弹力,而充满空气的气球所受浮力和球内空气所受重力几乎等大反向,相互抵消。所以充满气的气球受力大小近似等于气球的重力与杠杆向上的弹力。这与未充气的气球受力大小几乎情况相同。因此杠杆另一端所受力大小也近似等于未充气气球的重力,根据等臂杠杆平衡原理,这种方式只是说明了杠杆两端受力平衡,进而得出两个气球质量相同,或者说两个气球本身含有物质多少相同,而充满空气的气球中空气并没有被称量出来。这种称量方式并没有将等臂杠杆两侧的物体质量进行全面体现,所以这里的"质量相等"属于偷换概念,实际上不相等。

二、理论推导——检验计算力

在实验过程中,扔出未充气的气球碰撞物体,动量变化粗略认为是 mv。而扔出充满空气的气球与物体碰撞时,实际上气球与气球内空气属于一个整体,由于气球体积较大,内部空气质量会很大,而且物体被弹出(速度近似等大反向),所以气球与物体碰撞时形成近似等于原速度反弹,速度变化量近似认为是 $2v$,而充满空气的气球质量较大,所以其变化量远远大于 $2mv$。

三、半定量计算——细算真数据

根据动量守恒定律,物体将被弹的运动起来。结合实际数据查询,充满空气的气球半径约为 0.75 米,体积约为 3.14 立方米,又空气密度为 1.29 千克每立方米,那么,气球内空气质量约为 2.3 千克,而且气球本身质量约为 140 克,未充气的气球按照动量变化量为 mv 的话,充满空气的气球动量变化量约为 35mv,再加上气球内部空气密度略大,所以,在两个气球等速被扔出去的情况下,充满空气的气球动量变化量会超过 35mv。

图 3

本实验,数据的对比研究才是定量分析的关键,我们通过让充满气的气球与未充气的气球以相同的速度(只能用眼睛估测)去碰撞同一小车,如图 3 所示,通过测量,被碰小车多次对比实验相关数据如下表:

表 1　被碰小车多次对比实验数据

	小车滑动距离 1（第一次对比试验）	小车滑动距离 2（第二次对比试验）	小车滑动距离 3（第三次对比试验）
充满气气球	0.9m	1.9m	4.1m
未充气气球	几乎不动	0.01m	0.02m

按照动量守恒定量,两种对比试验中,小车被碰以后滑动距离之比大约为 $35 \times 35 = 1225$ 倍,而实际上并没有产生这么多的倍数差距,这是什么

原因呢？我们清楚这样的结果必然是很多因素导致的,空气阻力很大,特别是充满气的气球,刚从我们手中投出时的速度与碰撞小车时的速度并不一致,再加上充满气的气球与小车的碰撞也不是绝对的弹性碰撞,更不是气球完全反弹。

四、定性隐藏——对比体验式

除了上述根据两个气球的动量变化来判断区别外,也可以根据对物体碰撞的冲量来定性判定。两个气球在碰撞同一物体时,对碰撞物体产生的力差距不大,但充满空气的气球与物体作用时间要比未充气气球与物体作用时间大得多,这样也可以得出两次碰撞物体所受冲量有着巨大差异,从而形成不同现象。

我们在定性计算的同时,通过对实验方式的升级,除了正常进行定量计算以外,还可以做到人的直观对比体验,如图4所示。

图4

五、逆向思维——不忘来时路

我们也可以通过逆向思维,根据扔出两个气球的人的两次不同体验得到:扔未充气的气球并不费力,而扔出充满气的气球却需要很大力量。这个很大"力量"不仅体现在冲量的不同,还体现在给予充满气的气球的能量会更多。这样思考,问题也能够迎刃而解。

六、长期思考——研究无止境

综上所述,其实这个实验还存在一些问题。例如:

1. 如何实现不充气气球和充满气气球的等速(最好借助等速小车利用惯性"送出")。

2. 实验对象的力的体验感受和数据感受如何实现更客观(实验对象最好不要是物体或者是人,利用传感器来出现精准数据)。

3. 碰撞种类有弹性碰撞、非弹性碰撞和完全非弹性碰撞三种类型,以上两种对比试验不一定都是弹性碰撞,所以碰撞中动量"传递"多少无法界定,所以无法比较。当然粗略地研究和分析比较还是可以的(实验中我们只能将不充气的气球设计成完全非弹性碰撞,将充满气的气球视为弹性碰撞)。

4. 实验中碰撞对象改为人与滑板车的效果分析:理论上既有人的直观感受,又实现了人与小车这一"整体"在小摩擦力下的远距离滑动,但是人体在受到撞击时动作的应激性调整会"吸收掉"部分冲量,所以实践中效果并没有想象中那样好。

物理是一门实验科学,作为中学物理教师,我们在努力践行物理核心素养的同时,一定要注意知识的科学和严谨,既要改进传统课堂的不足,也要有辩证创新的实效,只有把握好尺度、掌握好幅度、紧握好效度,才能更好地落实学科核心素养,高效践行学生发展核心素养,促进学生全面发展。

教育心得十一

"三角形定则"是"平行四边形定则"的一部分吗?

　　高中物理在力的合成和分解中需要用到两个特别重要的定则:平行四边形定则和三角形定则。而在实际教学中,很多人认为"三角形定则"是"平行四边形定则"的一部分。你怎么看呢? 实际上,如果这两个定则是从属关系的话,我相信教材不会进行分别呈现。当然这绝不是迷信教材,我们一起简单分析一下:我们从"平行四边形定则"的内容上看"以两个分矢量为临边做平行四边形,中间所夹的对角线就是合矢量",可以看出有两层含义:首先是按照要求做出平行四边形;然后平行四边形毕竟有两条对角线,定则特别指出那两个临边中间夹的那条才是合矢量,经过分析我们也可以知道另外一条对角线实际上是矢量之差。我们再看"三角形定则"内容:"像求位移一样,将矢量首尾相接,来求合矢量的方法,就是三角形定则。"很明显可以看出,这是一种特别的方法和思路,这种方法是矢量的折线拼接,说白了,就是向走位移一样走一走看一看,就可以找到起点和终点,只要找到起点和终点,那么合矢量也就出现了。综上所述,其实这两个定则是两种截然不同的思路。当然很多人认为,这个三角形不就是那个平行四边形的一部分吗? 这两个方法都是解决"力的合成和分解"知识的,自然会出现一些形似,但是我们不能仅仅看表面,还要看到问题或者方法的实质。同时,我们在使用"平行四边形定则"解决问题的时候,一定要

按照步骤来落实。日常教学中,我们发现一些同学利用平行四边形定则的思维来画三角形,这样就会带来一些错误。例如:

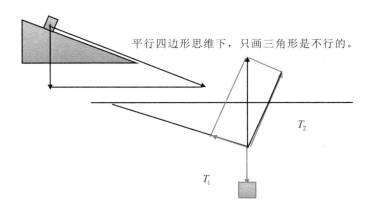

平行四边形思维下,只画三角形是不行的。

图 1

与绳长绳短不能决定力的大小同理,娇娇的大小叶不能决定力的大小,只有严格按照平行四边形的要求作出平行四边形,然后分析其中的三角形的变产关系,才能得出力的大小关系。所谓绳长绳短以及夹角大小都是"假象",只有平行四边形才能把"假象"识别出来,从而还原力的大小关系的"真相"。

以上问题就是典型错误案例,学生利用这种错误思维做题,就会出现不好区分实物图的三角形与受力图的三角形,从而造成混淆错误。笔者平时教学将这种问题称为"假象",就是说实物图的边长与受力图的边长不一定对应,受力图中三角形的边长才代表力的大小,实物图中的三角形边长不代表力的大小。这就要求我们在教学中,一定给学生明确:在使用平行四边形定则解决力的合成分解问题时,一定不要直接画三角形,要画出完整的平行四边形,然后从平行四边形中找出三角形进行分析和研究。而三角形定则的使用往往在临界状态下进行妙用,用走位移的方式走出"捷径",从而解决实际问题。日常教学中,大家自然是各有妙招,希望与同仁们一起共勉,欢迎大家一起分享。

教育心得十二

如何处理高中物理新教材中部分知识本末倒置

　　我们知道,"受力分析"是高中物理是否入门的关键。新教材中关于力的合成和分解的知识是在受力分析之后出现的。但是我们对物体进行受力分析需要有一种分解思想,从而建立平衡的思维模式。如果不能运用平衡思维,学生就会出现漏力、错力、重复力等现象。实际教学中,相信大家都有自己的招法,而且各有千秋。这个问题如何解决直接决定学生是否快速掌握受力分析这一重点知识。如果不能利用解决合成分解知识的"平行四边形定则"和"三角形定则"(讲受力分析时,该部分知识还没有学到),那就只能从生活常识出发来解决这个困难。所谓生活常识就是生活中约定俗成的知识,可以说不算是物理新知识。在这个问题的处理上,我首先带领学生"研究"什么叫"左上方""右上方""左下方""右上方",并跟学生们一起统一思想:实际上,一个物体受到一个"左上方"的力,就说明它受的这个力有向左的成分,也有向上的成分;以此类推,"右上方"的力就是有向右的成分,也有向右的成分;"左下方"的力就是有向左的成分,也有向下的成分;"右下方"的力就是有向右的成分,也有向下的成分。任何一个"斜"的力都可以找出它们的两个"成分"来。然后结合平衡思想:有向上的成分,就会有向下的成分;有向左的成分就会有向右的成分。学生建立这种思维,果然在受力分析的学习中起到了"事半功倍"的作用。

高一阶段的受力分析实际上就是三种性质力的罗列,重力、弹力、摩擦力,只要在地球上重力一定有,弹力和摩擦力都是从接触面和接触点上来寻找。在同一接触面上:有弹力不一定有摩擦力,但是有摩擦力一定会有弹力。同时引导学生明确:一个力的存在要找出谁给的? 什么方向的? 什么力? 只要清晰这三个问题,那么找力就很轻松而准确。在这部分知识中关于什么是性质力和效果力,这个问题困扰着很多学生。高中阶段中所谓性质力基本上有:重力、弹力、摩擦力、电场力、磁场力等,这些力有一个共同的特点:知来源而不知去向(就是说知道这些力怎么产生的,但是不知道用来干什么);所谓效果力基本上有:动力、阻力、支持力、压力、向心力、恢复力等,这些力也有一个共同的特点:知去向而不明原因(就是说,知道这些力用来干什么,但是不清楚这些力怎么来的)。

其实在日常教学中,大家都会有一些妙招,只要大家愿意分享,主动传承,相信没有解决不了的问题,也没有克服不了的困难。"活到老学到老",欢迎大家一起交流,共同成长。

教育心得十三

关于"弹力"一节课听与被听课后的课程设计思考

自新高考改革以来,教材发生了非常大的变化。就拿高中物理来说,2017级高中师生是用老教材尝试新课程理念;2018级高中师生是用新教材尝试新课程理念;2019级高中师生本来是应该是用新教材践行新课程理念,由于疫情的到来,原定水平测试计划发生改变,带来了很多课程节奏的变化;所以2020级高中师生变成了新教材践行新理念的第一届(又一次打起了头阵),在这个新高考改革的特殊时期,我不仅经历了2017年旧教材尝试新课程理念的整个过程,送走了2020届第一届新高考改革下的毕业班。2020年又加入了新教材践行新理念的冲锋战队。在这种情况下,今年高一又是一个新的挑战,全体高一物理组成员在备课组长(也是我校学科组长)张帆老师的带领下将集体备课进行全新升级:在说课中教研,在备课中磨课,在听课中评课,应该说收获了非常好的效果。

按照新教材顺序,"弹力"一节新授课分为两课时,第一节课是弹力概念及方向研究,第二课时为弹力大小及胡克定律分组实验探究。但是在听课和被听课后我发现,这样的安排并不合理,讲到关于弹力的四个模型中的弹簧模型时,第一课时只能提到弹簧的弹力方向,其他都不能涉及。所以我大胆进行改造,把两课时的安排改为:第一课时讲弹力概念(包括条件等)、弹力大小(先给出弹簧弹力的公式)、弹力方向,这样关于弹力的四个模型:绳、杆、面、弹簧,就都可以顺利展开,并实现习题的完整讲解和简单练习;第二课时针对胡克定律进行分组实验,充分研究弹簧弹力的由来,加深对弹簧弹力理解与掌握,通过补充弹力分析练习,真正做到学以致用。作为教师,就是在不断研课、磨课、听课、评课中不断反思、完善、改进。一节课不是讲完了就结束了,其实很多时候课讲完了只是落实这节课的开始,需要我们进行升级、记录、反思、提升,为将来更好地开展本节课教学做好一切准备。

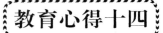

教育心得十四

运动的分解中"等效"思想的再研究

高中物理中无论是力还是运动,合成与分解的思想都很重要。它们就像古代的朝代更迭一样,"合久必分,分久必合,分是为了更好地合"。教学实践中我们发现:运动的合成相对比较容易,而运动的分解却相对复杂。所以今天我们就来分析一下运动分解中关于"等效水平面"方法的思考与实践。

高中物理中的运动问题主要是运用直线运动规律来研究。那么对于曲线运动的研究就需要运用运动的分解知识,因此运动的分解也就成为研究曲线运动的重要方法之一。

通常我们习惯上运用平面直角坐标系进行运动的分解。比如平抛运动运用运动的分解,将曲线运动过程分解成水平匀速直线运动和竖直的自由落体运动。但是当我们遇到物体运动过程不仅受重力作用,同时还受到其他恒力作用时,我们如何进行分解呢? 这就是我要与大家分享的"等效水平面"的方法。下面结合一个例题进行分析。

如图所示,在水平向左的匀强电场中有一与水平面成45°角的光滑绝缘直杆 AC,其下端点 C 距地面高度 $h=0.8$ m。有一质量为 0.5 kg 的带负电小环套在杆上,以某一速度沿杆匀速下滑,小环离开杆后正好落在 C 端的正下方地面上 P 点处,ACP 所在平面与电场 E 平行,g 取 10 m/s^2,求:小环在直杆上匀速运动速度的大小。

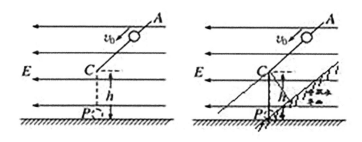

图1

本题首先通过受力分析可以很快得到电场力与重力大小相等,而且电场力方向水平向右。然后可以建立常规的水平竖直坐标系进行解答如下:

小环离开直杆后在水平方向做匀减速直线运动

F = ma

小环离开直杆后在竖直方向

解得:$v = 4m/s$

但是这样解决问题缺乏规律性,不利于学生更好地建立模型思维。

如果我们将刚才建立的坐标系进行逆时针旋转,建立"新竖直"方向和"新水平"方向。我们就会发现物体在新水平方向上做匀速直线运动,在新竖直方向上做以$\sqrt{2}g$为加速度从静止开始的匀加速直线运动。我将此运动称为"类平抛"运动,然后直接运用平抛运动基本规律进行解答如下:

小环离开直杆后在新水平方向做匀速直线运动:$\dfrac{\sqrt{2}}{2} = vt$

小环离开直杆后在新竖直方向做匀加速直线运动:$\dfrac{1}{2}\sqrt{2}h = \dfrac{1}{2}\sqrt{2}g t^2$

解得:$v = 4m/s$

这样解答更容易形成规律,便于学生建立模型思维。

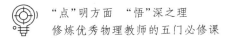
其实在实际做题中这种方法运用还是比较广泛的。再比如：

如图所示，在 x 轴上方有水平向左的匀强电场 E_1，在 x 轴下方有竖直向上的匀强电场 E_2，且 $E_1 = E_2 = \dfrac{mg}{q}$，在 x 轴下方的虚线（虚线与 y 轴成 45°）右侧有垂直纸面向外的匀强磁场，磁感应强度为 B。有一长为 L 的轻绳一端固定在第一象限内的 O′点，且可绕 O′点在竖直平面内转动，另一端栓有一质量为 m 的小球，小球带电量为+q，OO′与 x 轴成 45°，OO′的长度为 L。先将小球放在 O′正上方，从绳恰好绷直处由静止释放，小球刚进入磁场时将绳子断开。求：

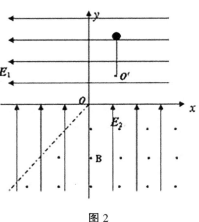

图 2

（1）绳子第一次绷紧后小球的速度大小；

（2）小球刚进入磁场区域时的速度；

（3）小球从进入磁场到第一次打在 x 轴上经过的时间；

（4）小球从第一次打 x 轴到第二次打在 x 轴上经过的时间及此时坐标和此时速度大小和方向。

解：

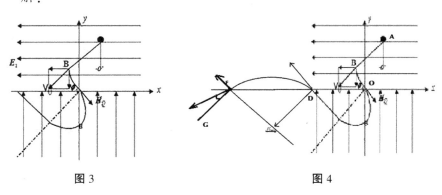

图 3　　　　　　　　　　　　　　　　图 4

此题的详细解答就不再详细赘述,只针对最后类平抛环节简单说明如下:粒子在最后的类平抛运动中形成的是等腰直角三角形。$\tan 45° = \dfrac{at}{2v_D}$

$a = \sqrt{2}\,g$,可求出 $t = 2\sqrt{\dfrac{\sqrt{2}\,L}{g}}$

$DF = \sqrt{2} \times v_D \times t = 4\sqrt{2}\,L$ 所以 F 点坐标为 $\left(-\dfrac{4m\sqrt{\sqrt{2}\,gL}}{qB} - 4\sqrt{2}\,L, 0\right)$

$v_F = \sqrt{5} \times v_D = \sqrt{10\sqrt{2}\,gL}$

方向如图所示与 FG 夹角为 θ,$\tan\theta = \dfrac{1}{2}$ 所以 $\theta = \operatorname{arc\,tan} \dfrac{1}{2}$

在电场类平抛中,这种借助"等效水平面"的思想比较容易形成规律性。但是如何将"等效水平面"这一理论的思想与视觉结合,这才是学生能否掌握这一方法的关键。在日常教学中我们只需要交给学生将试卷在课桌上简单旋转,就可以将理论与视觉进行完美重合。从而实现帮助学生将问题与已学知识真正建立起联系。

任何方法都不是万能的,此方法也必然有其局限性,从上面分析我们也可以看到,当合力与初速度垂直时才可运用此方法进行解答。不过按照国家考试说明的基本要求(斜抛不进行定量计算),我们看到:无论是高考真题还是联考等大型考试的题目,要么是最基本的平抛运动研究,要么就是合力与初速度垂直的"类平抛"运动研究。所以这就极大增加了该方法在实践中的应用范畴。

教育心得十五

极典教学核心思想简单归纳汇总

【极端易错】

初中

吹拉弹唱有花样,振动物体不一样。

光影小孔成实像,暗影被遮不是像。

镜前远近无大小,只因问题在视角。

双眼放光是幻想,实物反射为真相。

光源本身无变样,进光面积受影响。

能量守恒有条件,易错避免想当然。

功率变化在推导,只看表面正确绕。

串联电路比电压,串正并反不一家。

美丽地球善发现,探索奥秘真体验。

物体运动无需力,状态改变才需力。

动静摩擦找来源,方式方法差很远。

合理建模巧解题,受力分析出新意。

固体压力与压强,液体压力与压强。

温度热量与内能,概念建立比热容。

物质不同有属性,认清区别再判定。

高中

牵拉问题方向巧,分别沿绳垂直绳。

矢量注意方向性,既有大小也方向。

功率公式有夹角,形似相同实质异。

一根绳上蚂蚱连,神话坐标全解析。

竖直圆周有临界,区分模型是必然。

内能做功要区分,正负不同位移异。

动量定理两易错,方向合分要小心。

整体隔离先整体,忽略内力整体析。

滑板模型判守恒,两种情况大不同。

天体质量只求中,一一对应三对比。

静摩擦力帮弱者,动静摩擦要区分。

条件问题一定明,莫看表面很工整。

电场加速与偏转,磁场方向与电性。

质点不随波迁移,区分波动与振动。

临界语言认真看,忽略重点很难办。

分清部分与整体,看清主流与分流。

牛三定律在计算,一不小心易忘记。

电场轨迹有前提,初速有无重力析。

粒子电性有正负,选择正确与错误。

电场偏转有分解,不知电压几分几。

能量守恒求热量,平均电流求电量。

高压输电一一对,输电线上有损失。

题目中有下角标,务必用它题目里。
碰撞过程有先后,能量过程要找齐。
题目重力是否计,分析水平与竖直。
图像信息看前面,数形结合来做题。
双向标量磁通量,计算过程无匝数。
已知未知看题意,走出思维破定式。
相似公式不同义,分子分母有顺序。
绳上的力只有拉,杆上的力可任意。
位移位置含义异,细节问题多注意。
研究对象多注意,选错对象白费力。

【极致规律】

电磁感应六句话,动态分析直接用。
光学一共十结论,准确定位好算题。
万有引力四比例,黄金代换必固定。
变压仪器两规律,决定比值有先后。
平抛知识三规律,最高临界分模型。
滑板模型两方法,守恒判定全区分。
电场主要类平抛,磁场匀圆一线牵。
复合场中辨限制,正交分解和等效。
功能关系八句话,能量守恒全概括。
临界问题必特殊,临界情景巧分析。
串反并同有限制,零散知识找联系。
割断磁线位切割,谁切割谁是电源。
机车启动两公式,恒 P 恒 a 各自析。
运动学中有规律,牛顿定律有公式。

光电效应九结论,两个过程有区分。

轨迹知识小总结,凹侧受力二选一。

弹性碰撞动碰静,人船模型同走停。

条件问题抓依据,别被表面所迷离。

能量变化看做功,如何运动看受力。

两种衰变有规律,质小圆大再正负。

平行板作用找齐,电场磁场并边界。

多解问题找原因,电性方向不唯一。

五项技术有规律,各有作用有联系。

传送带中谈受力,对称分析细节出。

图像问题有顺序,轴点线面逐个析。

超重失重 a 辨析,感觉实际有差距。

【极品方法】

极端法:走极端

特殊值法:凡是比例都按照数来算,光学地准确定位

联系实际法:反弹问题

假设法:假设没有摩擦来算一下,假设不计重力

排除法:两个矛盾选项只选一个,根据方向等因素可以排除多个选项

对比法:找矛盾因素

条件法:一定遵循条件,不要看表面现象

模型法:理想化

整体法:隔离法

图像法:运动的 X—t 图像,v—t 图像 ,a—t 图像。简谐振动和简谐横波的图像(x—t, y—x 图像)。导体的伏安特性关系(I—U 图象)。电源的(U—I 图像)。电磁感应现象中的图像(φ—t, B—t, I—t, E—t 图像)。交

流电的图像(I—t,u—t,e—t 图像)。其他的图像(F—t,F—x,q—t,a—F,E 能量—S 图像、s／t—t 图像等)。

逆向思维法：调整看问题，思考问题的顺序和角度。

对称法：波源在中间

等效法：等效电路，等效水平面

类比迁移法：三角形定则

规律法：代入验证法，平均值法，无限分割法

程序法：按部就班，受力分析，过程分析，能量分析，动量分析

描点法：预测轨迹

平移法：振动和波

【极限临界】

第一，最大(小)，最多(少)，最远(近)。

速度达最大(小)，弹簧弹性势能最大，最长(最短)共速，圆形磁场区域最小，公共弦为直径做圆，两物体相距最远(最近)共速，使通电导线在斜面不动的最小 B：平行斜面。斜面上物体不动，保持物体静止在斜面上最小力或者最小水平力，动能损失最多：完全非弹性。

第二，刚好，恰好，正好。

刚好不相撞：接触与等速

刚好不分离但仍接触：弹力＝0，或者速度同，刚好不相对运动

刚好飞出：轨迹与边界相切

刚好最高：绳或者杆

刚好不滑出：等速且到达端点

水平转盘上刚好滑动：静摩擦力

刚好不分离：整体法与隔离法都求

绳刚好被拉直或者刚好被拉断：速度达最大

206

天体中,飘起或者甩出去或者瓦解:第一宇宙速度

第三,瞬间不变,瞬间变化,时间极短。

弹簧受力,撤力瞬间力不变

其他接触弹力瞬间发生变化

碰撞时间极端:没有第三者插足

第四,足够长/缓缓地/迅速地,等的理解与思考。

教育心得十六

关于高三物理教学的感悟和思考

我校历来重视学生的教育教学工作,使学生全面发展,让每一个学生考入理想大学一直是学校奋斗的宗旨,对于毕业班的教育教学工作更是重视有加。作为一名满腔热血的青年教师,回首几年来的点点滴滴,尤其是连续九年被聘为兼职教研员。虽然付出了很多,但收获了更多。高三的教学工作任务重,时间紧,作为青年教师,我虚心向老教师们请教学习,在他们的指导与帮助下,我出色地完成了学校的教育教学任务,得到了学校领导和同事们的一致好评。努力工作与研究的同时也渐渐地有了一些皮毛之见,现总结如下:

一、学有兴趣,习有后劲

多少教育大家都曾经说过,兴趣是最好的老师。为使我的课讲得生动有趣,充满吸引力,我做出了很多尝试,简单介绍以下几点:

1. 虚心学习,潜心研究

平时我比较注重向老教师们请教学习,不仅平时教研多请教,我还经常听老教师们的课,并将物理规律总结下来,再加上平时对课外教辅的研究和积累,及教学实践中的思考和总结,最终归纳出符合各个物理模块的规律与方法。运用这些方法解决问题起到了事半功倍的效果。学生做题顺手了,成绩自然也就提高了。

2. 注重史实,故事贯彻

物理学科固然要注意理论联系实际,在几年的教学中我收集了大量与物理规律相联系的生活实例,并以"讲故事"形式整理成册,融入我的课堂中,每天与学生分享,从他们可爱又期待的眼神中可以肯定他们收获颇丰。学生喜欢这样的课堂,故而也就喜欢这样的老师。所以只要善于发现,勤于总结,成长与进步将在无声无息中前行。

3. 资源共享,交流合作

教学工作需要一个和谐的环境。不仅需要师生的交流,教师与教师之间,学生与学生之间,以及教师与家长之间应该形成资源共享,团结协作,才能达到最好的教育教学效果。

二、真情付出,不图回报

"师者,传道,授业,解惑也""亲其师,信其道",学生凭什么信你所传之道?为什么同样的"道"有些却不被学生所接受?因为他们是孩子,孩子的特点是"先信其人,后信其道",我想说"凭嘛不能让学生吃透你",如今的学生知识面广,智力也在我们之上,什么样的阴谋诡计能够逃过他们的"法眼"?积极、真诚、豁达是每位老师应该具备的良好心态。积极能让你带领学生勇攀高峰,真诚能让你拥有知心的学生朋友,豁达则能让你及时发现学生及老师身上的亮点。只有让他感觉到了老师的真诚与付出,才会使他们敞开心扉与你交流,学生"服"了你,成功教育就不远了。

三、落实有力,反馈灵活

我们知道,教师的教学与学生的落实是相辅相成的,而教学系统是由教材、教师和学生三个要素构成的一个信息系统,教学过程是信息的传输、贮存、反馈和控制的过程。作为知识客体的教材,只有通过作为介体的教师的传授过程,把存贮状态的信息转换为传输状态的信息;而作为主体的学生的学习过程,又要把传输状态的信息转达换为存贮状态的信息。学生掌握效果又主要靠信息反馈来实现。由此可见,反馈是教学过程中十分重要的环节。

教师提取反馈信息的途径是多方面的,如提问答疑、作业批改、课堂小测、统一考试,实验操作等。善于运用反馈途径,全面提取反馈信息,灵活强化反馈思维,实现教学良好效果,这是教师的一项基本功。充分运用各种方式的反馈思维,使其相互配合,相得益彰,这是一种教学艺术,值得我们在教学实践中不断积累,在教学研究中继续探索。

四、注重基础,重点突出

高考题并非全是难题,难易比例大致如下:五成为容易题,三成中档题,只有两成为难题,因此在紧扣大纲前提下,注重基础才是拿到高分的有效方法。我主要从以下几个方面去努力:

1. 简单入手,成功体验

"得到某些方面的满足"是每个人的欲望,何况是处于强大学习压力下的学生们呢? 我们应该知道90后的一代抵抗压力的能力不是特别好的,只要我们不失时机地运用鼓励和引导等方法,使学生们恰到好处地获得成功的体验,我们定能看到他们的进步与成长。

2.君子有才,取之有道

思路变,天地宽。老师应具备"由点滴看彻汪洋"的本领。学生的状态一旦走下坡路,是很难自觉走回正轨的,一旦发现问题,老师们只有及时了解和帮助学生去解决,才能做到"亡羊补牢,为时未晚"。

3.明晰薄弱,重点突破

物理不能光是"题海战术",必须与所取舍,要知道,题不在多而在于精,教师应该将题型分类,总结归纳。

五、培养习惯,生活实践

要加强学生良好学习习惯的培养,独立思考是学好知识的前提,是理解和掌握知识的必要条件。在高中阶段首先要求学生独立完成作业,独立钻研教材,课堂教学中要尽量多地给予学生自己思考、讨论、分析的时间与机会,使他们逐步学会思考;培养学生养成先预习再听课,先复习再作业,及时归纳作总结的良好学习习惯。

六、教无定法,效益至上

兵无常势水无常形,教师要善于随机应变,审时度势。

1.每日一练习

为了更好地巩固课堂教学效果,我鼓励学生自己找寻与本节课有关的典型例题与大家一起分享,学生们对新知识的好奇心,都认真地"备题",弥补了不同学生在不同问题上认识不足与误区,做到分层教学,因材施教,极大地提高了教育教学质量。

2.课堂"2+1"

为了更灵活地了解学生对重点知识的掌握情况,几年前我采取了"2+

1"的反馈策略。每堂课发给学生每人半张白纸,用 10 分钟时间"一题再现",题目一定是近两天讲过的原题。为防止学生并不理解地死记硬背,我一般会将题目中的数据做一些改动,有时将"水平夹角"换成"竖直夹角",有时会将未知量与已知量互换,而题目的种类及基本原理一概不变。题目收集上来后,用 5 分钟时间进行讲解。相信同行们都知道,此时学生们都迫不及待地想知道答案,一定会认真听讲。课下我要求出错的学生完成"2+1",就是错题重写 2 遍,再找一类似题自检知识是否已掌握,做到一题多变,触类旁通。虽然"15 分钟"已占据了一堂课的 1/3,一般老师不舍得这样安排时间,但我认为,老师讲多少不是关键,学生掌握了多少才是焦点。

3. 原题周再现

"原题再现"法,相信同行们并不陌生,但此法贵在坚持,我们组一直坚持着每周一次的原题再现,每周周三我们组利用教研时间将本周的原题再现题目确定下来,周四印刷,学生们通过周五的原题再现,找到本周学习的漏洞和不足,会利用周末自行弥补,查缺补漏,从而达到良好的教学效果。

充分运用各种方式的反馈思维,使其相互配合,相得益彰,这是一种教学艺术,值得我们在教学实践中不断积累,在教学研究中继续探索。

"生活即物理,物理即生活",其实教育亦如此。"教育只有逗号,没有句号","教学"工作是本永远读不完的书,不仅内容丰富,而且充满挑战和吸引力。"海阔凭鱼跃,天高任鸟飞。"面对教育的无止境,我们只有总结经验,大步向前,开拓思路,创新发展,也播种着希望,相信收获的季节亦不远矣!

教育心得十七

"机械能守恒定律"的说课设计

针对高中物理必修二第七章第八节"机械能守恒定律"内容,我设计了五个环节进行教学。

第一环节:复习旧课

以提问方式,检查学生对动能、重力势能、弹性势能、机械能等概念的掌握情况。

设计理念:利用传统的教学理念,达到省时省力高效的教学效果。

第二环节:情境引入

充分利用多媒体资源展示水流星、秋千、弓箭、平抛过程、壶口瀑布,以及在气垫导轨上物体运动等的能量守恒现象,激发学生学习兴趣。

利用课间展示单摆摆动过程中的摆球的能量转化情况;

利用课件展示弹簧振子震动过程中系统的能量转化情况。从而定性得出机械能守恒这一理论。

设计理念:单摆和弹簧振子都是高中阶段比较重要的模型,树立学生模型意识。

第三环节:定律推导

利用教材课后第一个练习题。定性推导机械能守恒。具体设计如下:

(1)首先让学生分成两组,一组利用动能定理求解,另一组利用能量守恒,并各自找一名代表板演,进行分组讨论,学生分组讨论得出机械能守恒定律的内容和条件;

(2)通过例题强化学生对机械能守恒定律的内容及使用条件的理解;

(3)通过例题定性分析得出

$$\begin{cases} \text{单体}:E_{k2}+E_{p2}=E_{k1}+E_{p1} \quad \text{即物体初状态的机械能等于末动态的机械能} \\ \text{链条}:E_{k2}-E_{k1}=E_{p1}+E_{p2} \quad \text{即动能的增加量等于重力势能的减小量} \\ \text{多体}:\triangle E_A=-\triangle E_B \quad \text{即}A\text{物体机械能的增加量(或减少量)} \\ \qquad\qquad\qquad\qquad\qquad\quad \text{等于}B\text{物体机械能的减量减少} \end{cases}$$

该部分在后面的习题课中再详细分析。

(4)注意事项

第一,机械能守恒我们平时列式主要表述为初状态机械能等于末状态机械能,但实际上处处守恒才能称为机械能守恒。

第二,机械能守恒是有条件的,需进行判断以后才能使用,条件的判断有两种方式:一种是从做功的角度,即只有重力和弹簧弹力做功,机械能守恒;另一种是从能量转化角度,即仅有动能和势能之间的相互转化,机械能才守恒。另外,机械能守恒的使用需要首先设定零势能面。

第三,动能定理与机械能守恒有不同,应视情况选择最恰当的方法。

第四,在学习新知识同时,要有复习旧知识的意识,例如受力分析,在解题过程中既是重点也是难点。

设计理念,理论与实践相结合,动能定理与机械能守恒对比,让学生充分理解机械能守恒定律。

第四环节:例题分析

(1)小球压弹簧模型分析

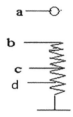

(2)填写下面表格中各位置情况及过程变化情况:

过程	V变化	a 变化	重力势能	弹性势能	动能	能量转化
a 到 b						
b 点						
b 到 c						
c 点						
c 到 d						
d						

(3)让学生讨论生活中还有哪些机械能守恒现象,并请几位学生负责收集,给大家展示到班级的 QQ 群里与大家分享。

设计理念,小球压弹簧模型在高中阶段中的运动学、受力分析、能量转换、动量冲量变化及简谐运动等都有重要应用,是高中阶段最重要模型之一,通过分析让学生充分理解这一模型。

第五环节:板书并布置作业

教学反思:这节课的设计思路充分利用多媒体等工具,极大地调动了学生的积极性,分组讨论探究,让学生真正参与到教学活动中来,并以高中阶段中最重要的模型展开分析,增强学生建模意识,理论与实践相结合,有

助于对物理知识的掌握,从而达到最佳的教育教学效果。

以上我的《机械能守恒》说课设计,其中也借鉴了老师们很多思想。有的老师采用较成熟的教学模式展开教学,效果极好,老师们的教学智慧让我受益匪浅,今后我也将努力应用自己的教学模式,最大限度地提高教学效果。下面是我区教研员郑云贵老师对于说课的几点说明,与大家分享如下:

一、说课说什么

以前说课一般包括五个方面:

(1)说教材。(明白要学什么?如何学?)

①教材的地位和内容结构;②教材的重点、难点;③教学目标。

(2)说学生。(分析学生的知识、经验和心理智能准备)

(3)说教法和手段。

(4)说教学程序。(说如何教和为什么这样教)

(5)说教学评价。

二、说课的发展

说课时间越来越短,由最早的 15—20 分钟,到现在的 8—10 分钟,这一次更是只有 6 分钟。

说课内容曾经很在乎形式,5 个方面个个必须饱满;现在则越来越注重实质,有些就可以少说甚至不说,如教学目标,教学方法与手段,教学评价等完全可以不说。

要体现新课程理念,安排教学程序时,应该充分体现以学生为主体。第一,注重发挥学生的学习主动性;第二,注重提高学生的人文素养;第三,注重提高学生实践能力;第四,特别是在课程目标方面,系统地提出了知识和能力、过程和方法、情感态度和价值观"三个维度"的课程目标,并使之具体、综合地体现在各个阶段目标之中;第五,大力推进新型的学习方式,如自主学习、合作学习、探究学习;第六,强调课程的现代性和创新性。

三、说课中常见的问题

把说课当成缩量版的上课。上课面对的是学生,说课面对的是同行、评委。说课不仅要精确地说出"教"与"学"的内容,而且更重要的是要从理论和实践的结合上具体阐述"我为什么要这样安排教学环节"。

把说教学过程误认为是具体的展示教学过程。说教学过程主要是说"我安排了那些教学环节;每一环节是如何开展的(师、生各安排有哪些活动)",并结合教育教学理论和教学实践说明"我为什么要这样安排"。

说"教学目标"、说"教学方法和教学手段"显得抽象,说"教学评价"有过分"贴金"。

缺少理论分析,即只说我是怎么做的,而没有说明我为什么要这样做。平均使力,缺少重点,甚至是头重脚轻,后面草草结尾。说课思路欠清晰,语言不流畅。没有激情,气场不佳。

四、建议

合理取舍。根据时间紧的特点,一些环节可以省掉,或放在说教学过程中说。如说教材的地位,说教学目标,说教法和手段等;甚至包括说学生,说教学评价。因为这些内容在"说教学程序"时,需要说明为什么这样安排,这时就需要分析学生的知识、心理、智能情况(说学生),就需要说出你采用了什么方法和手段来突出重点、化解难点。评委通过你的教学设计

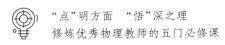
也就能够体会到你落实了哪些教学目标,能达到怎样的教学效果。很多时候看到台上老师卖力在说,底下评委心不在焉,说明你说的不是他想听的,你做无用功了。

思路要清晰。为此,要采用提纲式,第一,第二,第三这样就能让评委听起来很轻松。

敢于超越。说课不像上课,尤其是这样的比赛,没有实验操作,无多媒体展示,但这绝不是说你不可以"应用"实验和多媒体,你应该大胆根据自己的教学经验,把实验和多媒体技术"说"进去,即使你们学校落实不了的。

用适当板书帮助自己解说。若后面有答辩,一定要沉着冷静。遇到自己完全不知道的问题,应该先思考片刻再大胆做出推测猜想,千万别直接告诉评委自己不知道而不回答,你可以这样说:"对不起,您提的这个问题我以前确实没接触思考过,但我猜想可能是……"毕竟是学科知识,我们的猜想大多数情况下是对的。

教育心得十八

高中物理教学设计的实用性思考

教学设计作为教师教学的必备工具,相信大家都很熟悉,但是真的让大家介绍一下具体内容或者与"教案"和"说课稿"的区别与联系,其实很多同行们也会一头雾水。今天跟大家聊一聊"教学设计"的实用性思考。

尊重学习规律,珍爱学生课堂的每分每秒。

提高学习兴趣,彰显学生课堂的主体地位。

优化教学过程,沟通教育教学的理论实践。

启迪育人智慧,做到学生学习的学有后劲。

达成教学效果,实现学生学习的优质高效。

传承育人理念,传播教师教学的生涯品质。

一、"麻雀虽小五脏俱全"——结构要完整(残整自知)

教学设计的评价当中,每个环节都是得分点。结构完美,布局合理的课堂教学,对于学生来说,带来的是快慰、是乐趣、是享受,它的感染力量,它的熏陶作用,并不低于电影、戏剧、音乐的艺术效果。教学设计中基本的环节包括:教学分析(教材分析和学情分析)、教学目标、教学重难点、教学方法、情境引入、教学过程、设计意图、作业设计、教学反思、板书设计。值

219

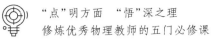
得一提的是,教学过程当中的每个环节都要有相应的设计意图,这样可以使读者一目了然。

二、"切记不要虎头蛇尾"——首位要呼应(收放自如)

课程开头好,导言很重要,授课伊始,若忽视了这"开场锣鼓",必然让学生兴趣不兴、意向不定,以至对整堂课失去兴趣。我们可以采用讲故事、演现象、巧提问等方式将学生引入有趣的情境中。而要做到"虎头虎尾"就需要做到前后呼应,最常用的是两条:一是收成横断面,二是连成一条龙。所谓横断面;就是教学进行到恰当处,要如同关闸截流,快锯断木,明快作结,让教与学均显现出阶段性,使每节课各自"独立成章"。所谓一条龙,就是要有问有答,有始有终,在你利落刹车时,学生思前,洞悉开场问题答案;学生顾后,开启新的思考漫步。抛如彼,接如此,首位互应,一幅可观的课程思维导图便将依稀在目。

三、"课程设置画龙点睛"——关键要突出(浓淡自理)

教学过程中的每个环节都要有设计意图,旨在"画龙点睛",点出精妙。不仅如此,作业设计更是需要精打细算,精心设计。目前作业设计分为几个层次:

基础性作业(一般作业:常规布置)

拓展性作业(升级作业:引导布置)

实践性作业(动手作业:巧妙布置)

开放性作业(发散作业:灵活布置)

针对重点环节或者内容要做到不拘一格,对比思维,巧妙设计,很多课程设计关键在于亮点是否突出。

四、"同中有异,异中有同"——对比找联系(轻重自比)

教学设计与教案作为教师教学的两种工具,两种依据,两种预案,实际上有很多类似之处。就如同物理上的电势差"与生活中的"电压",既有区别又有联系,还可以有从属关系(电压属于电势差)。我们知道"说课设计"完全是为教师的教或者教师的展示而服务的,按照教师如何开展课堂教学活动而设计。"教案"侧重教师自己看,侧重教师和教材,侧重实操性;而"教学设计"除了教师自己看以外还侧重别人看(评委、同行等),除了侧重教师和教材还侧重学生,除了侧重实操性(反映备课)还侧重艺术性(反映设计)……

五、"高人门前站,不会走也还看"——美观很重要
(雅俗自享)

教育教学既要有寡淡无味的题目设计,也要有五彩缤纷的活动参与。既要有"眼、手、耳、鼻、足、脑"的感官体验,又要有"礼、乐、射、御、书、数"的艺术鉴赏,这不仅仅是"辩证"的思维,更是科学的表达。教学设计作为一门艺术的表达,因此,美观的结构、整齐的内容、精练的语言、创新的情境等的美观必然很重要。现在比较流行的是把教学设计以表格的形式展现。

教育心得十九

实用评课法在高中教育教学中的实践与思考

日常教育教学中我们有很多方法,比较常用的有:讲授法,讨论法,探究法,延时阀,实验法,体验法等。这里主要探讨的是通过运用"实用评课"寻找一条搭建"教授→学习→学会→应用"的最佳、最快、最有效的高效教学的方式。当然我们知道,在实际教学中没有一种方法是万能的,很多的教学和教育的成功都是善于选择方法、搭配多种方法、熟练运用方法的产物。"实用评课"就是"观、议、评、磨"这一组合的有效融合。

"实用评课"也是评课的一种形式,而又不同于专业的"评课",它没有那么"规范"与"呆板",也没有固定的"格式"或者"模板"。这种方法就是视需要而规范,择课程而改变。尤其是在日常的教育教学中特别实用,所以我将其称为"实用评课",它可以有效地实现"好评"到"评好"的高效转化,也可以实现"好评"与"评好"的高度融合;它不仅仅适用于学科教学,也适用于德育教育;它可以是一种点评或者杂评,也可以是一种交流或者互动;每个人的运用可以是不同的形式和内容,可以寻找不同的观察点与观察视角,但是最终反过来都是促进我们的教育教学质量的提高。下面简单分析这种方法的一些要点和关键:

一、考点要易——大趋势

目前全国正处于新高考改革的阶段,大部分省市基本上采取"3+3"和"3+1+2"两种模式,天津是"3+3"模式。在这种模式下,天津的高考也出现了很大的变化,试题变得普遍较容易了,以往通过"融合更多的知识点"以此来提高试题的难度和质量的方式逐渐退出历史舞台了。取而代之的是知识点的单一性、科技型、生活性、创新性和实用性,各科题目的阅读量都相应的出现了不同程度增加,进而实现本该变易的题目却呈现出并没有想象中的那么容易。这就要求我们在评课过程中,关注教师在处理教学和处理习题时有没有过难或者过偏的情况出现。如何遵循天津高考的大趋势就成为我们评课的一个很重要的观察点。

二、目标要清——大原则

无论是课堂教学、主题班会、团辅活动、论坛交流还是课题研究,我们都要制定科学合理的教学或者教育目标,然后紧紧围绕教育教学目标展开课程实施,如何遵循活动或者课程规则的大原则就成为我们评课的一个很重要的观察点。

三、热点要热——大方向

教育教学活动开展过程中,有时候我们会被教师的一句话或者一个视角所吸引,其实这些老师就是抓住了生活情境的热门事件,很好地借助思政元素开展了思政教育或者德育渗透。比如航天工程中载人飞船、北斗卫星等;比如中华人民共和国成立 70 周年,中国共产党建党 100 周年;比如

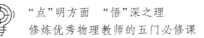
双减政策、手机管理规定、惩戒权细则;比如冬奥会、残奥会,等等,都是热门话题或者热点事件,是否抓住了这一大方向也就成为我们评课的一个重要观察点。

四、优点要有——大宣传

每个人都有自己的讲课或者搞活动的特长点或者闪光点,有人喜欢唱歌,有人擅长画画,有人善于创新,有人精于发散,有人懂得合作,有人研究实验……我们就是要把大家的优点和闪光点提炼出来,这些宣传点就成为我们评课的一个重要观察点。

五、缺点要找——大突破

每个人在教育教学生活实际中也会暴露出一些弱项或者不足,我们寻找这些不足,帮助这些老师突破这些难点和缺陷,重构他们的教学节奏,升级他们的教学策略,或者帮助老师们把这些缺点转变为特点,优点变成热点,亮点变成推广点,这些突破口就成为我们评课的一个重要观察点。

六、起点要高——大台阶

很多时候很多专家都在谈把"课程"搬进"大自然",或者把"大自然"搬进"课堂",无论我们用哪种方式引进情境,都是巧妙引入教育教学情境,构建自己的教育教学脉络。我们把知识问题化,把问题情境化,情境生活化,把生活故事化,懂得"听到不如看到,看到不如悟到,悟到不如做到"的道理。其实都是在引入情境、搭建学习的高起点台阶,压缩知识与生活的台阶差。这些台阶就成为我们评课的一个重要的观察点。

七、落点要低——大回归

无论多么"高大上"的课程或者活动，最终都要叶落归根，落脚还是在懂得基本道理、学会基本原理、解决实际问题上。回归课程本真，我们常采用的是"首尾呼应"，也就是课程或者活动刚开始的情景引入问题，到课程或者活动结束的时候我们如何解释或者解决，有时如何实现升华点的思政渗透。如何实现这一"回归"就成为我们评课的一个重要的观察点。

八、重点要重——大关键

一节课或者一个活动必然有它的重点内容，这一环节的表达是活动或者课程成败的关键，抓住课程的重点环节进行细致梳理，我们从中找出处理问题的亮点，梳理课程的整体框架，提炼整节课的"一线贯穿"，寻找本节课的不足，每一个关键点的寻找与捕捉就成为评课的一个重要观察点。

九、评点要广——大切磋

"当局者迷，旁观者清"，作为一名评课人，我们需要沿着不同的侧面，寻找不同的画面，走进不同的页面，甚至开辟不一样的片面，撕开不一样的封面，切磋不一样的直面。从而进行多角度、多维度、更广度思考，用一颗"辩证"的心，打开"研究"的思维，寻找最优的方案。"不经历风雨怎能见彩虹？"其实一节好课也是如此，需要反复打磨，观课议课，说课评课。我们要重视打开学生的兴趣点，课程的关键点，情境的转折点，环节的连接点，知识的提升点，情感的升华点等。挖掘课程的"五度"，即情境诱人度、活动刺激度、自主参与度、训练扎实度、建构生成度；建立师生的"五有"，

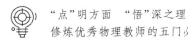

即有心、有情、有法、有度、有力;敞开学生"三动",即手动、口动、脑动。

　　总而言之,"实用评课"观中带思,思中带辩,辩中带议,议中带评,评中带磨,磨中带观。这种评课方式不仅仅可以帮助大家修正课程或者活动内容,斧正课程或者活动理念,对自己的教育教学成长必然是事半功倍。当然不同的课程类型侧重点会有所不同。常态课:以点带面——亮点最闪光;以偏概全——特点最重要;以新带动——创新最价值。评比课:过程要全面,缺——丢分;精准与精炼,出错无效;重点与必备,详略得当。说课:信息量越大越好——不要重复;课件越直观越好——不能太深;语言越清晰越好——不用顿挫。讲座:语言要精辟;案例要经典;思维要精练;设计要精心;理念要精品;道理要精深。需要我们在日常的教育教学和观议评磨中不断学习和研究。

教育心得二十

关于高中物理评课的实践与思考

随着新时代发展和新高考政策的推动,高中教育教学工作在核心素养的引领下发生巨大变化。教学目标的全面定义、教育理论的全面升级、教学实践的全面开展、师生素质的全面发展等都将教育教学推到一个崭新的高度。当下国内高中教育教学很多环节还存在一些争议,需要进一步讨论和辨析。这种情况下除了教育教学工作的正常开展以外,评课工作就显得尤为重要。下面我结合七个方面(显、全、联、圈、灿、涵、传)的关键点和观察视角针对评课工作进行分析和阐释:

显——学生主体,教师主导(观察视角:师生有哪些准备、活动、环节、情景);

全——结构完整,注重生成(观察视角:师生有哪些互动、问答、对话、落实);

联——开拓创新,不失传统(观察视角:师生有哪些创新、特点、文化、借鉴);

圈——课堂活跃,全面把控(观察视角:师生有哪些民主、自主、指导、互助);

灿——抓住亮点,体现素养(观察视角:师生有哪些观点、处理、机智、素养);

涵——思维高度,语言精练(观察视角:师生有哪些经验、技巧、升级、落脚);

传——真实有效,激励传播(观察视角:师生有哪些关爱、帮扶、升华、传承)。

随着新高考改革的不断推进,如何更有效的开展教育教学的评价成为关键,而评课工作能更有效的提升教师教学能力,从而快速适应新高考的改革节奏。本文结合教育教学实践研究,针对高中教育教学评课工作的七个方面展开分析与探索,旨在更好地开展评课工作,提升教师教育教学水平,实现教师共同成长,学生全面发展。

一、"显"——是否发挥学生主体,又不低估教师主导

核心素养要求在符合课程标准要求下充分发挥学生主体作用,教师发挥主导作用,常态教学中,我们习惯采用一问一答、一问多答、互问互答地交流互助合作方式。在很多课程中我们也经常进行分组实验、合作探究、分享展示的探究方式。旨在充分发挥学生能动性,实现因课施法、因材施教。

比如未来教育家学员张绍桂老师在全市公开课《电磁感应产生的条件》讲课后我的评课:

学生讨论,有落实——学生显主体。

本节课堂学生们多次深入研究、深入尝试、深入讨论,充分体现了学生主体地位。

辅助教学,有掌控——教师显主导

张老师游离于学生中间,全面掌控学生动态,应该说充分展现了一名优秀教师的思维敏捷与信息敏锐能力。特别是张老师与天津市教研员高杰老师的默契配合(高老师不时地进行观察、指导与抓拍)更是"天作之合"。

二、"全"——是否课堂结构完整，又不缺乏课堂生成

一堂好课首先是目标明确、结构完整、有始有终、熟练把控、效果显著。从新课引入的巧妙、原有知识的回顾、过程设计的独到、有讲有练的落实、循序渐进的延伸等都要求设计精准、衔接得当。同时关注讲课过程中的生成，处理好了生成，必然成就亮点。

在郭蓉老师讲完《伏安法测电阻中内外接法》这届课后，我评课如下：

熟练：有互有动，郭老师的课堂上与学生互动的场景处处。无论是整体的一问一答还是个体的提问、小组的讨论等始终活跃在课堂的每个环节当中，当然也不缺传统的学生板演环节。可谓充分体现学生主体地位。

流畅：有情有趣，郭老师是天津师大的研究生毕业，语言规范严密、风趣幽默，深受学生们的喜爱。

条例：有板有眼，郭老师的板书条理性很强。整个黑板在郭老师笔下有计划的，作为青年教师做到这些实属不易。可谓充分了解学生所需所求。

程序：有始有终，郭老师这节课有复习、有讲解、有互动、有讨论、有联系、有总结、有作业、并留有思考，为下一节课的滑动变阻器的分压限流接法也做好了铺垫。可谓充分把握学生认知规律。

引导：有生有成，郭老师在处理外接法中提到了电压表的分流作用，在内接法中提到了电流表的分压，学生刚学到这部分知识，理解起来必然有难度。她借机让学生讨论电压表和电流表的，得出电流表和电压表本质都是电阻，再利用串并联电路特点巧妙地解答了学生的疑问。可谓充分引导学生自主思考。

例题：有讲有练，郭老师将教材的习题和练习册的典型习题巧妙地揉入教学环节，难易搭配、题型全面，应该说经过了深入的思考和精心的准

备,同时也收货了良好的教学效果。可谓充分把握学生学习能力。

类比:有延有展,郭老师在讲解待测电阻的测量值时不是单讲这一知识点,而是把真实值的计算拿来一起对比研究,误差一目了然,串并联电路特点清晰可见。可谓充分重视学生直观体验。

规律:有思有想,郭老师将内外接法的选择及误差分析结论巧妙地嵌入到口诀中"大内偏大,小外偏小",不仅实用而且极大地增强了学生们学习兴趣。可谓充分把握学生心理特点。

三、"联"——是否注重开拓创新,又不缺乏传统文化

理论不因新而有用,也不因旧而无效,在应用高科技手段时候要重点考虑实用价值、适用人群、解释或解决的关键问题等的契合度。同时结合生活实际引入传统文化,培养能力同时嵌入情感教育,不失时机的实现全面素养提升。

在刘丽敏老师与未来教育家讲《双缝干涉实验测波长》的同课异构课后我评课如下:

一实一虚一真像,一传一输一直观。我们知道单纯地讲解知识效果不会太好,如果我们将知识"直观"地展现,充分结合图像与实物、传统与技术,给学生充分的体验,我相信一定会事半功倍。刘老师在课前准备时将各种颜色的条纹都拍摄下来,课堂结束前给学生直观展现,达到了良好效果。同时也为今后的教学积累了重要资源。可谓"创"在细中生,"新"在观中成!

一问一答一猜想,一生一成一思考。刘老师在教学环节中通过多问多答启发新的思考,启迪新的智慧。尤其在猜想环节,刘老师已经在课前将一起调试完毕,她让学生猜想老师在调试环节中准备了哪些器材、调节了哪些地方、注意了哪些细节,充分利用了学生们的好奇心里,反其道而行

之。可谓"生"在猜中显,"成"在想中现!

一眼一神一性情,一言一行一习惯。其实我一直认为物理学科需要思维优势,而作为物理老师在尊重科学的同时更需要思维强势。刘老师柔中带刚,充分展现了思维中的"稳、准、狠"。可谓"胜"在柔中泳,"利"在刚中游!

一请一教一借鉴,一融一合一智慧。刘老师在本节课准备的一周内多次请教物理组同仁。为了节约在课上调节平行光的时间,刘老师从网上买了很多各种颜色的发光二极管,充分利用二极管的发光平行度好的特点。可谓"时"在买中省,"效"在用中展!

四、"圈"——课堂气氛是否活跃,又不造成课堂失控

教师在讲课过程中散发的气质与素质是不一样的,真正的高手不仅能够点燃激情、焕发兴趣、感情投入,还能将氛围严格把控、调动自如、多元互动。在罗敏老师讲完《自感互感》一节课后我评课为:调动无所不能,互动有声有型。

感官:听—看—做;思维:问—答—思;

借助:用—练—验;运用:解—落—结。

五、"灿"——寻找课堂一切亮点,又不违反核心素养

一次活动,一次成长;一个实验,一次探索;

一节课堂,一个特点;一位老师,一种风格;

一个问题,一个形式;一个原因,一个实质;

一个状况,一种素养;一句话语,一种性格;

很多时候每堂课尤其是展示课,都不是一个人的智慧,都有很多值得

学习的地方。这就需要我们擦亮眼睛、寻找亮点、关注细节、注意表达、灵活掌握,最终实现资源贡献、交流提升。比如胡双老师在讲《电磁驱动》一节课后我是这样评价亮点的:

铝管之旅——电磁感应有驱动;

沸水煮鱼——寻找热鱼不死迷;

真空冶炼——电磁感应热效应;

意志驱动——隔空驱动有奥秘;

引入科技——电磁导轨电磁炮;

时间留白——充分信任有效果。

六、"涵"——评价过程要有思考,又不出现语言生硬

评课工作是相互的,实质是一个互评的过程。我们在开展评课工作时应该认真对待,认真思考,必须站在一定的高度上,贴合实际、总结全面,思维高度,争取提升,语言精炼,直达要点。不仅真实有效,还要耐人寻味,不仅思维全面,还要饶有兴趣。不仅角度新颖,还要启发思考。

在听取了张帆老师的《锻造物理同理心》的体验式班会展示课后,我是这样评课的:

回忆心—同理心—欣赏心—感恩心,心心升级;

感悟心—共情心—理解心—同体心,心心相印;

现实心—体验心—交流心—合作心,心心交融;

归零心—写入心—融入心—无我心,心心温暖!

再比如胡双老师讲完《电磁驱动》一节课后我是这样评课的:

算(计算)→验(体验)→感(感悟)→演(演示)→练(练习)→展(展示)→全(全面)→联(联系)→传(传播)

七、"传"——评价内容要有实效,又不缺乏智慧传播

很多时候都是"当局者迷,旁观者清",作为评课人应该真实有效的找出亮点的同时,实事求是地寻找不足,这样才能更好地激励教师成长、共同成长,实现教学智慧的传播传承。在陈浩老师讲完《恒定电流在高考中应用》后我是这样评课的:

储(知识储备)→步(解题步骤)→路(思路规律)→

数(数形结合)→布(时间留白)→顾(板书回顾)。

结合陈浩老师的讲课,我也给出了一些听课建议:

尊重不拒绝,支持少否定,问答少单一,思维少定式;

实验多设计,科技多运用,充分多放权,素养多展现。

其实不同的课有不同的要求,比如展示课或者比赛课:

内容越少越好,提炼越精越好,授权越大越好;

联系越广越好,肯定越多越好,延伸越全越好。

而对于常态课要求就不一样了,应该实现效益最大化:

内容实用为好,高效开展最好,事半功倍为妙;

手段恰当就好,资源借鉴有效,能力落实才好。

评课工作是一项大工程,需要进行系统的研究,日常教学中,逐渐实现自评、他评、互评,真正实现评课常态化,才能真正发挥集体智慧,起到指导教学、完善教学的作用。

教育心得二十一

非常科研之课题研究"六字诀"

课题研究是教师在教育教学中必不可少的内容,它可以指导教师进行下蹲式停顿与思考,帮助教师进行弹跳式进步与提升,实现教学觉悟;引导教师进行飞跃式发展与升级,成就教学顿悟。真正地做学问就是要落实"做中研,研中做"。

我认为教育课题研究重在六字诀:"善""微""明""巧""聚""精",要做到以下 18 个"三字决":

全框架,重过程,善始终;

微切口,小问题,深探索;

明依据,落三实,真研究;

巧过程,重方法,懂辩证;

优成员,开角度,聚系列;

稳借力,通合作,精成果。

一、课题框架不可缺少

课题材料一般包括:开题申请表,开题汇总表,开题论证书,变更申请表,开题报告表,课题实施方案,课题中期报告,课题结题报告,课题成果材料等。

"好的开始是一项课题成功的一半",开题报告就是一个课题的全局流程、步骤、思想的谋划,一般包括:研究题目、研究背景、现状分析、研究依据、解决问题、目的意义、研究目标、研究方法、研究内容、研究过程、成员分工、保障条件、预期成果、参考文献等。

"善始善终是一项工作的态度体现",结题报告更是课题成果的全面展现。结题报告内容与开题报告类似,重点落脚在研究成果的呈现上。

"中间过程是一项课题研究的关键",课题过程是决定一个课题研究是否有意义、有高度、有传播的关键阶段,没有过程就不会结果。正如北辰区教师发展中心科研部部长王纪群所说,"很多课题研究者存在'两头热,中间冷'的现象"。我们知道,课题研究的选题是每个课题负责人甚至包括课题研究成员的思考结晶,其内容应该也充满了对课题内容的满满憧憬,本该呈现该有的智慧结晶,但是很多时候我们却没有俯下身去投入、沉下心去付出,最终能够导致课题研究"头重、无身、脚浮"的结果,不仅没有高度、没有内容、没有价值,甚至出现中途夭折。所以只有静下心来按照既定流程(依据内容,按照步骤,落实分工,交流合作)认真研究,努力做到"头重,脚成,过程活",才能结出丰硕成果,达到理想效果。

二、研究内容不可贪多

课题的研究内容应该"宁专毋多,宁聚毋杂;不可贪多求全,切忌贪大求多"。从选题开始就应该要足够精炼,落脚要小,一一对应,切忌走偏。

我们要学会"以大化小","大视角→小命题、大课题→小切口、大学科→小生活、大单元→小课型、大课标→小课程、大问题→小研究",也要学会"以小见大","小问题→大话题、小错误→大逻辑、小过程→大方向、小课型→大分析、小课堂→大课题、小故事→大情感"。

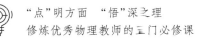
教学生活中,我们应该努力发现有研究价值的选题,进行辩证选择,比如我在我的"极典教学"理念中提到的:极品方法,极易出错,极致规律,极端临界等;努力挖掘有时代特点的元素,比如新时期下双减政策,五项管理,五育并举等;努力把握教育发展大方向,比如新课程改革选课走班,大中小思政一体化联盟校建设,品牌高中课程体系建设,一校一案德育案例撰写等。

三、研究内容忌少依据

课题所研究的内容一定要有理有据,做到真实、扎实、丰实。比如,教学模式的研究我们可以与已有的"三级建模"(一校一模,一科多模,一模多法)建立联系。再比如,一些内容的研究既要追问以前传统模式下的样子,又要探索新时期下的特点;既要参考国内研究成果,又要了解国外研究现状;既要有理论依据,还要有实践参考。

四、研究方法不可模糊

课题研究的方法还是比较固定的,我们可以从网上找一下,大致有以下几种:问卷调查法、访谈法、个案研究法、实验法、观察法、文献研究法、经验总结法、实证研究法等。很多活动体验不是研究方法,而是研究过程,"微格"是教学方法,不是研究方法等。所以我们在课题研究时对研究方法要准确定义,不要模糊处理。

五、内容概念不可混淆

研究目标是预期,主要用"通过什么实现什么"来表述;研究是对研究目标的结构性表述,主要用"为了完成目标要怎么做"来表述;研究成果是结果性表达,主要用"实现了什么,做到了什么,得到了什么,得出了什么"来表述;课题选题是方向性指引,后面研究内容务必要紧紧围绕选题展开,严格落实研究目标,重视优化课题人员,遵循研究步骤与分工,这些内容需要我们认真做好区分和应对。

六、预期成果并非单一

课题预期成果的呈现形式可以是多种多样的。可以是课题研究报告、工作报告、调查报告、实验报告,也可以是研究论文、经验总结、教育叙事、教学案例、教学设计、学术专著、发明专利、个案分析、录像光碟等。

说到这里,我们很多人会问,"论文和课题有什么区别和联系呢?"实际上两种科学研究形式都是教师科学研究的重要载体,都是衡量一名教师科研能力的重要参考标准,都可以作为职称评定的重要依据(不冲突),即使在职称评定破除"多唯"(唯论文、唯学历、唯奖项、唯荣誉、唯资历)的今天,也不是消除科研在职称评定中的价值,只是不作为唯一标准而已。究其不同点:(1)周期不同(课题按照年来计算,论文可短可长、一般较短)。(2)本质不同(课题立项超前,是一个有待解决的项目;论文立项滞后,是一篇围绕论点的总结,有待评奖或者发表的文章)。(3)流程不同(课题步骤较多,是一个完整系统的过程;论文步骤较少,一般一步到位)。(4)呈现不同(课题的成果有很多呈现形式,论文就是一种;论文是一篇总结性文章)。(5)价值不同(课题一般分为负责人、主要成员和一般成员;论文一般分为第一作者和第二作者)。(6)侧重不同(课题侧重研究的整个过程呈现:A. 课题的提出(为什么要立项研究? 问题的负面影响是什么? 必要性是什么?);B. 课题的内涵及主要内容;C. 解决课题的理论依据;D. 解决课题的实践操作过程(方式、方法、途径);E. 各种必备资料、数据的调查整理;F. 成果验证;G. 课题的特色、意义。整个过程是按逻辑顺序依次展开,形成系统的统一整体,更具客观性。重在研究过程,重在过程中做法与效果的不断反馈及相应的调整完善。最终文字材料只是客观研究过程的记录或理论化、系统化,而论文是针对论点的结果性呈现。

新时代的教育教学已经离不开科研,而课题研究作为科研的主要载体已经成为优秀教师的必修课。课题研究就是要把优秀教师培养成为理论研究者、教学实践者、学科领跑者、学习领跑者、思想领航者、品格领路者、艺术引导者、素养塑造者、精神传播者。

第三编

物理教学引领（逗）

　　高声问鼎，携手搭建教育教学"品质"，一点一滴建设教育高地，用"顶尖"实现"授人以筌"，努力做到：传播服务化、资源共享化、教育未来化，实践"逗"这门课程的多智慧碰撞，通过对比交流，共赢成长进步，让物理教师敞开量"会领航"。

　　作为教师，就是要利用一切可以利用的力量建设高端平台；作为优秀教师，就是要传承一切可以传承的智慧营造学习高地；作为卓雅教师，就是要带头学习、领航专业、领路教育，传播一切可以传播的情怀辐射家国情怀。

核心素养一：深学习

　　2019 年 4 月 15 日李伯生名师工作室在天津市第四十七中学五楼多功能正式成立。工作室邀请了南开中学金牌教练谷明杰先生和天津师范大学研究生院郭龙健院长作为特聘专家。北辰区教育局赵培刚副局长也应邀出席了本次活动。名师工作室 21 位成员、北辰区全体高中物理教师共计 80 多位老师参加了本次活动。

　　本次活动共分为四个阶段：

　　第一个阶段：李伯名师工作室启动仪式。

　　首先李伯生校长介绍工作室的筹备过程、两位专家的基本情况、3 年终极目标、各种联谊活动的布置已经与全国名师工作室联盟的合作计划部署。

　　其次核心成员代表进行表态发言，亓凯老师表达了"三个感谢"：

　　感谢工作室搭建平台

　　感谢工作室精心筹划

　　感谢新时代教育思想

　　分享了（高精尖）"三个理解"：

　　高台搭建赶时代之鑫（兴盛）

　　精挑细选荟人才之欣（兴旺）

　　尖端放电擦智慧之新（创新）

　　阐述了三个表态：

　　动静学习——练就文理思维

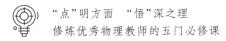
前后助手——做到点面服务

知行合一——完善大小传承

骨干成员代表徐石磊老师怀着感激之情与责任之感从履行职责、主动作为、真诚交流等三个方面进行表态发言。

本阶段最后赵培刚局长做了总结性发言。他首先对专家的到来和指导表示感谢,对李伯生名师工作室的成立表示祝贺。同时也提出了具体的要求:

拔尖精英,发挥潜能

搭建平台,桥梁先行

成长需求,互利共赢

加强管理,落实生成

第二个阶段,南开中学金牌教练谷明杰老师讲座。

谷明杰老师是天津特级教师,享受国务院特殊津贴,也是奥赛金牌教练。谷先生从觉悟、顿悟、醒悟三个方面展开分析,谈到了"国家宝藏",分析了"库仑定律",讲到了"公益事业",分享了"答疑手札",提出了"动能定理有没有方向性?""学生两个错误间有没有关联?"等接地气又具开创性的问题。他以"教育是生命与生命的交融"指导我们教育就是静心修行提高觉悟;他把每节课都当成建设高楼的最后一块砖,告诉大家教育是举轻若重不可急于求成;他以"多次高考就能考上清华北大吗?"的疑问引导我们思考量变到质变的必然和偶然,增强顿悟的共振。

本阶段最后李伯生校长简单总结谷先生讲座如下:

专业性多元智能——满怀

几十年心血分享——胸怀

几十年精华传承——情怀

微小行为见态度——觉醒

举轻若重有落实——感悟

242

量变质变应思路——顿悟

第三阶段,核心素养下教学模式介绍。

首先李伯生校介绍了我校近年来在教学模式方面取得的成绩。以张帆老师的"五象"(现象—表象—抽象—想象—现象)教学模式为代表的十几个教学模式都由完整走向成熟。

随后刘丽敏老师结合全国信息技术整合大赛向大家介绍了以实验在主要载体的"四验"教学模式,即:"体验—实验—检验—经验"的四步教学模式。笔者认为借鉴"五象"教学模式,如果再有经验回到体验,那将是全新的体验,更可以实现环环相扣的教学流程。

随后亓凯老师与大家分享了从实践中提炼出来的"四维度十环节"开放式教学模式。他通过:

一维:自学(物理观念)——点对点(知识)

二维:互问—互答(科学思维)——点对线(方法)

三维:智讲—智生—智探(科学探究)——线对面或点对面(能力)

四维:趣测—趣判—趣助—趣通(科学态度与责任)——线对面或面对体(情感)。

给大家展示了一个开放课堂,同时给大家带来了"谁最了解学生——学生,让谁成为'英雄'——学生,谁来甘当幕后——教师"等问题的思考。

本阶段的最后天津师范大学研究生院郭龙健院长对两个模式进行了精彩点评总结:

他首先提出了教学模式的三个要素:

模式要起到教学指导作用

模式要有具体的理论依据

模式要有物理的学科味道

同时也提出了三个思考：

科技手段运用的利与弊——把握好度

物理实验技能的修与深——身边无限

教学过程落实的思与平——善始善终

郭院长的点评一针见血，科学严谨。正如李校长所说：

较高评价，更高要求，常态延续。

提出意见，给予指导，寄予厚望。

第四阶段，名师工作室全体成员小议后期安排。

首先李伯生校长对下一月的同课异构活动进行了安排。其次李伯生校长向 21 位成员公布了本年度工作室的活动计划并现场征集全体成员的意见和建议。

整个活动最后高中教研员郑云贵老师和初中教研员霍刚老师分别对高中和初中的骨干成员进行了详细介绍。相信李伯生名师工作室在局领导指导下，在李伯生校长的带领下一定能够做出新成绩，达到新高度，传承新思想，期待下次更精彩的活动。

核心素养二:巧落地

"核心素养巧落地"李伯生名师工作室活动

2019 年 5 月 13 日,以"核心素养巧落地"为主题的李伯生名师工作室第二次活动在天津市普育学校顺利开展。名师工作室全体成员以及初中全体青年教师参与了本次活动。本次活动得到了普育学校的大力支持,秦立军校长与方树武校长全程陪同。本次活动共分为三个环节:同课异构,说课交流和专家共评。

活动第一个环节,针对八年级新授课"杠杆",来自普育学校的刘丹老师和青光中学的刘晨鸽老师分别进行了同课异构展示。第一节课刘丹老师,课堂导入新颖,紧贴教材,模拟教材中的情景在公园内用弹簧测力计测量大象质量在教室内完成用小量程弹簧测力计来测量学生书包的质量,激发了学生学习探究杠杆原理的欲望,讲授难点杠杆力臂的时候,清晰干练的语言、对比实验明确力臂不是支点到力作用点的距离,在探究杠杆平衡条件的时候,对教材中实验工具进行改进和创新,可以让杠杆在任意方向平衡时快速得出力臂,而不是局限于水平方向,而且在制作了一个非直杆的杠杆,让实验的探究更加具有普遍性,体现了实验的本质。

第二节课刘晨鸽老师,课堂教态自然,激情活力,语言精准,实验创新,在讲授杠杆的五要素的过程,并没有直接给出动力臂和阻力臂的定义和画法,而是让学生自己通过实验去发现问题、探究问题,给学生一个假设,影

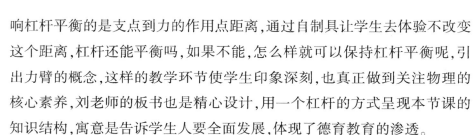
响杠杆平衡的是支点到力的作用点距离,通过自制具让学生去体验不改变这个距离,杠杆还能平衡吗,如果不能,怎么样就可以保持杠杆平衡呢,引出力臂的概念,这样的教学环节使学生印象深刻,也真正做到关注物理的核心素养,刘老师的板书也是精心设计,用一个杠杆的方式呈现本节课的知识结构,寓意是告诉学生人要全面发展,体现了德育教育的渗透。

活动第二个环节,两位老师针对本节课的设计思考进行了说课交流。虽然都是"杠杆"这一节课,两位老师却展示出了不同思维方式的教育智慧。刘丹老师体现出:动静结合的教学行动,讲练结合的教学套路,量性结合的教学途径,演验结合的教学手段,生成结合的教学艺术。

刘晨鸽老师则体现出:难易结合的教学程序,科技传统结合的教学方法,徒手借力结合的教学智慧,学玩结合的教学深度,文理结合的教学策略。

活动第三个环节,大家集思广益,针对两节课的亮点和不足进行了热烈的讨论,应该说真正做到了在体验中生成,生成中反思,反思中提高。名师工作室核心成员霍刚老师(区初中物理教研员)在点评中充分肯定了两位老师的精彩表现:精彩生动,亮点凸显、思维缜密、语言精练。并高度评价两位老师的同课异构课水平已经超越了区级优秀课的标准,尤其是夸赞了两位老师在备课过程中,在设计教案的过程中对于教材的使用,对于教材的挖掘,对于教材的灵活运用。真正做到了:活学、活用,学活、用活。

活动最后名师工作室领办人李伯生校长进行了总结发言:同样非常赞扬了两位老师的教学艺术。他表示,两位刘老师课上得很精彩,很有物理的味道。尤其是肯定了两位老师对传统教具的改进,以及自制教具的创新,真正做到:提升学生的物理观念,培养学生的科学思维,加强学生科学探究的意识和能力。鼓励大家真正实现传统教学与科技创新的深度融合。提出了"教材才是真正意义上的公平"的思考,建议大家深度研究教材、挖掘教材、吃透教材。同时也号召全体物理教师实现从低阶思维向高阶思维的转变,由"知识就是告诉"向"分析思考"转化,由"理解就是记忆"向"综合能力"转变,由"应用就是做题"向"学会评价"转向。

本次活动使全体老师都收益匪浅,大家都感觉学到了很多崭新的教育理念和方法,同时也带来了很多思考和启发,期待李伯生名师工作室的下一次精彩活动。

核心素养三:稳生根

2019年5月20日,以"关注核心素养,落实课堂教学"为主题的李伯生名师工作室第三次活动在天津市第四十七中学举行。名师工作室的全体成员以及北辰区全体高中物理教师参与了此次活动。本次活动共分为三个环节:同课异构、说课交流和专家点评。

活动的第一个环节:名师工作室的两位成员——天津市四十七中学的刘丽敏老师和南仓中学的宋德斌老师做同课异构展示,课题为高一物理新授课"闭合电路欧姆定律"。

第一节课刘丽敏老师从生活中的电路连线体验环节引入课题,贴近生活实际,为学生准备太阳能电池板、学生电源、小型电扇、发光二极管、音乐盒等大量实验器材,让学生在电路连接过程中模拟家里的各种用电器,并思考电路中各元件的用途,激发学生的兴趣,动中有思,思中有学,自然过渡到对电路的认识以及电路中电势变化和能量变化这个教学难点。刘老师通过安排学生自主阅读思考结合类比重力场高度变化适时引导,顺利突破教学难点,体现课堂上学生主体、教师主导的双主模式。在定律推导环节,刘老师充分利用精心准备的学案为学生搭建脚手架,从多角度对定律进行深层次的剖析。实验验证环节,学生通过传统实验与现代传感器实验的分组对比,体会不同实验手段的优势和劣势,刘老师还展示了自己课前准备的蓄电池实验操作及数据,引导学生通过分析对比验证结论,将课堂推向高潮。

第二节课宋德斌老师从生活用电现象入手,实验模拟用电器增多,由学生竞猜灯泡的亮暗变化情况,激发学生的学习兴趣。课堂上注重学生自主学习过程,通过阅读教材,学生获取电路结构知识。在分析电路电势变化这个教学难点环节,宋老师充分体现了学科知识的融合,引领学生分析化学原电池的基本原理,并深入分析电势变化及能量变化过程,通过类比,将晦涩难懂的抽象问题形象化,培养学生科学思维能力的"悟理"味道十足。引导学生从能量变化过程入手,推导出本节课的核心定律,并提出问题任务,由学生设计实验研究路端电压与负载的关系,展示实验成果环节将学生的传统实验数据与老师展示的传感器实验图像进行对比,课堂高效,并紧扣主题,利用实验结论分析课前引入问题,揭秘灯泡变暗的原因,促使学生体会到物理学有所得,学有所用。

活动的第二个环节:两位老师针对课程的设计思考进行说课交流。同一节"闭合电路欧姆定律"新授课,两位老师展示出了不同的教学风格和教育智慧。

刘丽敏老师通过这节课完美地展现了"四验"式教学模式在具体教学中的运用。从"体验"—"实验"—"检验"—"经验"四个方面环环相扣,符合学生的认知规律,让学生对课堂内容全面掌握的同时,体会获得新知的途径。刘老师在说课中与同行教师交流了课前准备大量实验的历练过程,老师在课下的辛勤努力与付出都是为了给学生展现一个完美的实验,为教学过程达到更好的教学效果。刘老师的执着追求得到了同行教师的高度评价和认可。

宋德斌老师在处理本节课教学过程中充分体现了教师对教学课堂的把控能力,学生活动与教师活动有效结合,充分体现学生的课堂主体地位。以闭合电路欧姆定律的推导和定性分析为知识主线,以演示实验和学生分组实验为师生活动的研究方法,以引领学生阅读、思考、表达为教育教学方式,以德国物理学家欧姆的科学探索经历为契机培养学生的科学态度与责任。在问题解决体验式教学模式的运用中落实物理学科的核心素养。

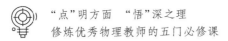
活动的第三个环节:名师工作室领办人——天津市物理特级教师、正高级教师李伯生校长对两位教师的同课异构展示做精彩点评,充分肯定了两位教师的教学过程中在关注核心素养、落实课堂教学中所付出的努力。

李伯生校长总结了两节展示课在教学中的三大变化:

第一,真正实现了学生学习方式和教师教学方式的转变。学生通过自主学习、合作探究,在教师引领下完成教学任务。

第二,真正实现了信息技术与学科教学的融合,在处理实验数据方面利用信息技术手段高效完成。

第三,初步实现学科核心素养在课堂教学落地。课堂上物理观念的落实,能量观念的深入分析,科学探究在课堂上充分体现,通过科学家的探索经历培养学生的科学态度与责任。在课堂教学中,李伯生校长期待老师们在落实物理学科核心素养的教学道路上越走越宽、越走越远。

同时李伯生校长也提出了殷切的希望:

第一,在深度教学上有所突破。对基本概念的深度思考,对基本规律的深度理解有所突破。结合初、高中对比,深入挖掘,更贴近生活实际。

第二,从注重学生的低阶思维向注重学生高阶思维进行转变。从知道、理解、应用的低阶思维向分析、综合、评价的高阶思维转变。为实现学生的创新实践,做好基础教育的培养,号召全体教师行动起来,从"知道等于告诉,理解等于记忆,应用等于做题"的低阶思维活动向"学会分析,学会思考,学会评价"的高阶思维活动转变。

本次活动为全体老师展示了崭新的教育教学理念和教学手段,在交流过程中得到了很多思考与启迪,同时也在李伯生校长提出的殷切希望中找到了工作努力的方向。老师们在活动中交流借鉴,收获良多。期待李伯生名师工作室更多的精彩活动。

核心素养四:齐发芽

核心素养齐发芽"学访天涯,天涯学坊"
——李伯生名师工作室杭州行

滴水静穿石,语露绵李心。

流思鉴伯艺,妙笔生文理。

2019年7月7日,北辰区8个名师工作室由教育局赵培刚局长和进修学校付桂兰校长任总指挥,犹如8列火车在列车长(领办人)带领下,齐头并进开赴西子湖畔。开启了为期一周的学访交流活动。

中学物理教师教学研究工作室,一直以来实行列车长全权负责制。整体分工如下:

列车长:李伯生书记兼校长,天津市特级教师,正高级教师(工作室领办人)

宣传长:亓凯(核心成员、领办人助手)

司　机:初高中物理教研员:霍刚老师和郑云贵老师(核心成员)

后勤长:谌林莉(核心成员)

乘务长:孙振荣(核心成员)

乘务员:15位全区优秀骨干教师(骨干成员)

乘　客:全区物理教师

工作室根据每次活动不同进行动态调配,我们列车长主张:各组成员的静态保障、动态配合、各有分工、互相补位,我们不畏严寒、不怕酷热、不

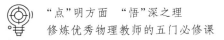
惧风雨、不拘一格,从而打造出一列完美的高铁列车。为流动的乘客(全区物理教师)提供全面、细致、周到的引领服务。

下面结合本次培训,简单从"海外海""山外山""青外青"三个层次进行总结如下:

一、海外海(博大广阔)——丰富到无法整理

本次活动角度发散、纬度多元、广度创新、幅度跨界,尽展学术的广阔,所以我将此标题定为"海外海",寓意大海无量,无边无际。

除了动感还有感动,活动的动感与分享的感动久久回荡。

除了学科还有科学,隐形的学科与显形的科学浓浓交融。

除了放开还有开放,形式的放开与思维的开放声声不息。

除了情感还有感情,相识的情感与相交的感情生生相伴!

1. 活动整体形势可谓高端大气:名校引领,专家亲临,主题鲜明,充分备课。

2. 演讲嘉宾能力可谓出神入化:各界精英,高度专业,体裁丰富,角度多样。

3. 活动主持水平可谓登峰造极:语言精练,思维活跃,经验丰富,全场把控。

4. 嘉宾领域之广可谓天南海北:学科领域,机构公司,政府企业,中小大学。

5. 论坛活动内容可谓丰富多彩:嘉宾讲座,互动交流,课件开放,网络共享。

6. 活动互动环节可谓开放自主:一问一答,一问多答,多问多答,发散问答。

7. 活动时间把握可谓分毫不差:讲座按时,互动限时,用餐定时,休息

准时。

8. 活动过程氛围可谓群情振奋:感动有泪,欢快有笑,互动有热,问答有妙。

9. 论坛活动收获可谓满载而归:资料齐全,演示文稿,思想唤醒,以行生慧。

10. 论坛活动传承必将雨后春笋:思想共振,智慧共鸣,诗文交流,资源共享。

二、山外山(登峰造极)——高深到很难理解

活动内容高度提炼、深度追踪、厚度传统、大度传承,本次活动尽显智慧之高深,"山外山"寓意天外有天,山外有山。

"种着别人的地,荒了自家的田",但是我认为双赢才是真的赢。"用过去的方式教育现在的孩子,必将葬送孩子"我理解为走进共振才能开启携手;"要想获得想要的待遇,思考你配不配拥有它""德要配位"我理解为不平衡就会失衡——很多事情都是一一对应的。"解除我们的精神枷锁"我认为:走出"道德绑架",才能走到眼界开阔,开放的世界就得有开放的思维。"教育不光是帮助人,很多时候也是拯救人"其实这是一种爱的能力,不要推卸责任:做人要知足,做事知不足,治学不知足。

"错误不可避免,孩子犯错是正常的。"我认为:从来没有犯过错的孩子一定是不存在的,因为犯错是成长的前提,我们需要考虑如何变处罚为成长机会。"战胜困难越大幸福感就越强烈。"实际上成就感是第一动力。"专注力在哪就容易在哪出结果。"我认为:专注力在问题上就出问题,在优点上就出优秀,在整体上就显全面。"师值所值,为师者或如良医知症去病救人,或如庸医用药钝刀杀人。"我认为:能为在法,真为在德,大为在责。"足够的专业,常人不可替代。"这也鼓起了我对特长的思考,不是简

单的超越,比如跑100米,12秒相对于11秒就不算特长,特长必须是异于常人好多倍的超越。

"教育就是一种暗示。"如何智慧的形成教育的潜意识是教育智慧高低的重要标志。"千题之题,百题之题,天问计划。"这让我对知识处理的技巧性进行了思考:疯狂英语、速记法、珠心算等,将偶然能力变成必然能力。"重做学生,学习的本质是自学。"这不仅勾起了我对称职与职称的思考:教书育人和育人教书的思考,教研组长与叫研组长的区别。"超越课程,借助资源。"我认为:老师绝不能孤军奋战,要强强联合,也要强弱相帮。"对孩子最大的爱就是爱孩子的母亲,对自己最大的爱就是爱自己的事业。"我们要干一行爱一行,读书才是幸福生活的捷径,但是写作才是幸福的归属。"提问艺术:构成合理的提问结构,并且要建立起关联性。"我们要懂得:整体建构、个体发散、层层递进、环环相扣。"家长教学思维与教师教学思维的不同。"教师要有研究的思维,设计意图与实际效果的一一对应与发散对应。"种豆子、拔豆子、煮豆子,豆子生长跟人一样,当花开的时候就不生长了。"我们的教育要注意花期、遵循花期、引导花期。"人必要有一痴,其实就是要有一种追求。"我们要跨越式成长,敢于学习,敢于挑战,其实平凡的事做到极致就是成功。"生命就像一场旅行,在乎的不是终点,而是沿途的风景以及看风景的心情。"但是终点不到也是一种遗憾,我们也要有必达终点的决心和毅力。"梦想还是要有的,万一实现了呢。"就是实现不了也曾经为之奋斗过,没有遗憾。"用心做事,敢为人先。"

我理解的"长者"特点:

广博到文武方圆(博学)

精确到符号标点(严谨)

严格到文学出处(敬业)

守时到分秒必捡(守时)

我理解的"师傅"特点：

开阔学术视野,锤炼教学艺术,创造成长机会,搭建人脉关系

我理解读书的重要性：

催眠：知识,能力,视野,气质

知识：知道了以前不知道的东西

智慧：深入了以前已知道的东西

我理解的同理心法则：

黄金法则：按照你们所希望被对待的方式去对待别人。

白金法则：按照别人所希望被对待的方式去对待别人。

钻石法则：按照大家所希望被对待的方式去对待别人。

有研究表明,当我们产生各种各样情绪的时候,最先被攻击到的是身体的免疫系统。情绪通过内分泌,导致免疫系统出现问题的情绪排名,前七名的依次是：生气、悲伤、恐惧、忧郁、敌意、猜疑以及季节性失控(如夏季频发争执和摩擦;冬季抑郁患者会比平时多)。

情结的重要维度就是适度,在过度和不足之间的中间水平："黄金中道。"一个脾气火爆的人应该努力变得冷静,一个很少表达自己感情的人应该变得更乐于表达。其结果仍然是两个不同风格的人,但是每个人的表现都比在领会"黄金中道"以前更好了。情绪自我管理的"三(小时)三(分钟)三(秒钟)"战略情结来源于自己,情绪容易失控,是自己的修为不够,与外在的事由没有关系,因为高人处理让你情结燃烧的同类问题时,他就不会情绪失控。学会把情绪写在纸上,你会发现,世上本无事,庸人自扰之。你的情绪换一个角度,就海阔天空,蓝天白云。务必保护好你的"情绪遥控器"(放在自己手中)沟通的艺术与秘笈之独孤九剑：沟通的艺术之知觉,沟通的艺术之同理心,沟通的艺术之知止,沟通的艺术之语言,沟通的艺术之非语言,沟通的艺术之倾听,沟通的艺术之冲突,沟通的艺术之拒绝,沟通的艺术之新媒体。"你向信息"让"我们"怎么样,比较和谐。"我

向信息"说"你们"怎么样,产生矛盾。"夏虫不可以语冰",就是说不要和夏天的虫子谈论冬天的冰,这纯属浪费时间。其实缩小距离是沟通的开始。所以不要把认知冲突上升为情感冲突,这是教育教学中很多矛盾的根源。

三、青外青(遇强则强)—经典到忘记呼吸

大家全程温度交流、诗兴大发、思绪万千,文理兼香。本次活动尽现智慧的火花,所以我将此标题定为"青外青"。寓意青出于蓝,青胜于蓝。

活动中大家组内合作交流是常态、组间展示分享是活动,知识只有在碰撞中才能得到升级。大家以诗会诗,以诗会师,以诗著史,形成一道美丽的风景线。简单汇总与大家分享如下:

季树涛名师工作室:

陈兵教上闹中静,立异标新秀儒林。

丁香花于芬芳吐,玲珑剔透谱新声。

推陈出新共努力,齐头并进求善真。

里强素质外播声,丽日晴空传美名。

流水有情春永驻,巍姿长留在心中。

皇天后二园丁美,培育新蕾助复兴。

季节更迭寒暑易,树海林涛桃李情。

建功北辰不辞苦,立业教育争头功。

刘福颖名班主任工作室:

榴枝茁则榴实繁,福源田颖保芳鲜。

园里花亭风清白,圃中春光资曼倩。

明朝桃李满天下,还须细种婀娜花。

于今草木渐葱茏,金霞昕霁轶群星。

豆蔻少年燕赵家,弱冠俊郎多彦贤。

不厌挟生遨学海,不倦诲人渡翠萍。

三尺讲台培良木,一片丹心育珍才。

师爱崔巍干云树,丹笔留史铸新功。

十年树木且不易,百年树人克畏难。

学子莘莘皆受益,英才济济笑开颜。

一马当先为人师,晓日皑雪初心映。

鲤跃龙门万里程,奋斗实践中国梦。

刘福颖名班主任工作室学访有感:

　　　　丝尽意犹在,彩笔绘蓝图。

　　　　烛化情更稠,黑白写春秋。

魏中和名师工作室:

　　　　雪中梅花凌寒开,满园凤菊郁金黄。

　　　　如花世界纷芳绽,振兴中华壮志昂。

李伯生名师工作室:

　　　　　　《半亩画生》

　　　　伴思长乐听梳理,

　　　　母育结盟明独立。

　　　　话爱能力常无替,

　　　　升德配位创奇迹。

　　　　——听赵国圣老师讲座有感(本人笔名:半亩画生)

《痛改前非》

同做师生本自学，

改邪归正启收获。

潜落技巧资源借，

飞爱倍加重立德。

——听朱永春老师讲座有感

《教学相长》

教为师人行为范,攻守待静进心田。

学思践悟精锤炼,分秒出处精标点。

享敬业守博谨连,文理艺术启方圆。

长幼师生书籍建,成长进取比天蓝。

——听金华附小江美华老师讲座有感

梦漂千里寻湘妹,心听三刻启智慧。

集思一线有分配,海选零点定方位。

基于多元比展追,载体高效有机会。

升级特长燃成最,春撒教育醉无悔。

——听富阳实验小学朱湘妹讲座有感

新旧木桶辩长短,早晚事件论发展。

优劣品质关清单,教学智慧分阶段。

高低思维潜修炼,有无用书必关联。

人山相融字为仙,人谷相近惹人烦。

认知冲突莫情感,成长移情不平凡。

先后顺序无论断,深浅六力片片蓝。

师生相长共患难,文理思维齐点赞。

内外驱力加油干,读写能力美名传。

——听汪纪田校长讲座有感

各工作室智慧笔墨展示部分汇总:

囊萤映雪功夫在,鲤跃龙门万里程。

明朝桃李满天下,今日还须细种花。

一马当先为人师,奋斗实践中国梦。

彩笔绘教书蓝图,黑白写育人春秋。

三尺讲台系国运,一生秉烛铸民魂。

育才造士铸教魂,才德兼备育栋梁。

丹心不知酷暑至,正是修身储能时。

师者自当树旗帜,各有因缘莫羡人。

少年辛苦终身事,莫向光阴惰寸功。

山寺月中寻桂子,郡亭枕上看潮头。

踏花归来思蹄香,滴水石穿亦非凡。

幽谷飞香花满园,爱浴人间铸栋梁。

深处种菱浅种稻,不深不浅种荷花。

碧水涟漪菡萏开,窗含烟景直浮空。

千淘万漉虽辛苦,吹尽黄沙始到金。

李伯生校长点评:

富有激情,嗓音洪亮。

理念传递,案例分享。

教师工作,生命奠基。

幸福生活,专业成长。

教育用心,教育有爱。

教育之事,重在平常。

真心当下,面向未来。

努力工作,身体健康。

学以致用,思考实践。

行动学习,前途无量。

——听赵国圣老师讲座有感

阴错阳差,考入师专。

两年学习,相遇红颜。

工作之初,玩世不恭。

女儿出生,是为转点。

自觉学习,专业提升。

原始专科,执着考研。

行动学习,厚积薄发。

十年一剑,成绩爆满。

教书育人,育人教书。

顺序不同,理念改变。

当下教师,职业倦怠。

繁忙工作,疲惫不堪。

勤于学习,善于思考。

课内课外,身先示范。

班级管理,以爱育爱。

寻其真谛,永春箴言!

——听桐乡三中朱永春老师讲座有感

世上无难事,只要肯登攀。

成长四字诀,为学思悟践。

小学科学课,本不受待见。

主动抓机遇,又敢为人先。

工作要主动,日常勤思源。

看似平常事,灵动文章现。

做事怕认真,成事执着连。

金师江美华,榜样在眼前。

　　　　　——听金华附小江美华老师讲座有感

勤于读书,培养习惯。

专业引领,丰厚积淀。

典型课例,形成特色。

不经意间,成绩斐然。

头脑风暴,引擎培训。

引子问明,移情自燃。

易于学习,便于操作。

实效如何,一目了然。

只讲付出,不问收获。

只要付出,收获必现。

　　　　——听杭州市富阳区实验小学朱湘妹老师讲座有感

　　大家笔墨间流露情感,切磋中流淌智慧。真可谓:文理兼香尽显融合之美——方法发散到疯狂。

　　其实我们应该重视身边的专家和资源,大家都很优秀,我们工作室领办人(包括很多优秀的教师)一定有他独到的教育智慧和成熟的教育理

261

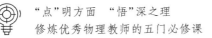
念。争取大家都能清晰知道每个人的核心理念和教育思想。

我们"李伯生名师工作室"以"悟天下理,理天下物"为追求,制订工作理念为:

领悟:知识,能力,素养

觉悟:态度,责任,修为

顿悟:精神,境界,修养

活动总结中,付校长更是妙语连珠:书中自有黄金屋,书中自有颜如玉,书中自有成功路,要求大家多读书、多听书、多写作。赵局长更是用三个"意犹未尽"激励我们引领、规划与奋进,同时表达局党委对人才培养的重视,一定会为名师成长搭建更多平台、提供更多资源、开发更多机会。

最后以李伯生校长的整体点评作为本次活动总结的结尾:

浙江学访回顾

> 暑期外出来学访,五十六人到浙江。
>
> 预备会上细叮嘱,学习休闲诸事项。
>
> 讲座学访课程多,江浙大餐喜盛宴。
>
> 各组暗暗下决心,认真学习细品尝。
>
> 百年树人赵国圣,教师职业幸福感。
>
> 信息环境 2.0, 西北师大赵国章。
>
> 桐乡三中朱永春,浪子回头金不换。
>
> 仙居名师张志伟,课题规划惊四方。
>
> 金华附小江美华,小众学科精细做。
>
> 浙大教授贾小鹏,情绪管理实别样。
>
> 实验小学朱湘妹,班级管理令人叹。
>
> 鄞州中学汪纪苗,名师发展与成长。
>
> …… ……
>
> 结业式上亮点多,纷纷上前谈收获。

学习思考加感悟,不赋首诗难分享。

一周学习收获丰,不虚此行到此地。

暑期已至忙充电,恭祝大家福安康!

核心素养五：遍开花

提高师生核心素养课堂生涯渗透微尝试（初中组）

2019 年 11 月 18 日在天津市第九十二中学，李伯生名师工作室以提高学生核心素养的课堂实施策略为主题的研讨活动如期举行。天津市第九十二中学孙美玉老师和普育学校刘丹老师给大家带来了两节精彩的"质量"的同课异构课。李伯生名师工作室核心成员、初中物理教研员霍刚老师、名师工作室骨干成员以及教研室物理学科兼职教研员、中心组成员、骨干教师二十多人参加本次活动。本次活动共分讲课展示和互动评课两个环节。

第一环节：讲课展示

第一节课是孙美玉老师。一上来，为了活跃课堂氛围，美玉老师采取小组激励的方式让学生踊跃地参与课堂，课堂导入新颖，通过小魔术来激发学生学习质量的兴趣和欲望，让学生快速进入课堂状态，在探究物体的质量与状态、形状、位置的关系时，美玉老师是通过小组合作的方式让学生讨论方案、展示方案，派代表小组去前面亲自完成实验探究，并得出实验结论，真正体现以学生为主体的课堂要求，在进行质量的测量时，美玉老师并没有直接讲授天平的构造和使用规则，而是让学生阅读教材自学完成，对疑难问题美玉老师给予适当指导，在用天平测量物体质量时，同样采取小组合作方式,让学生亲自体验天平的使用,提高了学生动手操作的能力,最后,美玉老师用一句话勉励学生,人生就是一架天平,用它来称量出自己的人生价值,达到了情感态度与价值观的升华。

第二节课是普育学校的刘丹老师,刘丹老师虽然不是主场做课,但是以温和的表情以及绝妙的语言快速拉近了与学生的距离,课堂以视频的方式导入,让学生快速了解质量,为质量的定义的引入做好了铺垫,质量的定义的引入非常自然,首先让学生将身边的物品进行归类并说出归类的依据,在通过物体所含物质的多少的差别直接引出质量的定义,学生印象深刻,效果显著。在介绍质量单位的时候,并不是局限于教材所介绍的,而是在此基础上了给学生进行拓展,比如说 1 克拉等于 0.2 克等,在测量物体质量前,刘丹老师首先让学生亲自体验不同物体的质量,然后用大家简易操作的电子秤测量出真实质量进行比对,锻炼了学生估测质量的能力,同时也提出要想提出物体准确的质量必须用测量工具去测量,于是引出实验室测量物体质量的工具天平,由于教材中对于天平的介绍有点复杂,刘丹则对教材进行在梳理,制作了天平使用的说明书,这样学生就快速了解了天平的构造和使用规则。在介绍天平使用时,刘丹老师信息技术融合课堂,首先用 *flash* 动画演示天平在使用过程中的细节,这样比实物介绍更加直观和方便,希沃同屏技术的使用则把演示实验体现的淋漓尽致,微视频的方式则大大提高课堂效率。最后刘丹老师借助天平送给学生一句话,"付出多少,我们就会收获多少",学生本节课意犹未尽。

第二环节:互动评课

参会所有教师坐在一起畅谈这两节课,刘晨鸽老师赞扬刘丹老师的课精彩有层次,比如单位换算采用台阶式的换算方式,让学生一目了然明确两个单位之间的关系,闫飞老师夸赞在探究物体的质量与状态关系时,使用的是海波没有采用冰,这样减少了结论的误差,郭智禅老师则对美玉老师的自制跷跷板很感兴趣,能帮助学生理解平衡螺母的作用。当然老师们也对课的一些细节提出了不足和合理化的建议,比如说板书设计要规范严谨,课堂要做到前后呼应等。

最后李伯生名师工作室核心成员、初中物理教研员霍刚老师表示,两节课两位老师都是精心准备,课堂活跃,内容详实,并且大胆进行了生涯尝试,应该说达到了预期效果。借此机会预祝美玉老师在与唐山开平地区的同课异构活动中取得优异成绩。

提高师生核心素养课堂生涯渗透的微尝试(高中组)。

2019年12月9日,李伯生名师工作室高中组《变压器》同课异构活动在南仓中学如期举行。47中学唐云浩老师和南仓中学李美玲老师针对"变压器"一节课进行了学科素养渗透的同课异构展示。李伯生名师工作室领办人、正高级教师、特级教师、47中学党委书记兼校长李伯生同志,名师工作室核心成员、北辰区高中物理教研员郑云贵老师应邀出席了本次活动,南仓中学王景江校长全程陪同。李伯生名师工作室高中组全体成员,北辰区高一高二全体物理教师共计40余人参加了本次活动。应该说这是生涯教育在科学渗透中的一次大胆尝试,两位老师与学生们的精彩表现以及殊途同归的教学效果,赢得了在场所有老师的一致好评,课堂内容大致汇总如下:

南仓中学李美玲老师:

有源电路灯本亮,无源电路亮何因。

各种仪器图展示,分析器材说内部。

原副线圈概念立,示意电路出标记。

原副电压与匝数,多用电表领回忆。

分组探究定对比,数据记录并处理。

交流直流同表记,双向原副多数据。

电能损耗师生析,减少损耗要封闭。

忽略三损用仪器,理想模型巧建立。

实验数据要分析,理论推导有意义。

四十七中学唐云浩老师:

充电设备巧引入,各种参数问答辩。

实物图片符号展,现场仪器看相连。

无源灯泡巧析辩,理论推导问题先。

分组探究全动员,前期交代环节全。

鼓励主动走上前,数据表格出图线。

规律共出原副圈,比例关系辩正反。

生活用电常观看,升降变压粗细线。

科学技术无线电,效率高低数据谈。

留下思考匝数判,一起收拾善终现。

课程展示结束后,各校进行了简短的研讨,各校代表针对今天的学习收获向大家进行了交流发言,亓凯老师代表 47 中学进行了交流发言,简单汇总如下:

一是五育并举生涯汇,说写演做显积极。唐云浩老师在课堂中所流露的生活意识、劳动意识、安全意识、数据意识、科学意识等方面给学生展示了一个科学的生涯世界。李美玲老师在课堂中所流露的安全意识、合作意识、尊重意识、和谐意识、问答意识等方面给学生营造了一个和谐的素养空间。可以说两位老师在课堂中对德智体美劳的素养点进行了全面渗透。

二是核心素养再学习,探究流程不孤立。看似孤立却存在着血肉关联。可以说独立成线、交错成面、交织成环。物理核心素养是指导我们教育教学的科学依据:物理观念是对物理概念的学习和理解并在实践中加以运用;科学思维是构建物理模型,从理论上对物理规律进行推理,并在推理中发现问题敢于质疑,从而培养科学思维;科学探究是遵循研究流程,进行实验设计,完成实验报告,进行交流分享,培养学生动手能力和合作意识。科学态度与责任是在教师的引导下培养学生的家国情怀,从而促进学生全面发展,培养优质的社会主义建设者和接班人。

三是双导双体互师生,各种问题不分离。我们要努力做到:工作上,同流不合污,合群而出众;学习上,随波不逐流,温故而知新。

南仓中学的李玉飞老师,青光中学的姚琨老师,96 中学的王富鹏老师,朱唐庄中学的刘晓老师相继进行了交流发言,简单汇总如下:

直流与交流(感应不感应)

片面与系统(理念与流程)

独立与合作(理论与探究)

传统与自制(创新与改进)

杂乱与顺序(内容与要点)

观察与体验(想象与感受)

郑云贵老师进行了总结交流:

一是核心素养落地,重视实验分组。本次活动的主要目的是核心素养在课堂中的实际落实,尤其是物理学科作为一门实验学科应重视实验的操作,特别是新增实验更应该加强分组。

二是课件尽量运用,媒体辅助教学。前段时间全区物理人进行了分工合作,共同完善了教材所有课件,也已经分享给了大家,大家要多在教学实践中加以运用。

三是拓展问题研究,重视问题教学。就拿本节课来说,铁芯为什么是多片而不是整块?变压器的匝数为什么那么多?电流大的线圈为什么那么粗?没有铁芯会怎么样……原副线圈的电压是否同步等问题,我们应该去深入探讨和研究。

活动最后李伯生校长首先介绍了名师工作室的工作情况:一年来工作

室外出培训收获颇丰、外出比赛喜获丰收、同课异构充分展示、讲课评课互相交流、论坛讲座高效引领、论文发表接连不断、校际合作多次整合、项目扶贫传承理念、师徒结对互帮互助、展示交流走到全国。

　　针对本次同课异构活动李校指出,课堂反思中应该分析物理观念是否已经形成,科学思维是否已经建立,科学探究是否深入开展,科学态度与责任是否具备丰盈的生涯渗透。呼吁老师们走出:知道就是告诉,理解就是记忆,应用就是做题的低效课堂。鼓励老师们,努力培养教学智慧,落实核心素养,升级教育理念。建议老师们,改变"过多预设,不重生成"的模式,只有课堂教学出现生成的课才能称为好课;改进"过多知识,不重素养"的局面,只有核心素养初见成效的课才能称为优课。

核心素养六:真结果

核心素养遍开花之"全国物理名师工作室联盟"
——李伯生名师工作室青岛行

2019 年 7 月 29 日—8 月 1 日,李伯生名师工作室一行 7 人在领办人李伯生书记兼校长(天津市物理特级教师、正高级教师)的带领下,参加了在青岛举办的"全国物理名师工作室联盟"年会暨"基于物理学科素养的实验创新研讨会"。本次活动中,参加全国创新实验评选活动的若干作品中,李伯生名师工作室有 5 名工作室成员获得全国大奖(4 位一等奖,1 位二等奖),其中马雪娇和刘丹两位老师进行了现场展示(全国共选出 10 个优秀作品现场展示),李伯生名师工作室也获得了优秀指导奖,同时工作室被吸纳为"全国物理名师工作室成员单位"并获得了大会授牌。可以说李伯生名师工作室是满载而归。

本次活动有来自全国各地的六十多个物理名师工作室的二百多名主持人和骨干成员参加。对于活动组织情况简单评价如下:

活动规模不大,但内容丰富:讲座、介绍、授牌、颁奖、展示、提问、点评等应有尽有,可谓高端而又高效。

活动人数不多,但阶层广泛:专家、正高、特级、领导、高校、中学、职专等全面包含,可谓高层而又高级。

学科表面单一,但内涵丰富:科技、传统、音乐、美术、体育、手工、智能等涉略广泛,可谓高深而又高明。

下面结合学习与思考,我将从以下:"知中智""会中慧""行中型"三个方面进行总结,不当之处敬请同仁们批评指正!

一、"知中智"——"一亿个"的思考,只有"博览群书、博闻强记"才能从学习中活得智慧

从专家讲座、部分工作室介绍、作品展示中,我简单收集了一些创新实验,现与大家分享如下:

1.黄恕伯老先生,全国物理专家,全国课标组核心成员

(1)小电动机实现匀速拉动物体的效果,更能体验"直观"匀速,从而实现新授课中的概念建立——区分新授课与复习课的教学特点,做到科学高效。

(2)气球碰撞体验中掌握"动量、冲量"的概念——真实体验效果,做到真正启发学生兴趣。

(3)利用生活用品实现电容器"盛电"体验——通过类比,用最简单的方式让学生懂得原理。

(4)运动鸡蛋碰静止鸡蛋体验动量与力的效果——实际操作,引导学生好奇心,从而实现从生活走进物理。

(5)利用生活中电磁炉近距离体验互感与自感——身边探索,从物理走进生活。

(6)手机汽车的无线充电技术做到真体验与真制作——动手制作,让学生感受科技并不遥远。

(7)"换向器"的制作,体验"电刷"的原理——解剖小仪器,让学生深入身边小"工具"。

(8)浮力法鉴定耳钉的真伪——由于提交较小,量筒不能测定,探索

取代量筒的测定方式。

(9)拔火罐式的马德堡半球实验——用科学的思维实现"真空"的效果,引导学生学会走出思维定式。

(10)魔术实验启发连通器原理——用神秘吸引眼球,用物理知识答疑解惑。

(11)利用身边材料成就物理音乐家和发明家——物理本该来源于生活,我一向主张"信手拈来"讲科学;

对于黄老先生的讲座,我是这样总结的:

《琴音穿心》

管板棒瓶杯架琴,

吹拉弹唱谱写音。

瓢罐碎瓦拼凑串,

创新改造实验心。

——听黄恕伯先生讲座有感

2.赵力红老师,浙江省特级教师、正高级教师赵老师跟我们分享了
    五个"十大"实验:

十大最美丽物理实验:

(1)托马斯·扬的双缝演示应用于电子干涉实验(导致物理学上光的波粒二象性的结论)

(2)伽利略的自由落体实验(展示了自然界的本质挑战人类的权威)

(3)罗伯托·米利肯的油滴实验(首次测量电流的电荷)

(4)牛顿的棱镜分解太阳光(发现了光谱)

(5)托马斯·扬的光干涉实验(证明了光具备波的性质)

(6)卡文迪许的扭矩实验(成功测出了万有引力的参数及地球的质量和密度)

(7)埃拉托色尼测量地球圆周长(在公元前3世纪就测算出地球的周

长,误差仅仅在 5%以内)

(8)伽利略的加速度实验(证明了恒定的重力加速度的存在)

(9)卢瑟福发现核子的实验(展示了原子的内部结构)

(10)米歇尔·傅科的钟摆实验(展示了地球是在围绕地轴自转的)

高中物理 10 大疑难实验:

(1)瞬时速度的测量(解释难)

(2)运动径迹显示研究(利用光影留痕)

(3)验证牛顿第二定律(新时代传感器)

(4)库伦定律的验证(自制定量测定仪)

(5)静电系列演示实验(精确度太高)

(6)电动势的引入实验(不好单刀直入)

(7)电磁感应定律的演示(完善演示实验电路)

(8)机械波的形成演示(光影留痕)

(9)LC 电磁振荡机理演示(借助媒体)

(10)光电效应的演示(逆向思维:变增为减甚至中和)

中学物理十大轨迹实验汇总:

(1)自由落体运动

(2)平抛运动

(3)匀变速直线运动

(4)曲线运动条件

(5)弹簧振子运动

(6)单摆的运动

(7)过山车的运动

(8)运动合成与分解

(9)离心运动

(10)行星椭圆运动

高中物理 10 个拓创实验现象：

(1) 光测弹性形变

(2) 向心加速度大小与方向

(3) 热力学第二定律

(4) 泊松亮斑

(5) 海市蜃景

(6) 布朗运动

(7) 声音的干涉

(8) 多普勒效应

(9) 超导现象

(10) 放射性现象

融合教学实验的现代信息技术手段汇总：

(1) DIS 技术

(2) 三 D 打印技术

(3) 多媒体技术

(4) 手持信息(手机)技术

(5) 红外热像技术

(6) 单片控制技术

(7) 数码显微技术

(8) AR、VR 技术

(9) 激光雕刻技术

(10) 互联网远控技术

最美实验

十最实验有标准

十动轨迹皆近身

十难实验妙理文

十尖科技信息捆

十拓设计尽堪寻

十全物理点滴顺

——听赵力红老师讲座有感

3.高翔老师,山东省特级教师、正高级教师

高翔老师更多从研究方法的角度给大家带来了一堂智慧讲座,同时将新旧课标进行比对,给大家汇总了重要信息并分享了自己的观点,实属"雪中送炭"。他建议大家将演示实验进行探究化,同时提出部分探究化的辩证思考。高老师还提出了:物理教学就是从无到有,从有到另一种存在的智慧深入过程。

高翔之歌

纯化科学悟活动

立面探究分步行

从无到有另存同

数形结合析过程

新旧课标启智聪

旨趣行为价值通

学科品格性情浓

资源共享永传承

——听高翔老师讲座有感

4.部分名师工作室主持人展示环节

(1)气球在冷热水中沉浮现象,体验潜艇沉浮的奥秘(张咏梅老师)

(2)电磁感应的:"隔空点灯""涡流显形""旋转铝罐"等,"圆圈含金珠"体验平抛运动的轨迹,火箭的"速度与激情"(熊宏华老师)

(3)感受压强:"铅笔顶手指""手心有无托盘放钩码",杠杆知识:"体验俯卧撑"(张世成老师)

5.全国优秀作品展示

(1)库仑定律定量测定仪(石芸辉老师)

(2)手机软件全面教学(戴远辉老师)

(3)相似三角形视角下的杠杆平衡(刘丹老师)

(4)激光划线测量杠杆平衡数据(刘颖老师)

(5)导体与绝缘体快速检测仪(罗正强老师)

(6)二力平衡改进实验仪(马雪娇老师)

(7)多功能振动图像光影演示仪(谢家强老师)

(8)安培力定量测定实验仪(万鹏老师)

(9)二极管探究、改变电流方向(李旭斌老师)

(10)三角"钉"量探究杠杆平衡原理(谢地老师)

二、"会中慧"——"一个亿"的思考,只有"博采众长、旁征博引"才能在反思中总结理念

工作室主持人在介绍的时候几乎都谈到了工作室的理念问题。例如:

杨凌霄工作室的"简明悟理"理念;

张咏梅工作室的"体验、思辨、表达"三维理念;

秦德胜工作室的"进阶"教学理念;

夏季云工作室的"本真物理教育思想"理念;

叶富军工作室的"5.0版本升级科学教学"理念;

张世成工作室的"证据"课堂理念……

李伯生名师工作室一直都很重视理念的打造,我们将"卓物雅理"(我们学校的卓雅教育被评为天津市首批十大特色鲜明校之一)作为工作室"核心理念"。打造卓越物理、雅致生活。升级物理观念与探究方法,升华科学思维与态度责任。从而实现真正的能力、智慧、态度与情感的高度融

合。当然,完善教育教学理念必须要有丰富的教学载体。例如:

杨凌霄工作室的"6 个化"工作;

曾长兴工作室的"5 个一"活动;

叶富军工作室的七情七纵解七惑策略;

张世成工作室的学生观、探究观、质量观的"三观"途径;

熊宏华工作室的课题"四轮驱动"联合等。

三、"行中型"—"亿个一"的思考,只有"博古通今、博大精深"才能在传承中不断完善

其实物理就是一个辩证的思维:宏观与微观、大小与方向、特殊与一般、平面与空间、定性与定量、理论与实践……

其实物理就是一个深入的过程:唯有知中才能启智,唯有会中才能生慧,唯有行中才能成型。

其实物理就是一个融合的过程:科技与传统不能分割,科学与高效不能分开。有时需要花费很长的时间就是为了制作一个教具,有时候只需要信手拈来去解决问题……

其实物理就是一个落实的过程:用张世成老师的一句话说,既然心怀梦想,那就像玄奘那样:懂得 $s=vt$,t 有多持久,s 就会有多远。

让我们一起努力,"理天下物,悟天下理",构建物理智慧、打造物理理念、传承物理文化。我一直主张:"读书能成为精神贵族,写作才成就教育传承。"正如一位专家所说:"人人独善其身为私德,人人相善其群为公德。"

核心素养七:全升级

　　针对突发疫情,相关部门出台了"停课不停学"的文件。为了积极响应国家政策,而又不违反"减负"原则。李伯生名师工作室在领办人李伯生校长的带领下,专门成立学校"停课不停学,名师不虚名"物理教学研究小组,认真研究对策,制定指导方案,采取必要措施,保证学校物理教学工作的正常开展。

　　根据高三年级复习"时间紧、任务重"的现状,李伯生名师工作室建议学校保留课表化教学节奏,采用网络教学媒介,建立班级各科 QQ 群和微信群,从而形成了陪伴式学习氛围。真正实现家校深度融合,完成"教"与"育"的和谐统一。

　　名师工作室成员各有分工,合理保障全校物理教学工作的创新开展。核心成员亓凯老师拟订"家长须知",并通过微信公众号向全体教师和家长进行了传达。工作室骨干成员刘丽敏老师利用学科网开展课前调查问卷汇总,完成课后作业分析报告,为老师们物理课程的教学提供科学依据和技术保障。

　　不仅如此,工作室认真研究教学载体以及各种网络媒介。做到先自己学会,再制作多版本的 QQ 群视频使用教程和钉钉直播教程,工作室骨干成员姬慧峰老师向老师们进行培训和传授,骨干成员唐云浩给大家讲授钉钉视频直播教程,为学科组和备课组的教学提供技术支持。老师们在接受培训的基础上各显神通:有的老师提前录制一些视频片段甚至整堂课,以便课上适时播放;也有的老师在自己家里建立起直播间;还有的老师利用翻转课堂进行辅助教学,实现多形式共存,多主体同在,多角度互动,从而弥补直播课堂互动性不足的缺陷,实现教学高效。

工作室成员在各个年级的教学中均起到了模范表率作用,给各学科教学工作做出了榜样和引领。工作室联合各学校物理教师一直鼓励大家发散思维,探索适合本学科的更多的教学方式,与学生进行发散互动。目前在李伯生名师工作室的带动下全区高中物理教师已经形成了动态师生,互为主体,转换角度,明暗主导的"大学习"模式。该模式在全区初中物理教学中也得到了有效推广。相信我们的共同努力,必定实现学生学有所获,学有所得,学有所成。

针对高三复课后的新局面,李伯生名师工作室主持人助手、核心成员亓凯老师在教研活动与常态引领中提出了新形势、新常态、新思考、新举措、新模式等的思考与感悟:

(1)线上线下第一次较量,后面将是常态? 手机使用如何管理,网络泛滥如何禁止,办公方式如何变化。

(2)推迟高考第一次试行,后面是否延续? 课时节奏如何掌握,立德树人如何落实,德育教学如何取舍。

(3)强基计划第一年推广,后面如何使用? 强基计划寻找捷径,学科竞赛更是亮点,借助外力成为常态。

(4)高考改革已进入正轨,后面如何升级? 难易把握重新界定,模块拓展已然开启,应试方向准备回归。

(5)联合研讨第一次开放,后面如何安排? 线上交流全面打开,深度体验全面重视,多地合作必然有效。

(6)学科组长第一次闪光,后面如何发挥? 纵观全局升级思想,超前引领走出定式,集思广益取其所长。

在李伯生名师工作室的带领和影响下,学校 2020 届高考取得了辉煌成绩,5 名同学以优异成绩考入清华大学,考入清华大学学生人数在天津市排名第四位。

核心素养八:乐引领

2021 年 5 月 24 日,李伯生名师工作室高中组全体成员和全区物理青年骨干教师参加了一次别开生面的教研交流活动。李伯生名师工作室领办人、47 中学党委书记、校长李伯生同志,党委副书记、副校长狄建成同志,副校长张华冕副同志,工作室核心成员、北辰区高中物理教研员郑云贵老师应邀出席了本次活动。活动由我校物理学科组长张帆老师主持。

本次活动共分为三个环节:同课异构,专业讲座,全面点评。

第一环节:同课异构

由李伯生名师工作室核心成员、领办人助手、市级骨干教师亓凯老师与区级骨干教师吕鑫老师进行同课异构活动。

亓凯老师借助一个"四维度十环节"开放式教学模式,打造了一节"开放课堂";实现了两个升级:主体升级和主导升级,落实了两个互换:师生互换和学教互换;课程中做到了"三个一":所有环节一抽到底,实现人人平等参与;一言九鼎展示,实现人人自信满满,一览无余创新,做到人人创新变式,逐渐实现三个转变:应试教育→核心素养,传统课堂→开放课堂,固定模式→没有模式;实现了"四全育人":全程指导、全员参与、全面自主、全能训练,做到了四个纬度升级教学,做到了充分打开学生视角,充分尊重学生主体。

吕鑫老师的课传统而不失创新:小组讨论异与同,辩证真分析。大器而不失细节:集体探究动碰静,两面辩推导。严密而不失灵活:改造实验机械能,角度出新颖。精细而不失效果:动画演示慢过程,视觉新冲击。吕老师整堂课高效驾驭课堂,向大家展示了一堂精彩的高效示范课。

第二环节:两堂讲座

教学新秀张吉红老师以《白话相对论》为题讲座,通过相对论的出处,相对论的背景分析,相对论的题目类型对比,相对论的应用举例等几个方面展开讲解。我们都知道"相对论"知识难度较大,但是张吉红老师讲解内容生动,化难为易,化繁为简,化全为精,彰显了张吉红老师作为南开大学理论物理硕士研究生的非凡实力。

北辰区名师张帆老师以《教师课题引领下的专业成长》为题展开讲座,她从二次发展,破茧重生;读写合一,武装思想;知行合一,落地课题;修炼自我,终身成长等四个方面进行分享。认真分析了教师成长的几个关键时期及其特点,课题的研究流程和要点分析。用一个个生动的案例告诉老师们:站在门槛上,至多看到一个院子;站在屋顶上,最多看到一个村子;站到泰山顶上才会看到东海的日出。

第三个环节:全面评课

本次评课也涌现出了一大批优秀的评课高手,比如马爽老师评价亓凯老师的课为:一个场景,六个问题,多元参与;评价吕鑫老师的课为:一条主线,两面开花。卢珍老师点评两节课:学生自学找课题,小组合作提能力,集体探究展成果,教师总结切实际。

老师们积极点评,踊跃发言:分组经典,高度参与;引导有方,完美融合;由浅入深,循序渐进;看似轻松,实需功底;高效实验,全面发散;模式创新,细节完善;实践节奏,再度谋篇;坚持平时,效果显现。

李伯生名师工作室核心成员、北辰区高中物理教研员郑云贵讲到:目前在新高考改革的大环境下,课时少了,内容多了,这就要求我们要发挥学生的主体作用和主观能动性,建立以问题为导向的新型课堂类型,做到:升级高端引领,充分驾驭课堂,更加特出重点,尽力突破难点。就像我们张华冕校长所说的,要做到真投入、真学习、真主体,新时代的课堂更加强调学生的"学",逐渐淡化教师的"教",发挥学生的个性化、自主性、天然观。这与我校狄建成副书记所提倡的"先学后教"不谋而合,狄校长从两个角度高度肯定了两节不同的课程类型:第一节课是一节高度发散的新创举,第二节课是一节传统模式的新典范。

李伯生名师工作室领办人李伯生同志总结中强调:核心素养就是要全面培养,开放课堂可以做到预设生成、相映成辉,极好地适应了新时期的发展,但是传统课堂也具有其不可替代性。李伯生校长建议:在小组预设问题时可以尝试再发散,设计实验的问题需要更具体,提出问题才能解决问题,有时候提出问题本身就是在解决问题……

通过本次活动,大家都意识到学生的能力素养实际上都是很强的,两节课让大家看到了很多的"想不到"。例如,学生能表达,学生能听懂,学生深思考,学生会研究,学生真合作,学生会备课,学生会教授,学生能自主……活动在热烈的讨论中接近尾声,一上午的活动,大家全程高能,但是丝毫没有疲倦,期待下次活动更加精彩。

核心素养九：新开启

　　疫情阻止不了我们的学习热情,炎热影响不了我们的学习斗志,距离阻断不了我们的学习效率。2021 年 7 月 27 日—30 日,李伯生名师工作室一行两人来到美丽的海滨城市海口,参加全国物理名师工作室联盟年会活动。本次年会期间中学物理教学参考编辑部专门邀请到人民出版社物理编辑室主任、中国物理学会副秘书长张颖主任,中国物理学会副理事长、苏州大学陶洪教授等专家与大家进行现场交流。张颖主任向大家解读了人教版高中物理教材的编写原则和编排初衷。陶洪教授给大家带来了"中学物理教学的名师成长路径"的高端讲座。以"证据物理"为研究模式的江苏省名师工作室主持人张世成老师与全国各地物理名师工作室主持人向大会进行了专业分享交流。应该说本次活动高端、大器、上档次,实在、高效、接地气,深度、智慧、有新意,可以说收获满满;值得一提的是李伯生名师工作室在本次全国论文年会评比中有 11 篇作品分获一、二等奖和优秀奖,更可以说是满载而归;中学物理教学参考郭晓丹副主编对参评文章的点评作为本次活动的压轴,全面、睿智而又独到,精准的评价,智慧的对策,中肯的建议,让深处一线的物理同仁受益匪浅,更是让我们满怀期待。

一、关于理论高度和文字游戏——不可分

　　参与人教版高中物理教材编写工作的张颖主任,以自己的亲身体会向大家介绍了教材的编写原则和设计过程。与大家一起交流了几个概念的

区别与联系。

学科素养与学生发展核心素养的关系:一个体现学科本质,处于下位指向学生发展核心素养;一个体现学生一个阶段的学习发展,处于上位指向学生整体全面发展。

核心素养与三维目标:核心素养是三维目标的整合,是知识、能力和态度的整合。双基是外在,体现学科角度;素养是内在的,体现人的角度;三维目标是外在走向内在的中间环节,而核心素养表达更具体、融合,更体现人文情怀。

素质教育与核心素养:素质教育是具有宏观指导性的教育思想,核心素养是素质教育思想内涵的具体阐述。

在这里与大家再复习一下物理核心素养的内容。

物理观念:物质观(物体的存在形式:固、液、气,电场,磁场等;各种属性:密度,比热,电阻率,质量,劲度系数,折射率,电场强度,电势,磁感应强度;宏观性质与微观结构有关:分子力,压强的微观表达,电流的微观表达,原子核式结构,能级,氢原子光谱,原子核,基本粒子)。运动与相互作用观(理想化模型:匀直,匀变,平抛,匀圆,简谐,弹性,等温,绝热等)。能量观(物质都有能量,通过做功来实现能量之间的转化或者转移,但是能量的总量保持不变)。物理就是需要我们从物质世界中提取物理知识。

科学思维:建立模型,科学推理,科学论证,质疑创新。其实科学的基本活动就是探索和制定模型。

科学探究:问题,证据,解释,交流。

科学态度与责任:科学本质,科学态度,社会责任。

有人说这些概念比较有"文字游戏"的嫌疑,专家们绞尽脑汁地搭建顶层设计,实际上对基层的学生与家长甚至是包括老师意义并不是很大,当然这样的说法也并不是没有道理。基层更侧重实践层面的"教"与"学",缺乏理论高度和理论深度。正是因为如此,我们更需要专家的解读,作为一线物理教师尤其是教研部门更需要认真学习这些理论。只有这样才能更加精准把握教材设计的初衷,从而领悟教材顶层设计原则,传递知识的精髓,形成知识同频共振,实现理论与实践的完美融合,从而达到事半功倍的效果。很多时候理论高度与"文字游戏"也是密不可分的,属于一个共同体。我理解:走出"文字游戏",玩转"游戏文字"是达到理论高度的必经之路。

二、关于难易把握与科学引导——降难度

对于新教材的编写原则,大多数人都知之甚少。下面通过两个例子,我们一起探讨新教材中一些问题,大家仁者见仁智者见智,可以提出不同意见。

案例一:能量观在"机械能守恒"中的渗透,教材是先从功与功率入手,然后用做功定义重力势能,再用合功定义动能以及动能的变化,然后通过重力的功研究能量的变化,从而将功能知识全面链接,融会贯通。然而在实际教学中,我们大多数老师是按照初中已经学过的重力势能、动能的知识基础,以及做功在初中的知识基础,然后再把功与能进行结合,虽然大多数老师的教法也是高效的,但是这毕竟不符合新教材对这部分知识的设计原则,这种顶层设计与基层实践的脱节必然会造成一定程度的资源浪费。从这里可以看出,上面的顶层设计与基层的教学实践的完美融合还需要很长的路要走。

案例二:在力的分解讨论问题中,本来细致讨论起来这部分知识非常丰富,难度也非常大,按照条件的不同(已知两个分力方向,已知一个分力大小和另一个分力的方向,已知两个分力的大小)可以出现多种解,甚至某种条件确定下也会出现多种解的情况(这里就不详细阐述了)。但是新教材为了降低知识难度,只研究确定两个分力方向的力的分解情况,并且

把共点力平衡作为解决这一部分知识的核心思路。这就出现了新教材的指导思想与一线物理教师的教学习惯和教学惯性的巨大差异,如果不能认真学习和领悟,在教学中就会出现严重偏差,在没有教学大纲的今天,需要我们老师们要高度重视教材分析、课程标准和考试说明。

张颖主任把课程标准对模型构建的要求分为五个层次。简化总结如下。水平一:说出常见模型;水平二:日常简单应用;水平三:熟练恰当选用;水平四:转换不同模型;水平五:复杂间接建模。

三、关于科学探究与责任培养——重严密

有人说,高中阶段的实验没有探究性实验,都是验证性实验。在这个阶段实验的初期阶段,加上实验室的不完善,只能完成一些验证性的知识和学习。我觉得也有一定的道理,但是高中阶段的探究在一定程度上是在实验验证的过程中体验探究这一科学研究方式。有时候确实是"为了探究而探究"。我们交给学生这一新方法的同时加深对问题的理解和掌握,只要我们理智思考,打开研究的视角,避免过度探究或者探究中毒,必然是有利于教师的"教"和学生的"学"。科学需要严谨,方法必然有步骤,我们要遵循科学规律,本着高度的责任对待知识,面对学生。下面用两个案例举例说明。

案例一:不恰当地扩大结论:张颖主任向大家分享了"曲线运动速度方向"的教学设计。

实验事实:旋转砂轮上的火星,旋转雨伞上的水滴,都是沿圆周切线飞出。

归纳推理:做曲线运动的物体在某点的速度方向沿着曲线运动在该点的切线方向。

其实上面的设计属于"偷换概念",他把曲线运动理解成圆周运动了。

当然张颖主任也给出了正解：

事实：旋转砂轮上的火星等都沿着圆周切线方向。

猜想：曲线运动速度方向可能沿着曲线上该点的切线方向。

检验：钢球在任意曲线导轨内运动，离开时都沿着曲线的切线方向。

理论分析：速度方向与曲线相切。

实践检验：飞镖的指向跟飞行轨迹相切。

上面的正解是严格按照科学探究的流程来研究的。实际上任何没有经过验证的结论都属于猜想，而科学的猜想是建立在很多知识储备和实践经验之上的。

案例二：新教材必修第一册第二章章首有一个问题：世界上第一条商业运行的磁悬浮列车"上海磁浮"，已于 2003 年 10 月 1 日正式运营。据报道，上海磁浮线路长 33 千米，一次试车时全程行驶了约 7 分钟 30 秒，其中以 430 千米每时的最高速度行驶约 30 秒。磁悬浮列车的行驶速度比汽车快得多，是不是它的加速度也会很大？学过这一章后请你根据报纸上的数据，再按照实际情况给出一些简化的假设，自己尝试着估算它的加速度。

对于这个题目，自然属于估算类题目，只是需要知道大概的加速度"数量级"，并没有要求准确计算，再加上解决这个问题还需要自己添加一些简单的假设。讲座中张颖主任是这样假设的：假设磁悬浮列车从静止考试运动起来达到最大速度过程中是匀加速运动的，保持一段时间的最大速度后紧急刹车，把刹车的这段忽略，全程运动就变成了先匀加速后匀速运动的两个模型。这显然与常规假设不同，相信大家一般会假设磁悬浮是先匀加速，然后匀速，最后匀减速，并且第一段与第三段假设是对称的。以上两种假设手段所得出的结果应该是 1：2 的关系，但是两种假设是有一个错误吗？实际上两种假设并没有对错，这个问题旨在让大家主动构建运动模型，培养学生主动建模的意识，但是如此发散的问题（发散本身自然是没有问题的），处于高中阶段的学生驾驭起来难度较大，个人认为应该给予适当的提示才较为科学。对于粗略的估算这种思维模式主要运用在天体物理或者微观领域的所谓距离我们生活相对较远的数据中,实际上在日常生活中的数据往往更加固定,即使是两倍的差距都会出现严重的错误,因此新教材中这个问题的设置个人认为应该需要更完善一下。

正如普利高津所说,物理学并不是自然界本身,是人类与自然界的对话。张颖主任也用劳厄的话结束了他半天的讲座,"教育给予人们的无非是当一切已经学过的东西都忘记后所剩下的东西"。

四、关于名师成长与教学研究——善积累

"一万小时定律"又称为"专家定律",就是说积累的重要性。朱永新教授也曾经起草过一份保险"合同",内容大致如下:

投保条件:每日三省吾身,写千字文一篇。一天所见所感所悟皆可入文,十年后持3650篇千字文(记360万字)来公司,如十年后未能跻身成功者行列,愿以一赔百。

投保注意:投多赔多,大家可自愿投保,本公司一定履行承诺。

中国物理学会副理事长、苏州大学陶洪教授给大家带来一次名师成长之旅。给大家带来了教书匠如何成长为教学专家,如何升级为教育学家,如何成为教育名家的一串钥匙。他讲到,教学研究应该出自兴趣、来源习惯、成为自觉、升级为品格。科学研究中有时候需要不断试错,可怕的是不知道错了,更不用说错哪了?为什么错?有什么纠错的方法和措施?陶洪教授认为,作为一线的物理教师尤其是教研人员要把大学普物、理论物理、电动力学等研究一遍,才能居高临下研究中学物理。就像庞加莱所说,"怀疑一起和全盘信任都很轻松,因为不需要思考"。但是唯有思考才是教育创新和发展的突破口。

就像来自江苏的名师工作室主持人张世成老师所说,成功的实验容易

得出正确的结论,但是失败的实验却能培育科学精神。物理就是从做题中学习做事,从做事中学会做人。

来自全国的物理名师工作室主持人向大家介绍了工作室的理念、举措、思考与成效。张世成老师的"证据物理"撬开儿童思维的黑箱;陈素梅老师的"问辩课堂"让学习可见;威海工作室的"科技馆"的作用高端实现了"穿过即体验";还有来自广东的工作室把日常工作进行串联"上课所成,听课所得,磨课所悟,评课有道,笔耕有感,研有所成";浙江省的"思维引导,框架板书"把学习搬到讲台上;有的工作室打造"研修共同体",把"名师工作室"做成"明师工作室"打造着眼明天的教育;有的工作室注重探索项目学习,体验做中学、教研中学、探究探中学、兴趣玩中学;还有的工作室打造经验学习、抽象符号学习,将原型抽象出原理;有的工作室"循真,向美"让物理走进生活;重庆工作室通过"四定"开展活动打造"格物致理,追求卓越"的理念;东莞工作室通过校本实践例说开展 STEM(科学,运算,教学,设计)教育,实现跨学科动手做;有的工作室侧重生活实验,创新实验研究;有的工作室通过"五新"举措打造"三创三育"的"创智教育"模式;有的工作室分阶段开展实验探索,体悟身边物理。可以说,全国各地工作室的模式绘成了一幅物理的传奇画卷,里面充满传统教育手法,满载创新思维模式,不乏科学技术手段,引领全国物理科技高速发展。

通过学习我也总结了工作室的一般成长路径,简单分享如下:

整合特点(依据,整合,思考)——学习;

打造特长(模式,理念,实践)——特色;

成就品牌(反思,升级,传承)——归真。

活动中中教参物理编辑部李争光主任为新入选的"全国物理名师工作室联盟"新成员单位进行授牌,近年来中教参成员逐渐壮大,已经成为名师以及名师工作室培养的重要阵地。

活动最后中教参郭晓丹副主编针对全国论文年会作品中出现的问题

进行点评讲解。郭主编从文章选题,文章结构(前置,主体,附录),文题对应,图表规范,语言规范,热点问题,写作建议等方面进行了细致讲解。大家不仅学会了写作,清楚了问题,更是对写作提高了兴趣。简单总结郭主任的写作建议如下:素材积累,尊重事实;引文确凿,杜绝抄袭;优秀兴趣,关注热点;专业阅读,教学反思;学科动态,良好习惯;课程教材,知识本质;考试复习,常态教研;潜心构思,一气呵成;远离资料,精雕细琢;了解期刊,精准投稿;有效沟通,深度学习;语言通顺,略加修饰;教学实践,经验随笔;善于积累,名师自然。

魏书生曾经说过,"不动笔墨不读书。笔墨再浅也胜过最强的记忆"。每个人都在说读书的重要性,实际上写作的重要性相比读书来说有过之而无不及。

本次全国物理名师工作室联盟活动又开启了一个新的征程,全国物理名家的智慧盛宴将会持续飘香,感谢全国各地物理名师的精彩分享,感谢中教参物理编辑部的精心策划组织,同时也祝贺在本届论文年会中获得奖项的各位同仁,期待我们下次再聚。

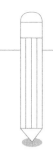

第四编

非常阶段帮扶（唱）

心声问候，充分敞开教育教学"情感"，一言一行流淌教学情怀，用"心尖"实现"授人以爱"，努力做到：对话真实化、交流情感化、教育情怀化，实践"唱"这门课程的多情感沟通，通过支援帮扶，共情携手江湖，让物理教师敞开怀"会传义"。

作为教师，要完成教学任务，用心交流实现合作共赢；作为优秀教师，应超额完成任务，用爱主动帮扶实现爱心资助；作为卓雅教师，必须创优争先，用情主动联谊实现物理"江湖一统"。

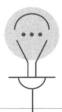

教育探索一

"东西连线,津陇联手"三地视频联谊教研
——"津陇千万里,爱心一线牵"我校与华池一中同步交流

爱连津陇

爱心帮扶高低援,

连通东西文武全。

津门广慧教育路,

龙行自觉天下缘。

"光阴有限,创造无限",本次手拉手活动对两地物理教育起到了很好的推动作用。本次活动由我校物理学科组长张帆老师主持,她首先图文并茂地介绍了我校疫情期间的一些新的做法,并提出了新的思考。我校党委书记、校长、物理正高级教师、天津市特级教师、天津市未来教育家奠基工程首批学员李伯生同志进行了欢迎致辞。

目前在新高考模式下,老师们依然离不开:课题、论文、比赛,这是我们的主阵地;学生们离不开:考试、竞赛、比赛,这也是学生的主战场。

结合本次教研活动,我简单谈几点感悟,期待同行们交流指正!

一、两地备课组教研模式的比较

大同小异找亮点——大教研次数:做课、听课、评课。

小题大做找差距——吃苦耐劳,吃苦精神。

大材小用寻优长——年龄层次各有亮点。

二、新形势、新常态、新思考、新举措等的思考与感悟

1. 线上线下第一次较量,后面将是常态?

手机使用如何管理,网络泛滥如何禁止,办公方式如何变化。

2. 推迟高考第一次试行,后面是否延续?

课时节奏如何掌握,立德树人如何落实,德育教学如何取舍。

3. 强基计划第一年推广,后面如何使用?

强基计划寻找捷径,学科竞赛更是亮点,借助外力成为常态。

4. 高考改革已进入正轨,后面如何升级?

难易把握重新界定,模块拓展已然开启,应试方向准备回归。

5. 联合研讨第一次开放,后面如何安排?

线上交流全面打开,深度体验全面重视,多地合作必然有效。

6. 学科组长第一次闪光,后面如何发挥?

纵观全局升级思想,超前引领走出定式,集思广益取其所长。

三、各抒己见,集思广益

高三物理备课组长姬慧锋老师代表高三物理组进行了发言交流,他提出了线上教学的 6 个问题:

1. 网速不行,经常断网或学生网速不行。

2. 线上测试学生用搜题软件,基本全对。

3. 学生在线但是否听课。

4. 作业怎么批阅。

5. 如何达到和线下教学相同的效果。

6. 我线上教学的效果怎么样。

针对以上问题,高三物理组集思广益。利用大伙互相听课,自己当一回学生,自己体验一下哪种最好,最后确定利用腾讯会议和录视频相结合的方式,寻找多个网络课程载体与资源,相互补充,相互补位和备用。针对学生不写题这种情况,我们把班内分成几个小组,让学生分组讲题,让学们动起来。并且在课上抽查让学生讲题,看学生在没在,增加学生的参与。对于判作业,我们利用钉钉群里的判作业功能和 QQ 群里的作业功能进行批阅,并及时反馈给学生针对错误问题进行修改和再上交。从返校各班的平均成绩也能看到,实验班和普通班的差距拉大了,据此推断,可能的原因是前期线上教学进一步拉大了重点校优秀生与其他学校普通学生的差距。优秀生学习自觉性高,愿学肯钻,疫情期间没怎么耽误学习。普通学生没老师在跟前督促检查,很多时候都会用作业帮等软件应付,那段时间他们的学习效率很低。我们通过集体教研,大家讨论,制订新的复习方略,开学大约半个月的时间,没有进行新的复习,主要通过套题的测试,认真分析试卷,做到有的放失,不再空讲,加强学生自身的体验。例如,对于网课期间某一知识点不熟的情况,对于确实存在共性的内容。在课上先给学生时间自己看书梳理,进行针对性的讲解与检测。反复练习、练习反复,从而很好地做到了查缺补漏,有效的密不可分网课期间的知识点空缺。

北辰区高中物理教研员郑云贵老师发言中提到:实验复习要回归实验室,习题要回归教材,做到充分复习;考试要形成常态,课堂要保持问答,做到充足细节;平时要讲练结合,模拟要身临其境,做到以变应变。

活动最后,天津市特级教师、来教育家奠基工程学员、张华冕副校长进行了发言总结。他指出,开学延期、教研如期、交流不定期,面对开学即期末、开课就考试的新局面,我们采取一练促带学、一考促带练。努力做到广度交流、深度反馈,从而实现无缝衔接、全息互动。本次活动是两地交流合作的升级,我们将继续深度探索,实现教学同频进步、教育同步发展。

教育探索二

"东西牵手，智慧连心"三地视频联谊讲课

2021 年 11 月 10 日上午，通过网络视频方式，我校与甘肃华池一中、正宁一中三所学校的学科组长与物理学科全体同仁共同进行了一次"东西牵手，智慧连心"的视频对话活动。

活动共分为：学科思政观摩课，学科引领大讲座，学科交流微说课，学科评价大家说，学科互动真问答等五个环节。

第一环节，是我校王蕾老师（被称为"物理文学家"）和张吉红老师（被称为"理论小诸葛"）的两节观摩课，两位老师业务过人，情怀深厚，智慧超群。两节课都堪称完美，一节课强调一直在变，另一节却一直在问。两节课的超级无敌归纳更是充分体现出两人出色的教学功底。

第二环节，我校物理组学科组长张帆老师首先从"学习型""实效型""创新型""发展型"教师四个层次详细讲述了一名教师的成长路径，最后还是要回到"学习型"，形成了物理学科组层层递进，环环相扣的"五型"成长范式。她以"主动参与，做别人的主角；被动参与，做别人的配角"鼓励三地的老师们积极探索与实践。我校物理人以张帆老师的"五象"教学模式为代表的各自的教学模式都已经基本建立起来了，全校在物理学科组的影响下已经形成了"人人有模式，科科有范式"的良好局面。张帆老师用手中有"物"，心中有"理"，眼中有"人"高度概括和阐述了学科中的"物理

299

人"。张老师业务精湛,思维敏捷,但她说"集体的力量举起了个人的荣耀"感谢大家对她成长和进步给予的帮助和鼓励,赢得了大家尊重的目光和热烈的掌声。赵毅清主任评价张帆老师的讲座为:一带一,一个人带动一群人;创五象,五象带动万象。张帆老师带领的物理组都是改革者、先行者、探索者。

第三环节,王蕾老师和张吉红老师针对各自设计的这一堂课进行了说课展示,充分挖掘两节课的思政元素,并且将两节课知识进行了归纳和升级,令三地教师都佩服不已。她们的教学设计都遵循"以物为源,以表及里,以点带面,以文化人",两位老师都做到了吃透教材,主动学习,都是我校优秀教师的典型代表。

第四环节,通过对两节课的观摩以及两位老师有针对性的说课,三地老师都进行了交流评课,高度评价了这两节课。两位老师更是具有"超级无敌"的归纳能力:王蕾老师的"六个美""四个统一""六个要",张吉红老师的"七个一定""七个小大""三个牢记""四个必须"等无不展现两位老师"超级无敌"的大智慧。

第五环节,三地互动问答环节,华池与正宁两地老师们针对新高考改革如何应对,新教材分析如何设计,新教学方法如何研究,新高三复习如何落实,新答题技巧如何归纳,新教学理念如何落地等疑问提出了接地气、亮功底的问题,我校老师们在赵毅清主任的带领下进行了一一作答,大家深度的交流共振了彼此的思维空间,加深了彼此的研究深度,更温暖了彼此的情感欣赏。

在本次活动中我也与大家分享了一些自己的思考:

一是探索好课的标准。

(1)一堂课的教师高度:胸中有纲(依据标准),脑中有法(熟练策略),目中有人(关注学生),心中有度(重视差异)。

(2)一堂课的学生参与:感官的运用(听说读写),思维的碰撞(思考,合作,探究,分享),效果的延时(基础性,拓展性,实践性,开放性)。

（3）一堂课的全面体现:兴趣点,关键点,连接点,开拓点,升华点。

二是教学模式的研究。

一门课的教学模式:美国教育家巴特勒曾经提出"七段教学模式":设置情景,激励动机,组织教学,应用新知,监测评价,巩固练习,拓展迁移。其实只是对教学过程的一个最最简单的梳理,但是却被世界所认可,现在看来我们每位老师手中的教学模式哪一个不可以成为经典,足以在全世界出名。但是我们并没有,究其原因:一是我们不太重视宣传,二是中学教育尤其是高中教育重在时效性与实践性,对于虚无缥缈的事物我们并不看重。但是研究的自信,探索的本能,前进的步伐我们不能没有,而且还有大踏步向前奔跑。我们不仅要拥有比较成熟的教学模式,还要创新自己的教育教学理念。

三是学科思政的思考。

作为学科思政我们也要明确其与德育渗透的区别与联系。学科思政重在学科,是以学科为主要载体,寻找每个环节(目标和目的,理念和思想,手段和策略,任务和内容,效果与价值,信仰与责任等过程)的思政元素,离开了学科的思政不叫学科思政。而德育渗透重点在"渗",其载体更加丰富,可以以活动为载体,可以以课程为载体,还可以是一次谈话,一次交流,一次家访,等等。

与思政学科这一显性教育相比,学科思政可以说是隐性教育。同时我们也可以联想:心理学科与学科心理,体育学科与学科体育,劳动学科与学科劳动,美术学科与学科美术等。它们一个侧重教学一个侧重教育,实际上都属于密不可分的统一体,相互依赖,相互关联,相互独立,又相互统一。教育教学中思政来源很丰富,"新闻联播""科技创新""焦点访谈""实事时事",各种媒体包括自媒体,这就要求我们善于发现和探索,勤于思考和积累,精于总结和凝练。

教育探索三

"东西同屏,情感连线"三地视频联谊讲座

2022 年 4 月 13 日,天津市第四十七中学与华池一中远程物理教研交流活动如期开展。本次活动为我校领导及物理组全体教师与甘肃省华池县一中、正宁县正宁一中进行的一次线上集体备课教研活动。此次活动旨在促进两地三校教师的专业化成长,提升教师的教育教学水平和科研能力。促使东西部教育协作,达成互学互鉴,共同进步。本次活动不仅是与华池一中和正宁一中的简单互动交流,也是物理组全体教师的一次继续教育活动。

活动第一项内容是由四十七中学的张帆老师作新教材培训,张老师结合高考试题特点解读物理课程标准。在解读的过程中张老师生动结合教学中的实例,帮助老师们做好新老教材的衔接。并提出,通过多种办法,创设多种物理情境,引导学生探究并讨论,是学生新教材学习的重点方法。张老师接下来对教材进行分析并提出了教学建议,重点针对选择性必修三原子与原子核这部分内容作出讲述。提出教材上的知识在教授时要做到深入浅出,课本上的习题有关定量计算方面的内容都不适合学生探讨。

活动第二项内容是物理重难点和易错点问题及教学突破新策略。首先是关于同课异构的思考,以"超重和失重"的教学为例,张老师列举了使用同样器材的情况下三名教师的教法差异。从而引导老师们对几种教学

方法进行讨论和思考。在线上研讨的过程中,老师们纷纷发表了自己的见解,三校老师共同讨论,有力促进了教学手段的提高。其次针对高中物理重难点和易错点问题及教学突破策略进行梳理,帮助老师们在教学中找准方向。

教科研工作是面向实际、重在应用的,它面向教师,重在实效。在今后的教学中我们会更加注重教研与教学的结合,以教研促教学。努力做一个教学有心人,在教学实际中多寻找问题,把这些问题作为课题进行研究,使实验成果上升为理论,再在教学实践中应用。

本次活动不仅是全区物理常规教研的典型范式,更是东西部帮扶交流的常态化模式,打开了津隆帮扶的深度交流探索的新窗口。本次活动也得到了华池一中和正宁一中的老师们的高度评价。津隆合作将继续深度开启,为帮助华池一中和正宁一中顺利参评省级示范学校贡献力量,为创建教育统一大市场发挥积极地的作用。

"东西云联,升级示范"三地云端联谊研讨

"很多事情都是一种缘分",华池一中、正宁一中、天津市第四十七中学,三校的德育主任都是物理教师。我们平时在研讨德育工作而同时,更是少不了关于物理教学的研讨。

2022年4月29日,我们针对教学模式展开了研讨。我也分享了自己的三个观点:

一是追本溯源——从三级建模开始寻找。

天津教科院王敏勤教授(已经退休)曾经全国范围内掀起了关于"教学模式"研究的高潮,他最早提出了"三级建模"的思考:一校一模,一科多模,一模多法。即每个学校都应该构建适合本校的基本教学模式,体现学校领导对课堂教学改革的领导力;各门学科不同课型都要在学校基本模式的基础上,构建不同学科不同课型的教学模式;每个教师要在学科基本模式的基础上,形成具体的教学设计,采取不同的教学方法,体现不同的教学风格。三级建模的观点和做法,创造性地实践了"课堂教学有模式而不惟模式"的辩证关系,具有较好的理论价值和实践意义。(详见《天津教育》杂志2012年第10期,王敏勤教授关于《学校三级建模的基本思路和方法》的论述)。

二是仁者见仁——从模式构建开始研究。

　　无论是教学的方法或者带班的方法,教学的策略还是带班的策略,教学的模式还是带班的方略,是教学的理论体系还是学校的管理体系。都是经历着"点→线→面→体"的逐渐升级过程。实际上一个方法就是一个方法点,一项策略就是一条思考线,一种模式就是一扇智慧面,一寸理念打开多面立体形成理论体系。我校一直重视教学模式的研究,从张帆老师的"五象"教学模式研究,到刘丽敏老师"五验"实验模式的探索,再到我的"四维度十环节"开放课堂的实践,逐渐从步骤观升级为方法论,成为我校教学工作的一大亮点。

　　三是一望无际——从教学实践开始升级。

　　从李伯生校长的《卓雅教育的思考与实践》专著出版,到学校的天津市重点规划课题"教学模式的探索"的深度研究,再到我的教学专著《教育一点一滴之修炼优秀教师的五门功课》,都没有离开过教学模式的探索与实践,没有停止过对教学理念的思考与提升。从我的《教育一点一滴之生涯教育100例》的专著出版,到我的《教育一点一滴之师传家书》编册印刷,又打开了带班方略的新视角。"实践是检验真理的唯一标准",相信大家只要本着一颗教育之心,保持一缕研究视角,一定能够让我们的教育多品种开花,教育高品质升级,教育大品牌过硬,教育真品格成型。

　　相信三地联谊必将打造新的德育物理,开辟新的物理德育。让物理以新面貌绽放,让德育以新角度开放。

教育探索五

"东西切换,共享云端"三地视频联谊说课

2022年6月22日上午9:00,天津市北辰区各高中校、甘肃正宁一中和华池一中的全体物理同仁100多人通过"多线云端"相连,并打开了"线上线下"共存方式,开展了一次以"线上教学"为主题的深度共享帮扶活动。本次活动分为:名师引领讲座,行动实践说课,升级云端评课和智慧专家点评等四个环节。活动由天津市第四十七中学物理学科组长张帆老师主持,北辰区高中物理教研员郑云贵老师,我校张华冕副校长和曹晓辉主任应邀出席了本次活动。

第一个环节,由亓凯老师针对线上教学开展讲座,近期亓凯老师对线上教学进行了广泛调研,联系了天津市内外12所学校,39名教师(包括6名校长),一百多位学生,通过分析梳理,形成了"诊、断、治、疗、康"五部分共计2.6万多字的大数据调研报告。本环节摘取了调研报告中的部分内容与大家进行分享,通过"望、闻、问、切"4项门诊进行主动问辩,研究分析得出4大问题根源的清晰诊断,梳理出了10个问题以及对应的10项举措,并开具了6颗灵丹妙药+8个现实需求+10付康复汤药,通过10个统一大市场和5个辩证+5个转变+5个思考,引领大家走进教育教学新的光明大道。本次讲座得到了在线参会教师的广泛认可和高度赞誉。

第二个环节,唐云皓老师和孙悦老师针对线上教学视角下的说课展

示。唐老师的说课精彩有温度。她以《"情景—实验—思政"三位一体教学实践》为题,并以"波的形成"为例进行说课。通过2008年奥运会开幕式"文字"表演视频引入课堂,通过学生小组团体设计表演深入体验,通过家里长绳或者鞋带用抖绳子演示的方式启发思考,通过建立理想化模型并借助横波演示仪分析横波特点,以"视觉链"方式层层展开对横波的深入研究;她通过让学生体会声波的传递特性猜测声波的传播特点,通过设计实验进行验证猜想,通过模拟理想化声波详细分析1/4周期、1/2周期、3/4周期和1个周期描绘声波传播过程,值得一提的是唐老师又各自增加一个周期进行对比分析,并全面展示弹簧波的传播过程,以"问题链"方式建立起对纵波的深度理解;唐老师通过打开"故事会"挖掘开幕式文字表演背后的感人故事,让学生体会个体与整体的关系,培养学生的协作能力和社会责任感,用"1秒时差"的泪目瞬间留下了一节"有血有肉"的说课展示,充分展示出了一名优秀骨干教师的风采。

孙老师的说课全面又老练。她通过教材分析、学情分析、教学方法、教学目标、教学重难点、教学内容、课堂小结、板书设计、教学反思等环节展开对《楞次定律》的说课。在教学内容环节中她采用:视频播放引入新课,动画模拟寻找规律,实验探究问题引导,四种情景分组讨论,整理数据完成表格,发现规律增反减同,四个问题思考讨论,实验演示总结应用,回顾引课首尾呼应。孙老师在说课环节中把握流程性,在四个情境中加强对比性,线上教学中重视实操性,视频引入实现双效性,互动生成做到双线性,讲练结合完成双向性,上下切换体现虚实性……作为青年教师非常了不起。孙老师在说课最后提出了:互动少,互动批注;监督少,收集笔记;落实难,展示测试;状态差,开摄像头四个问题和应对举措,实用、高效、有意义。

第三个环节,在活动评课环节大家积极发言,对两节说课给予了高度评价。华池一中和正宁一中的老师也通过云端参与到评课中来。大家纷纷表示活动很精彩,大家很受益。节选个别教师的评课内容如下:

亓凯老师的"云端病情的诊断治疗康"客观的分析了线上教学与线下教学的区别与联系。让我从另一个角度看到了线上教学的可挖掘性(张吉红老师)。唐老师的说课《机械波的行程与传播》让我感受课程的设置和切入点非常好,教师的引导启发作用非常准确,使学生能够主动深入研究物理问题,教育学生自己去学,让学生自觉去构建知识系统,物理学的一些现象的本质和原理,本节说课思政融合点非常自然,达到了激发学生的责任感及爱国的情怀(卢珍老师)。孙悦老师的说课的课程设置环节紧密,教学设计思路清晰,知识点衔接顺畅,问题突破巧妙,线上教学利用讨论互动,"问题式"教学贯穿始终,抓住学生探究问题的心理,让学生随时关注和跟随老师的节奏,抓住了线上的学生,同时完成了教学任务,并能避免了学生时在线人消失的状态,特别突显了青年教师的教学基本功(卢珍老师)。

亓凯老师总结的网课五步法:诊、断、治、疗、康,是线上教学秘法!两位美女教师都是让我们由现象和事物,到规律和道理,由物到悟,体现了物理的本质与核心素养,深受启发,个人觉得对本人以后的教学有引领和示范作用(严贤发老师)!

亓凯老师的讲座很有新意,有创新,教师网课的"大补汤"。唐云皓老师讲的波中的难点有突破方法,以学生为主体参与认知探究过程,很自然地加入了价值观的教育。孙悦老师注重教学环节的落实,环节教学线上线下有方法,师生教学效果较好(王全起老师)。

亓凯老师抽丝剥茧,深入分析,深入浅出地说明了线上教学变化的重要性,在"课程体系构建,高效管理,目标实现"等方面,引领梳理了线上教学难点重点,逻辑体系和知识架构,为老师们更好地理清了思路,锁定了目标,明确了方向。唐老师的说课"机械波的行程与传播"让我感受到唐老师作为一名课堂首席导师对于本节课程的建设,引领学生逐步从抽象变为形象,从茫然变成了自然,促使学生启动自我的内在力量,教育学生自己去学,自己去认知学科本质,自己去构建知识体系,特别是本次课程与思政课程的教育结合应用设计,点燃和唤醒了学生对于责任及爱的教育,让孩子主动奔赴自己的目标,找到生命能量释放的目标与途径。孙悦老师的说课充满了生机,给予了线上教学发起讨论互动的很多新颖的方式方法,对于孙老师整个课程的直接感受是:课程始终以问题为导向,以目标为牵引,以协调为抓手,紧盯目标任务,细化研究与讨论,夯实基础知识,强化师生互动,落实互动批注,重视课堂监督,稳中有变,变中有新,新中重稳,形成了完美的闭环教学,体现了优秀青年教师的能力与素养。本次教研使我树立了新的目标意识,在线上线下结合转换教学过程中积极转变思维方式。教学中注重发挥榜样力量,在学生心中播撒伟大形象,陪伴学生多方面成长,营造浓浓思政文化氛围,促进学生个人的发展,打造思政文化传播;针对特殊时期,把握学生特点,关注学科特色,不断完善教学方法,提升教学质量水平(王蕾老师)。

第四个环节,张华冕副校长首先对全区各校和甘肃两校的老师们表示欢迎和感谢。同时感到每次参加物理教研都有很多启发和收获。张校在活动最后的总结中讲了三点感受,简单汇总如下:第一,说课是体现教师功底的重要载体,是展示教师能力的重要平台,是助力课堂教学的重要途径;第二,说课不同于上课但高于上课,不同于实践但高于实践;第三,本次说课活动充分体现了大家对说课的理性认识和理性表达,通过理性分析,寻找理性元素达到了教研目的,实现了交流互助,升级了专题研究。活动在热烈的掌声中暂时告一段落,期待下次活动更加精彩。

教育探索六

线上教学思考"七字歌":听说读写看想做

有人说,线上教学的时代很快过去了,其实不然。这就好比之前有些人认为"传统教学模式会被取代"是一个道理,相互补充与相互辅助的两个个体怎会独立存在。线上教学方式的尝试、探索、成熟、升级、完善,我们都是见证者。即使疫情结束,对于线上教学方式的局部保留或者灵活延伸,或许是一种新的产物和成果,必将在新时代里持续发挥其辅助作用。在党和政府的坚强领导下,我们直接和间接战胜了疫情。尤其是在本学期,我们线下教学仅仅只有三周的时间,其余时间都是在线上开展教学工作的。我们也因此积累了相当的经验,同时也涌现出一批愿担当、敢担当、能担当、善担当的教育工作者、思考者、开拓者,我们也更加明确什么是知责,什么叫尽责,怎样算守责。结合长时间的云端教学实践分享几点感受。

一、读一读:政策与文件

一个学期以来,无论是国家教育部、天津市教委还是北辰区教育局,下发了大量的政策要求和指导文件,完全打破了以前的"上级不管,基层说了算"的局面,让基层党组织尤其是基层校有了主心骨。尽管政策不一定来得那么及时,但是任何政策毕竟要有一个分析和研判的过程,这也是为了保障政策的科学合理与真实有效。作为教师与家长都应该时刻关注这些政策文件,读取正规渠道的信息,并坚决做到无条件支持和按要求落实。只有这样才能形成统一合力,为教育的发展和社会的稳定贡献我们自己的力量。关键时刻决不能听信"谗言"或者"谣言"甚至是外部干涉势力的"蛊惑"。

二、听一听:学生与家长

庞大的学生和家长群体,必然有不同的声音,为此我们更需要听一听学生和家长的声音。虽然大的政策是没有问题的,但是一些细节方面却有待研究。持续几个月的线上教学,学生每天盯着手机、平板或者显示器一盯就是一节课,不包括完成作业盯显示器的时间,一天下来也要六个多小时,正处于青春期长身体的的孩子们真的可以承受吗?就连李镇西老师也在"镇西茶馆"公众号中发表了相应的文章进行呼吁,"上次我写了一篇呼吁提前放假的短文《我强烈呼吁,提前放寒假》,没想到阅读量超过了125万。不是我这篇文章写得有多好,而是我的呼吁说出了广大教师的心声。其实,在我那篇文章出来之前,全国不少地方已经提前放假;我的文章发出之后,又有不少学校宣布提前放假或改在家里上网课。我真不认为这是我'呼吁'的结果,只是我们的教育行政部门本来就打算根据疫情防控的情况进行调整,他们会更谨慎也更科学地采取相应的对策。现在,好像全国在校上课的中小学学生已经不多了(毕业班除外),幼儿园放假的就更多了。只是不少学校虽然通知学生不到校上课了,但依然坚持线上教学,即上网课。而我还想呼吁:别线上教学了,把网课也停了吧!"毕竟,"没有什么比身体健康更重要的了。'磨刀不误砍柴工。''留得青山在,不愁没柴烧。'我们的祖先留下这么多包含辩证智慧的金句,今天,我们应该好好琢磨琢磨了"。其实李镇西老师说的非常有道理。这也足以说明,我们的

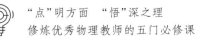
"学业过剩"和"过度教育"已经非常严重了。"学业过剩"是以获取标准答案和高分数为取向,以死记硬背的学业情况的综合反映。"过度教育"是指劳动力在低于实际教育水平的岗位上工作。杨东平教授在中国教育三十人论坛中讲到,现在高校过度教育已经达到了 31.83%。实际上我们应该勇于从"读、写、算"的世界里走出来,全面清晰"三万理论":读万卷书(知识世界)+行万里路(生活世界)+与万人谈(心灵的世界)。

三、看一看:教师与家属

双教师职工家庭,再加上孩子,家里至少需要三台设备同时工作,还会相互干扰。这里姑且不提双职工家庭都去上班了,只留下孩子自己在家上网课的情况。在这个特殊的时期,老师们尤其是班主任付出了不少:每日晨读要陪读,每天上课要备课,每天作业要批改,每天中午要点名,每天下午要班会,每天晚上要答疑,每天抽时要谈话,每天学生要监督,每天信息要统计,每周班会要留痕……但是遗憾的是收效不明显,老师们尤其是班主任那种绝望和无奈无以言表,有人说"可恨的孩子必有可爱之处,我们要善于发现,全力让孩子感受到爱",其实"无奈的教师更需要关怀,哪怕是简单的安慰,然而是谁在承担?",再次呼吁社会各界关心一下我们的老师和家属,共同携手教育线上稍稍失控的孩子。

四、写一写:总结与反思

对于《论语》中孔子所言"温故而知新,可以为师矣"一句中,通常都把"温"解释为"温习",而对"故"的解释却各不相同,有解释为"旧知识"的,有解释为"旧的人和事"的。其实,按照当代教育理论还是将"故"解释为"已有的背景知识和生活经验"更为恰当贴切。伟大的"诗人"或者"作家"又或者是"文人"大比例都出生在多变的时代,也就是我们平常所说的,忙碌经历和体验中更容易出"成果"或者"作品",这就呼吁我们同学、家长、老师都应该在这个特殊时期留下高效的思考与珍贵的总结。尤其是年轻教师,我们要经常问一问自己,在这个特殊的教育时期,我们都做了什么? 留下了什么? 传递了什么? 很多时候不是听你说了什么,更要看你做了什么? 留下了什么?

五、说一说:故事与事故

本学期我区教师发展中心组织了全区所有名教师的教育叙事活动,应该说各位名师从不同视角都谈到了线上教学的故事。在故事的背后实际上都映射着一个个"事故",当然多数都是来源于家庭的。从字里行间、一言一行中流露出线上教学的"崭新"与"单调",其实无论是名校长、名班主任、名师,还是骨干教师,或者是老教师与青年教师,都应该说一说这些"事故",讲一讲这些"故事",让领导、家长、社会都亲自感受一下基层的故事,让这些"事故"带来的有效对话更好地生根、生长、发芽。

六、想一想:问题与对策

子曰:"学而不思则罔,思而不学则殆。"孔子的意思是说:只注重学习而不注重思考,就有可能遭到蒙蔽而陷于迷惑;而只注重思考而不注重学习,又有可能因误入歧途而招致疲劳。所以,"学"与"思"二者不可偏废。"学"是"思"的基础,"思"是"学"的巩固和深化。近来关于线上教学的文章铺天盖地,不过内容的重复率非常高。结合网上的学习和我本人的思考,简单整理线上教学的 10 个小问题和 10 个好方法如下:

(1)网课管理难——组建"网课 120"分时段、分区域、分情况进行诊

断、治疗、康复;建立"空中议事厅",保障"云端不是法外之地"。

（2）线上交流少——建立"线上同桌会",大面积还原线下教室同桌情境,延续"线上家访活动",通过视频、拍照等方式深度交流沟通。

（3）师生互动少——创新"互换课堂"和"开放课堂",让师生互相体验,同时建立"科技化云端互动"

（4）时间不规律——规范"上下课铃声",无限接近学校节奏

（5）作业完不成——规范"作业债务偿还"制度,可以采用唱歌、画画等各种展示补偿为班级做贡献

（6）课堂监管少——"空中轮流巡课",领导、班主任、家长、班委会全面组建"巡查组"机制,定期反馈、交流、研讨

（7）备课显单一——建立"家校集体备课",让家长参与进来,让课堂教学全面整合知识、实践与情感

（8）家校沟通少——建立"心理帮扶一线牵",坚持"线上跟踪聊一聊"等,让云端对话成为彼此沟通的重要空间,保证"冷季节"充满"热效应"

（9）线上看不见——开启"直播面对面",让摄像头成为我们彼此的"第三只眼"

（10）支持依据少——梳理上级文件或者制度,完善班级"网课三字经",让制度文字化,从而更加可操作、易操作。

应该说都是比较科学高效的办法,相信通过我们的共同努力,无论线上还是线下教学会更加科学有序,更加积极高效。

七、做一做:学生与教师

《论语》有云:"三人行,必有我师焉。择其善者而从之,其不善者而改之。"我不止一次呼吁家长要走进孩子的课堂。平时的线下课程走进教室

很难,但是线上课程陪伴孩子听课是一件并不困难也不复杂的事情,哪怕每周听那么几节课,或者每周切身感受一次学生的"一日常规",尝试体验学生网课的枯燥与无味,同时也感受教师讲课的苦恼与无奈。敢于互换角色才能真正让彼此成为"合作伙伴",不仅可以实现教师与学生的互换,家长与学生的互换,家长与教师的互换,也要尝试家长与孩子的互换,在互换中真实体验理论的充分与实践的不足之间的脱节差异。实际上工作中也是如此,我曾多次呼吁,在学校管理中进行岗位的互换体验,不仅仅可以实现强化学习,也是增进了解,更是加深理解,从而促进"本位主义"的工作履职与"大我意识"的责任担当,让认识不流于表面,让工作不流于口头,让思想不流于形式。

附录一:《天津工人报》报道内容

情系学子心的好老师
——记天津市劳动模范、天津市第四十七中学
高三亓凯教师

"亓凯老师,这又来给我们做公益课啦,孩子们都特别喜欢你的课。"

"是啊,今天给学生们讲点新的,让学生们感受下新鲜感。"

每周周末,天津市第四十七中学高三物理教师亓凯都会去廊坊"弘德家园"进行义务授课,365 天从未间断。多年来,这位亲切地被学生们称为"万事通"的好老师,让学生更加懂得爱与被爱。

作为高中物理教师,他积极探索教学新方法,打造"2+1 十分课堂",即每节课利用十分钟时间出一道题进行练习并当堂讲解,凡是出错的同学在原题上进行修改(用其他颜色笔),然后再完整地写一遍即为完成"2+1"中的 "2",所谓"+1"就是再找一道类似题进行验证。此方法得到了老师们一致认可,并在全区进行推广,极大地促进了学校乃至全区教育教学水平的提升,亓凯老师也被评为"天津市首批学科骨干教师"。

记者初见亓凯的时候,他正在跟学生进行谈心。亓凯说:"作为教师就是要跟学生经常谈心,了解学生心理,当好学生的引路人。"了解亓凯的人都知道,他的手机为学生 24 小时开机,无论学生有什么样的困难,他都能第一时间接受并且给高质量解决。

　　"一个没有教育教学理念的教师不是一位好教师",这句话一直是亓凯的座右铭。亓凯一直重视开放课堂的研究,他努力打造"四维度十环节"开放式教学模式,所撰写的"高中物理听评课的实践与研究"也已经在全国《高考》杂志上发表。亓凯老师在努力尝试和践行各种课堂的同时也渐渐地产生了自己的教学理念——"极典教学"。他用在数学上借鉴"极值"、物理上善用"极致"、教育上灵活"极智"、生涯上追求"极志"的理念体系指导教育教学工作。

　　"什么是教师的幸福,学生的健康成长和成绩进步必然是作为老师的幸福。但是当你不多加一节课,还不拖堂,然而你所教班级的成绩却遥遥领先,你将体会到幸福更深层次的含义。"亓凯说起教师的幸福,如数家珍。亓凯用脚步拉近家校间距,用陪伴融化师生间距,用笔头浓缩心灵间距。亓凯善于利用各种社会资源让学生深入体验"被爱"与"施爱"的感恩教育。多年来,他把公益元素"搬到"物理教学课堂,并资助一名孤儿顺利考入大学。学生们都说他的课堂"十步九香",还有"一香"就是让课堂"留有余香",味道更持久,更具传播的价值和传承的力量。他所带"普通班"班级被评为"天津市三好班集体",填补了学校普通班获得市级荣誉的历史空白,他致力于"学困生"的教育研究,成功实现多名学生逆袭。

　　2017年作为新高考改革年级组长,亓凯联系省内外三十多所学校,协助学校研究制订出适合本校的选科走班方案,他撰写新高考改革方案被天津教科院誉为"天津市最具时效性改革方案",其核心内容已在《天津教育报》发表。选科走班方案和他所总结的"点分教育"理念已在全市乃至全国进行推广和交流。亓凯的同事说:"他一直在教师的路上奔跑着,他用火热的激情感染着身边的每一位老师,他用超前的思维频率处处起到先锋模范作用,他用温暖的热情带领着他的徒弟们不断开拓进取。近年来,亓凯老师在十几种国家级或者省级以上刊物发表教育教学文章几十篇,在'教育一点一滴'个人微信公众号上发布文章近400篇。"已经成为家长和学生们心中的好教师,成为教育同仁们公认的优秀教师。

2021 年 1 月

附录二:《天津教育报》报道内容

仁者、智者、真英雄——记亓凯老师

想起他兢兢业业地传为人之道,授治学之业,我思想的小河便泛起阵阵涟漪,思绪蔓延开来,熟悉的脸庞浮现在眼前。他,就是我的高中班主任亓凯老师。

师者,仁也。

他会在走进教室之前紧握手中的钥匙,怕打破我们自习的安静;他会放弃休息时间带生病的住校生去医院,怕疾病损害我们的身体;他会在每天跑操时不厌其烦地叮嘱我们多穿衣服,怕我们挡不住冷风的袭击。在同学买了新奇的东西时,他也会上前凑个热闹。真是因为这样的一些时刻,我才觉得他更立体、更真实,觉得他不失威严,也不乏人情味。

师者,智也。

教学是科学也是艺术。上他的课是享受,他会按课时要求完成每一堂课,他会声情并茂地带我们理解生活中的物理现象。他对我们要求很严,凡是应该做的必须分毫不差。他冷静而实际,既收放自如又循序渐进。

师者,真英雄也。

军训时,他为提高我们训练的效率,凡事亲力亲为,力求尽善尽美;他会在班级收到不公正待遇时挺身而出,问明真相,却不会为求一时光彩而要求我们做一些表面文章。他一直用自己做事的原则教育学生。

这就是我敬佩的班主任,一位仁者,智者,真英雄。

2010 年 12 月

附录三：抛砖引玉彰显教育情

每年我都会总结自己的 10 件大事，可以是工作方面，也可以是生活方面。以此鼓励自己的成绩，寻找自己的不足，发现自己的潜力。衷心希望通过我的"抛砖引玉"，带领大家推翻智慧的围墙，搭建共享的舞台，扩大传播的空间。下面以"2021 年我的大事件"为例进行总结。

2021 年虽在疫情，但这是相对平稳的一年，这一年里我带领德育处同仁整理了学校的德育体系框架。努力筹建"百千万"工程（百名法制副校长、千名法治辅导员、万名法治教师）。全力打造"大中小思政一体化""劳动教育""心理健康教育""家庭教育""防震减灾""大学生实习"等实践基地。并利用工作的空闲时间整理出版自己的教育专著《教育一点一滴之生涯教育 100 例》，应该说这一年属于沉淀的一年。

2021 年 4 月我被评为北辰区优秀德育工作者，同时我被邀请到北辰区"天津市优秀班集体竞选"现场当评委，5 月份我有幸被邀请到"杰出津门班主任"评选现场当评委。5 月份我又入选为天津市教材委员会专家库专家。6 月份作为"天津市中学生首届辩论赛"学校领队，带领指导老师和队员们经过激烈角逐获得天津市第一名，并走进天津电视台进行现场录制。

2021 年 4 月我的"极典教学理念"在《北辰教研》杂志上发表，我的微课题"初、高中物理教学易错点的研究"也被评为一等奖并编入《北辰区优秀课题成果集》。5 月我所撰写的"情感密码之'三打'之路"在全国《中小学教育》上发表。

2021 年 5 月我带领我校优秀班主任宫艳老师走进"天津市八十中学"针对"治班方略"进行主题讲座和宣讲。5 月我作为天津市首届市级骨干教师跟随北辰区教师发展中心赴京培训,并撰写了三千多字的学习体会,并编入《北辰区优秀教师学习收获成臬集》。8 月份到海口参加全国物理工作室联盟活动,并撰写五千多字的学习体会。

2021 年 5 月 24 日我与吕鑫老师进行同课异构全区展示课,展示了我的"开放课堂"的教学成果,同时作为工作室核心成员,应邀到各校参加初、高中同课异构活动,并进行主旨点评。

2021 年 7 月被聘为曲阜师范大学物理工程学院兼职研究生导师,并指导大学生参加 10 月份的山东省大学生教学技能比赛获得省级二等奖;同年被河北师范大学聘为"特聘名师"指导实习生工作。2021 年 7 月参评北辰区名师,经过激烈角逐,12 月份被评为北辰区第六届名教师,也有幸走进了"双名"(名师和名班主任)教师队伍的行列。

2021 年 7 月 12 日—9 月 30 日我参加全国中小学德育骨干网络培训示范班学习,并且顺利结业。8 月 12 彐我参加了北辰区委总工会组织的"建党百年劳模有话说"视频录制活动,并在全区微信平台上进行了推送。9 月 30 日我给曲师大研究生讲课,11 彐 16 日给天津师大研究生和本科生讲课。12 月给华池一中针对"学校德育课程体系"讲座交流。

2021 年 9 月—12 月我结合 2017 年我所撰写的选课走班方案和近几年的各年级在方案上的完善,主持了新高一年级的选课走班具体工作,并顺利完成选课走班分班工作。

2021 年 11 月被聘为天津市终身教育学会家庭教育专业委员会副主任。从此打开了我校深度参与天津市家庭教育建设的序幕,也真正让我校"家长学校"开学。

2021 年 10 月我所撰写的《"一校一案"品牌德育案例》被天津市教委评为天津市一等奖,同时被天津市教委推荐到全国。2021 年 12 月文章

"动量视角下的气球碰撞实验"发表在《中学物理教学参考》上,该期刊在基础教育阶段含金量高,文章发表需要通过"五级审核"。

2021年1月开始我整理自己"教育一点一滴"平台原创文章,经过一个学期的梳理,从6月份开始正式开启专著出版流程,2021年12月我的第一本专著《教育一点一滴之生涯教育100例》终于拿到样书。

附录四：曾获荣誉

（1）学生们包括家长们都称我为"亓总""凯哥""男神"……

（2）某年轻教师说，就是要向亓凯老师学习不怕吃苦、一身正能量的优秀品质。他总是愿意毫不保留地与我们进行分享，帮助我们进步和成长。

（3）杨立军主任说，亓凯的工作代表着一个方向，以后要安排他带领其他层次的班级，用他的实际行动去影响其他班级的班主任。

（4）王志明主任说，进亓凯的班，感觉就是舒服。

（5）赵晶岩主任说，谁说普通班不能带成像重点班一样，看看亓凯的班级就知道了。

（6）白海春校长说，有人带班用脑，有人带班用心，亓凯带班既用脑又用心，他是年轻老师中的佼佼者。

（7）张华冕校长说，亓凯对学生工作很有研究，非常适合做学生工作，在一定程度上，他就是"平乱"的功臣。

（8）李伯生校长说，学校就是需要像亓凯这样的年轻教师。

（9）刘学安校长说，亓凯工作有激情，有思想，有能力，而且肯于付出；年级带成像亓凯的年级，教育就算成功了。

（10）某学校校长说，掀起向亓凯同志学习的浪潮。

（11）某局领导说，亓凯在新的工作岗位上又开启了新的"亓凯速度"。

……

附录五："半亩画生"语录

本人笔名为"半亩画生"下面是摘选的部分"半亩画生语录"。

1. 管理中要少一些忙忙碌碌的形式主义,多一些实实在在的听说读写;少一些辛辛苦苦的官僚主义,多一些轻轻松松的纵观全局。

2. 过于尊重自己反而是对自己的侮辱和不尊重。

3. 面对学生违纪的无孔不入,我们只有学会无微不至。

4. 虽然很多时候出现问题我们总结为,"不是学生有问题就是问题学生"。但是我们仍然需要进行自我检查和自我梳理。

5. 真正优秀的人,往往都是独行侠,很多时候忍受孤独才能成为别人欣赏的样子。

6. 作为领导一定要清楚:"是劳者多能,而不是能者多劳。"

7. 被关注是教师对学生最好的激励,同样也是校长对老师们的最好的激励。

8. 不要夸奖聪明甚至先天聪明,而要夸奖后天努力。聪明这个事,不是学生的功劳,这取决于家长双方的遗传基因,与学生个人基本上没有关系,不是他的本领。

9. 管理过程中,不要把教师工作中的一些过错或失误都上升到职业道德问题,有些是观念问题,有的也是有特殊原因,比如家庭原因、身体因素等。

10. 教师职业不是奉献的职业,而是自我实现的职业。

11. 教师职业不是殉道士的职业,而是一个得道者的职业。在教学生

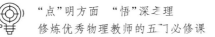
的同时,自己也在成长,也在进步,也要收获。

12. 教师要时刻用"假如我是孩子,假如是我的孩子"的换位思考提醒自己。同样,作为领导也要时刻清醒:你要是一般老师,未必比其他老师做得好。

13. 我们有些制度的出台,可能就是更多地站在管理的角度,而不是站在教师个人的角度。所以,从学校发展的角度看,也许是必要的,但从人性化的角度看,也有可能是有所偏颇的。所以,有意见是正常的。不怕有不同观点,最怕的是鸦雀无声,人人都不谈,谁也不说话,漠不关心,随便你,你想干什么就干什么,那就危险了,那不是我们期望的局面。

14. 这世上有四样东西是别人抢不走的:一是吃进胃里的食物,二是藏在心中的梦想,三是读进大脑的书,四是自己总结的智慧。所以,不要担心自己的被抢,也不要妄想抢走别人的。

15. 我们千万不能有这样的思想,只要学生学习好,不违纪,班内脏一点没有啥。一屋不扫何以扫天下。连班级卫生这样不需要多少高智商、高境界的小事都不肯做、做不好的人,你能指望他学习认真吗?不可能。

16. 在学校里一个校长最大的工作是干什么呢?就是调动各种资源,让老师有被爱的感觉,有成就感,有安全感。

17. 给教师最高的尊重和嘉奖,是自由!备课笔记、作业批改、面批辅导、个别谈心等工作,都是良心工作,最好是不要经常检查,经常检查了、量化考核了,折腾得越多,反而没有激情了。然后,现在我们还没有达到这种境界,一学期一次的常规检查暂时要保留一个阶段。

18. 一所学校最主要就是两个:一个是所有学生的健康成长,一个是所有教师的专业发展。而两者是缺一不可的。

19. 回头多看看来时路,向前走得才能越坚定。

20. 对一个活动的评价主要看参与者的兴趣,不是看组织方的乐趣。如果活动结束了,在朋友圈里找不到参与者的主动宣传,说明活动肯定是失败的。

21. 要成为教书育人的专家,当别人代替不了我们的时候,那我们就算是成功了。

22. 永远不要踩着别人的肩膀而上位,更不能压着别人的成长而显得自己进步(尤其是领导)。这是不人性的,也是不道德的。

23. 如果一个人从来没有感受过人性光辉的沐浴,从来没有走进过一个丰富而美好的精神世界。例如,读一本好书,研究一个深奥的问题,参加一次有意义的活动,体验一次刻骨铭心经历,感受一种深深的敬畏。那么,他就没有受到过真正的、良好的、货真价实的教育。

24. "凡是教师缺乏爱的地方,无论品格还是智慧,都不能充分地或自由地发展。"真正的好的教育环境只能建立在尊重与信任的基础上,建立在宽容与乐观的期待上,建立在关怀和温暖的欣赏中。这也是一所学校真正发展的开始。

25. 领导管理要用艺术代替技术:技术是应然,重在理论上应该怎么做;艺术是实然,侧重实践中灵活怎么办。

26. "冰冻三尺非一日之寒,树高十丈非一日之升。"不要看不到自己的不足,更不要看不到甚至看不惯别人日积月累的成长。

27. 只有把自己当成一个普通人,才会真正感受到轻松、愉快、自由,也才能真正做一些实实在在的事情。否则你所做的事情在别人看来都是不被认可的,即使你自己认为有多么正确。

28. 很多工作你懂不懂不在于你干过还是没干过,在于你的心是否在那待过甚至正确地思考过。

29. 目中有人,才能真正传递爱;整合资源,才能真正减负;静心研究,才能真正成长。

30. "树高千尺营养在根部",无论你是多大的领导,多么的聪明,离开了周围的环境和伙伴,你什么也不是。只有植根大地,才能花开云端。

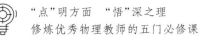

31. 教育从来不是一个人的事儿,它是一个团队通力合作的结果。在学校是这样,家庭也是如此,一个活动也是如此。但是必须有主次之分,是谁的工作必须主动进位,不是谁的工作不要出现越位。

32. 自己分内的事尽量要主动。主动就是没人催促你,而你就在自觉地做着恰当的事情,这才是真正的事半功倍。

33. 引用网络。

佛家的最高境界是无我;儒家的最高境界是无恶;

道家的最高境界是无为;哲学的最高境界是无知;

音乐的最高境界是无词;处世的最高境界是无名;

事业的最高境界是无悔;爱情的最高境界是无怨;

幸福的最高境界是无求;人生的最高境界是无欲。

34. 不入主流难成一流,不看云端难上高端。

35. 欺软怕硬是人的本性,就连心理问题极为严重的人都不例外。

36. 有些人付出是为了作为,不付出也是为了作为;而有些人付出是为了不担责,不付出也是为了不担责。简化来说,"有些人作为是为了不作为,有些人不作为是为了作为"。

37. 有些事只需要到场,有些事需要到岗,有些事需要到位。

38. 有情绪的是人,没情绪的是物,能掌握情绪的是人物。

39. 人最大的恐惧是来自对未知的恐惧;做事最大的困难莫过于来自政策制订者的阻力。

40. "本位主义"不仅不会影响工作效果,反而是取得成功的最大前提。同样,"在其位谋其政"和"不在其位不谋其政"才是工作能干好的必备条件。

41. 任何一个活动必须要有分工:一定要有将军的武艺(冲锋陷阵),也要有外交官的谋略(合作借力),更要有战略家的智慧(高瞻远瞩)。

42. 教书主要是教师,但是育人主要是父母。

43. 平步青云终是侥幸,厚积薄发方是人间正道;人生注定荆棘坎坷,自己才是最大的靠山。

44. 曾国藩说:顺境不惰,逆境不馁,以心制境,万事可成。小姑妈说:思路决定出路,性格决定命运,细节决定质量,心态决定成败。我总结:眼界决定高度,胸怀决定格局,品味决定品质,人品决定未来。

45. 你无法改变别人的思想,但可以掌控自己的人生。

46. 教育"三客"论。

不要充当教育的过客(雁过留声);

勇于走出教育的骚客(敢于发声);

武装成为教育的剑客(掷地有声)。

47. 教师要从低级忽悠手段到高级教育手法转化,其实"真实"话语最具有力量。比如实现:你多优秀啊,我一直觉得你是最优秀的→老师看好你哦→其实老师一直很看好你,你真得拿出更好的表现来证明才行。

48. 作为一个范围的领导,如果你管理的范围内出现了"弊端尽显,软肋尽现,热情尽缓,平衡尽软,预判尽短,格局尽散"的局面,说明已经干到头了。

49. 鸡蛋,从外打破是食物,从内打破是生命;人生,从外打破是压力,从内打破是成长。同样,土地从外面刨开叫刨土,从内部钻出叫破土;冰面都外打破叫砸冰,从内打破叫破冰;心态从外界影响叫搅局,从内部唤醒叫破局!

50. 破土,破冰 破局。

大雪纷飞,但不影响春之破土

雪压枝叶,但不影响暖之破冰

寒之挣扎,但不影响心之破局。

51. 凡是考入清北者三大共性:心无旁骛的意志,绝不存疑的信念,内心强大的格局。

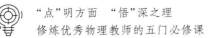
52. 让能够听到炮火的人去指挥打仗,让能够了解基层的人去从事管理。

53. 学校是学生犯错的地方,因为在这里犯错成本最低。

54. 聘任就是最好的评价,用你就是信任你,重用你就是培养你。

55. 李希贵:从自己身上找问题,一想就通了,从别人身上找问题,一想就疯了。过去的工作与肌肉有关,但是未来的工作,将与心脏有关,教师需要一颗"大心脏"。

56. 人与人之间,同频才会相惜,同趣才能同欢。懂得你的言外之意,理解你的山河万里,欣赏你的与众不同。这就是志同道合的一家人。

57. "人不患寡而患不均",其实评职称评定也是一样,得有量化,不是所有二线都清闲,不是所有一线都伟大,在自己岗位上兢兢业业的都值得学校领导肯定,否则就容易出现让人寒心的现象,从而导致很多人混日子。

58. 以优秀终身陪伴,把自己做成榜样,让努力成为习惯。

59. 交际中"四说"论:想好再说,好话好说,不能不说,尽量少说。

60. 用思想家的头脑点亮世界,用教育家的智慧唤醒世界,用科学家的思考创造世界,用艺术家的手法丰富世界,用政治家的谋略改变世界。

61. 看一个人的人品,就是要看他怎么对待比他层次低的人的态度。对待下面的人更好的人,对待自己的亲人爱惜的人,人品可贵。

62. 想出、说出、画出、做出都不如写出,写出才是学习的最好方法。

63. 生意人就是不断生出主意的人;商人就是凡事都可以商量的人;教育人就是教书育人之人。

64. 画中育。

教育如花,花中育人香自来;

教育如画,画中育人美自爱。

65. 千万不要跟苍蝇说屎的坏话,因为苍蝇认知已经固话,或者叫认知性文盲。

66. 学思说行演写。

学到了是知道,思考了是吸收,

说出来是理解,做出来是消化,

演出来是展示,写出来是传承。

67. 踢一脚看似是踢了别人,其实很可能是毁了自己。因为没有对方,你都不会有抬脚的机会。未来的世界,一定属于诚信善良、合作共赢、懂得感恩的人。这个社会,有一样东西比能力更重要,那就是人品。

68. "最慢的步伐不是跬步,而是徘徊;最快的脚步不是冲刺,而是坚持。"

69. 有了关系一切都没有关系,没有关系一切都有关系。(论亲子关系的重要性)。

70. 耍大牌是上瘾的,这是一位优秀教师是否能成长为专家型教师的重要指标。

71. 善于发现问题不是好领导,善于发现并且解决问题才是好领导;这就好比,善于读书不是好教师,善于读书好要善于写作才是好教师。

72. 人生三件事:知道如何去选择,明白如何去坚持,懂得如何去珍惜。

73. 优秀的人无序中显有序,劣质的人有序中带无序。

74. 跳出教育看教育更真实,跳出工作室办工作室更实在。

75. 真正治学需要有三双眼:鹰的眼睛看得远;蜻蜓的眼睛看得广,蚂蚁的眼睛看得实。

76. 没有课堂教学的细节管理,课堂教学就无从谈起。

77. 领导不是问责、压责和追责的,而是解决实际困难和实际问题的。同样作为老师尤其是班主任不是讲大道理和职责批评的,而是帮助学生分析问题和解决问题的。

78. 教育的很多时候把权利充分交给学生都是很好的方法,相信学生能够处理好问题,解决好困难。

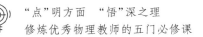
79. 黄河水不一定是黄的,或许是干涸的,要有一种发散的思维和综合的判断,不要轻易下结论。即使是大数据的结果我们也只能得出相对准确的结果,也未必然是真相。

80. "君子性非异也,善假于物也"作为教师更是如此。

81. 有人说我每年读50本或者100本书,这个人还工作吗(除非以此谋生)?好还是不好大家自己衡量!为什么说任何事情都要有个度,就是这个道理。

82. 用研究的目光看待学生们行为,把学生的行为当成研究的课题。

83. 公益的真正幸福感所在:一个人可能记不牢别人对自己的帮助,但是永远会记住自己对别人的帮助。

84. 感恩的心要聚在一起,18年前没有你,18年后不一定有你!

85. 抱着孩子走,领着孩子走,孩子跟着走,孩子跟着跑,孩子自己跑。

86. 孤独的重要性:智者都需要独处,以此进行沉淀、积累和升华。

87. 人无我有,人有我优,人优我特,人特我变。

88. "不劳动,就远离了技能;不动手,必然发展为不动脑;不动笔,必然成为不学习;不动口,必然带来不交流……"

89. 不要动不动小张、小王的喊,大家都不小了,孩子也都大了,往往这样喊别人的人还都不是老年人。

90. 懂得欣赏别人,是教育的一种境界;懂得培养自己的竞争对手,是高手的一种境界。

91. 树高千尺营养在根部,这就需要我们植根大地,才能花开云端。

92. 教育好比是副驾驶,永远不能替驾驶员把握方向,但是我们可以提醒和监督主驾驶。

93. 放手的爱才是大爱,放手的教育才是真教育,放手的管理才是好管理。

94. 教育好比喝酒,再好的口感喝多了也难闻,同样教育也不要过度。

95. 基层工作整合很重要,高层工作整合更重要,比如单看上级安排的工作都没有问题,但是到了基层班主任落实的时候根本没法落实:繁杂,重复,重叠等问题都出现了,作为管理者必须知道并重视这一点。

96. 什么叫工作布置清楚了,不仅仅是要有明白纸,而且基层教师尤其是班主任对于明白纸的介绍提不出疑问来,这就叫布置清楚了。

97. 一天比一天好,没有变差就是收获,总算平安送走也是幸福。

98. 发脾气是本能,不发脾气是本领。

99. 你所说的话或者做的事不要阻碍或者影响别人的发展,更不能害别人,否则你就是罪人。

100. 成功能使人自信,失败能让人成长。同样:孩子生病才可能获得更好的免疫力,孩子犯错才会更好地进步和成长。

……

写在最后

本书重点介绍了如何修炼成为一名优秀物理教师的"说、学、逗、唱、演"的五门功课。

"说",教师要敢于走上讲台(作为教师要实现讲台、舞台、平台的升级转换),做到"竹篮三宝":授人以鱼(物质资金),授人以渔(方法技能),授人以筌(平台资源)。

"学",教师要善于深度学习(作为优秀教师要实现会学、乐学、善学的升级递进),打开多向学习渠道,开通多层学习纬度,打通多元学习空间。努力做到:看山是山看水是水(读书本身),看山不是山看水不是水(把书读厚了),看山还是山看水还是水(把书读薄了)。

"逗",教师要勇于交流碰撞(作为骨干教师要实现敢讲、敢评、敢比的升级切磋),首先自己得行,还得有人说你行,说你行的人也得行。

"唱",教师要乐于传承帮扶(作为专家型教师要做到能分享、乐引领、真传承)。坚决不当教育过客,要雁过留声;勇于走出教育骚客,要掷地有声;武装成为教育的剑客,要人过留名。

"演",教师要精于宣传梳理(作为名师要落实会积累、善梳理、巧成果),重视积累效应,培养梳理习惯,树立成果意识。这是教师尤其是名师能力和素养的综合表达。

有人问:"符合什么样的标准才能称之为'新时代教育家'?"我认为至少应该修炼好以下6门功课:

(1)终生从事着一线工作,永站讲台(说)。

(2)百科全书的学识素养,永远学习(学)。

(3)挑战权威的教育追求,永在路上(逗)。

(4)共享帮扶的博大胸怀,永不止步(唱)。

(5)富有创见的教育思想,永在探索(演)。

(6)对待教育有无限热爱,永不降温(情)。

新时代、新机遇、新挑战,"没有最高,只有更高",我们要有足够的力量对抗"高处不胜寒","没有最强,只有更强",我们也要有足够的勇气面对"高手过招","没有最好,只有更好",我们更要有足够的毅力迎接"强中自有强中手"。只有这样才能更有利于得到机遇,接触高端,体验光荣。

有理由相信,从教以来大家都有很多工作的积累和总结。或许有些人不愿意分享,实际上只有懂得分享才能理解更深,才会收获更大,才有智慧升级。我一直主张:"读书能让人成为精神贵族,写作才成就大国教育传承。"正如一位专家所说:"人人独善其身为私德,人人相善其群为公德。"本书是本人"教育一点一滴"系列丛书之二,希望这些总结能对大家有所帮助和启发,也衷心希望大家提出宝贵意见和建议,深度交流合作,共同成长进步。

学习实践证明:书籍是人类文明不灭的火种,是人类走向光明与真实境界的灯烛。"没有一艘船、一架飞机或者一列高铁能像一本书,也没有一匹骏马、一辆单车或者一辆小汽车能像一页跳跃的诗行那样把人带往远方。"正如苏霍姆林斯基所告诫我们的,"启发智慧和鼓舞人心的书往往决定一个人的前途。学校首先是书籍。"这里强调的是读书的重要性。也有"纸上得来终觉浅,心中悟出始知深",这里又强调了写作的重要性,写作是对知识的感悟和思想升华,是一个人成长的必经之路。又有"纸上得来终觉浅,绝知此事要躬行",这便是对实践的要求。就是说,一个人在成长路上必须要重视"读书、写作、实践",所谓"读万卷书、著万篇文、行万里路",说的就是这个道理了。让我们一起努力实现教育大发展,真正做到:

将生活情景搬到物理课堂,实现有联系到融合的转化;

将模型单元搬到教学应用,实现知识点到知识树升级;

将情感教育搬到学习生活,实现远距离到近距离接触;

将生涯教育搬到教育日常,实现考大学到职业化发展。

"凡有所学,皆成性格",去寻找所有能营养你的东西才能成为一名优秀的人民教师,所以我不断地去寻找。最后我谨代表一名物理教师、一名班主任、一名德育人、一名教育人,从小就梦想当一名人民教师的教育工作者发声:让教育这片净土继续播种阳光,普照心怀教育的中年;让教育这片沃土继续辐射温度,温暖激情四射的青年人;让教育这片沃土继续喷洒营养,甘甜意气风发的青少年;激励教育同仁们主动发言、鼓励教育同仁们全面发光、勉励教育同仁们真正发热。

此刻,感动与行同步、感谢与身共存、感恩与心常在。让我们相约未来"每一天",携手共建教育"新生态",奋力开启智慧"元宇宙",全力实现教育"大市场",合力打造文化"大强国",为教育事业的更美好明天添砖加瓦!